教育部人文社科青年项目资助（编号：15YJC890031）

消弭与重构中的纳西族东巴跳文化符号研究

XIAOMI YU CHONGGOU ZHONG DE NAXIZU
DONGBATIAO WENHUA FUHAO YANJIU

史明娜　孙亮亮　著

西南财经大学出版社
Southwestern University of Finance & Economics Press

中国·成都

图书在版编目(CIP)数据

消弭与重构中的纳西族东巴跳文化符号研究/史明娜,孙亮亮著.一成都:西南财经大学出版社,2022.6

ISBN 978-7-5504-4729-5

Ⅰ.①消…　Ⅱ.①史…②孙…　Ⅲ.①纳西族—民族形式体育—体育文化—研究—中国　Ⅳ.①G852.9

中国版本图书馆 CIP 数据核字(2020)第 246567 号

消弭与重构中的纳西族东巴跳文化符号研究

史明娜　孙亮亮　著

策划编辑:王琳

责任编辑:王琳

责任校对:余尧

封面设计:张姗姗

责任印制:朱曼丽

出版发行	西南财经大学出版社(四川省成都市光华村街55号)
网　　址	http://cbs.swufe.edu.cn
电子邮件	bookcj@swufe.edu.cn
邮政编码	610074
电　　话	028-87353785
照　　排	四川胜翔数码印务设计有限公司
印　　刷	郫县犀浦印刷厂
成品尺寸	170mm×240mm
印　　张	13.25
字　　数	245 千字
版　　次	2022 年 6 月第 1 版
印　　次	2022 年 6 月第 1 次印刷
书　　号	ISBN 978-7-5504-4729-5
定　　价	89.80 元

前　言

　　纳西族，是一个有着悠久历史的民族，主要分布于云南玉龙纳西族自治县和迪庆藏族自治州香格里拉市、四川凉山彝族自治州木里藏族自治县、西藏昌都芒康县等地。纳西族居住地地貌的复杂性、气候差异性、生物多样性等特征，造就了丰富多彩的纳西族传统文化。受自然地理条件影响，纳西族人自古就形成了对自然的崇拜，并形成了与之相关的文化习俗和文化信仰，汇聚成为具有纳西族特色的传统文化。而其中，代表东巴文化的东巴跳习俗，是纳西族族群的重要历史文化积淀，深刻地反映着纳西族族群的自然崇拜和生产生活，是纳西族传统文化习俗和文化信仰的重要载体。

　　东巴跳是纳西族重要的传统体育文化符号，是纳西族族群重要的体化实践形式，蕴含着纳西社会重要的文化因子，是纳西族重要的历史文化积淀。在全球化日益发展、技术化程度加深的影响下，以纳西族东巴跳文化符号为代表的传统体育文化正在不断遭受侵蚀，传统体育文化符号曾经具有的深刻内涵正在不断消弭①，而社会的整体焦灼也影响到了以东巴跳为代表的传统体育文化符号的呈现，传统面临着被消费、被展演。基于诸多传统体育文化的现代际遇，审视以纳西族东巴跳为代表的传统文化符号的传承状况，既有必要也很重要，因为东巴跳文化符号代表了纳西族传统文化的"根"，留住这些传统和把握文化信仰，具有较为现实的意义。

　　本书基于田野考察与专家分析相结合、文献资料与逻辑分析相结合、历史分析与理论架构相结合、宏观分析与具体策略相结合等研究方法，对消弭与重构中的纳西族东巴跳文化符号展开研究。

　　本书的研究结果：①对纳西族东巴跳文化符号的承载——纳西族与东巴文化，进行了相关论述。纳西族经历了近千年的历史沿革而延续发展至今，在长期的历史发展进程中，族群形成了与地域、社会相吻合的生产生活习俗、民间文化习俗、宗教信仰等。而东巴文化贯穿于纳西族历史发展的全过程，是纳西族的主体文化，是纳西文化的重要组成部分。东巴文化是东巴跳文化符号的灵

---

　　①　本书中"消弭"一词的意思为慢慢逝去，不再存在；消失。

魂，万物有灵的东巴文化宗教观念对东巴跳文化符号的体化实践具有深刻的影响。②对纳西族东巴跳文化符号及东巴跳舞谱进行相关概述。东巴跳是纳西族的传统舞蹈，它源自纳西族先民的社会生活。经历了漫长历史文化积淀，东巴跳文化符号形成了具有自然崇拜烙印、反映劳动生产、贯彻集体行为、原始规范性、文化融合性等特点。而用东巴象形文字书写而成的舞谱是东巴跳文化符号自身规范化、走向成熟的真实写照。书中阐述了舞谱版本与法则、舞名、特点、基本动作等，并对代表性的东巴跳舞谱进行了译注。③对于消弭前的纳西族东巴跳文化符号从文化符号四圈层视角进行了解析，并提出仪式中的东巴跳文化符号是超常态的表现，是在营造虚拟情境，表述着象征性，并承载着族群的记忆与认同。④对消弭中的纳西族东巴跳文化符号进行了考察，对历史发展中的东巴跳文化符号、作为视觉文化符号的东巴跳、作为消费文化符号的东巴跳、作为遗产文化符号的东巴跳四个方面进行了具体论述。⑤针对纳西族东巴跳文化符号消弭的原因，从全球化、技术、消费、媒介视角进行了分析。

东巴跳是纳西族重要的历史文化积淀，是族群独特的精神标识，是纳西族族群生生不息、发展壮大的写照，是纳西人的精神文化家园。当前，针对纳西族东巴跳文化符号消弭的状况，本书从发展的角度提出了纳西族东巴跳文化符号重构的思考：第一，以东巴跳文化符号为代表的传统须敢于面对当下，实现文化的自我现代化和多元现代化发展；第二，须正确定位主位与客位，主体应自强自立以实现可持续发展；第三，须实现视觉文化的超越，摆脱人为符号的过度压抑和侵袭，对自己的传统文化符号形成高度的认同感，同时与不同文化间形成对比与反思，进而实现自己传统文化的批判继承；第四，本书坚持宗教中国化方向，积极践行社会主义核心价值观，弘扬中国优秀传统文化，努力把宗教教义教规同中华优秀传统文化相融合。

本书由教育部人文社科青年项目资助，在研究过程中得到了西华师范大学沈时明教授、西南医科大学王定宣教授、贵州财经大学梁永杰副教授、四川工业科技学院雷耀方副教授、四川工商学院汪珂永副教授、成都师范学院陈波教授、四川文理学院董立教授和余涛教授等专家学者的指导和帮助，在此表示衷心的感谢。此外，要感谢在研究过程中给予访谈支持、资料支撑的传统体育文化传承人、传统体育艺人等。因研究条件和本人研究能力所限，书中难免有偏颇之处，希望同行专家提出宝贵意见，也希望广大读者批判指正。

史明娜

2020 年 10 月

目　录

第一章　绪论

第一节　研究的缘起

东巴跳，又叫东巴舞，是纳西人重要的文化符号之一，自其产生起便承载着对纳西人的模塑和教化，并成为纳西族传统文化的瑰宝和"活化石"。东巴跳文化符号塑造了纳西人的神圣世界：第一，东巴跳在仪式中承载着重要的象征，身体在仪式中构筑了一个超凡的空间，并成为表意的重要手段，营造了一个充满意义的内涵世界。东巴跳中融入了纳西先民的历史生产生活片段，是族群生活历史的缩影与升华，舞动的身体已经超出了生物学意义，从而具有了象征意义。第二，人总是在讲述故事，在不同的时代、不同的地域和不同的社会都有叙事呈现。特定时空中，纳西人以东巴跳的身体操演讲述过往、呈现记忆，身体将过往与当下凝结在一起，通过不断地进行东巴跳操演，纳西人构建起了群体精神层面上的集体记忆，并不断建构了纳西社会的文化传统。第三，纳西族东巴跳是连接纳西族族群的一条无形精神纽带，承载着族群深沉的文化底蕴，实现了族群文化的共享，东巴跳认同符号体系的形成实现了族群对自我文化传统的认同，不断强化着纳西人的情感与凝聚力。

东巴跳作为纳西族的一项重要的传统文化符号，在经历了"以夷制夷""改土归流"、社会改造时期、改革开放时期等不同历史阶段，其自身也在不断地嬗变。在受到社会涤荡及全球化进程影响后，东巴跳文化符号逐渐消弭，这种消弭主要表现在本真性传统文化的疏远，取而代之的是视觉文化、消费文化以及遗产文化等"异化态"表现。在文化产业兴起、遗产运动兴起的背景下，东巴跳文化符号也逐渐开始从纳西人的生产生活场景中脱离出来，成为可以买卖的商品，供大家观看，"兴盛""繁荣"的背后却是东巴跳文化符号本真性的流失。东巴跳文化符号的消弭凸显了当代社会的整体焦灼，民族传统文化的传承与弘扬在喧嚣中跃进，民族传统文化生存空间成为展演场，在这个场域中有名利的争夺、利益的纷争，东巴跳文化符号则成为一些群体争名夺利的工具。现代场域中的一些东巴跳视觉文化、消费文化以及遗产文化符号脱离了原有的语境与空间，成为取悦"他者"的仿像，这使我们不禁要反问，这究竟是谁的文化？谁的东巴跳？

　　全球化进程的加快及多元文化的冲击，使许多蕴含了宝贵集体记忆的民族文化传统日渐消解、枯萎甚至消失。而与此同时，地方掀起了一场对传统文化"再造"的浪潮，这种集体记忆在现代场景中被大规模再造，使以纳西族东巴跳文化符号为代表的、枯槁的民族传统文化演变为"仿像文化""文化表演"。透过纳西族东巴跳这一集体记忆符号变迁，我们看到其作为一项文化记忆的"兴盛—消弭"的变迁历程，也看到这一古老的身体操演在历史进程中发生的嬗变。通过对纳西族东巴跳文化符号的消弭与重构个案研究，本书希望能揭示东巴跳传统文化符号在族群演进历史中的重要地位，以及在现代社会中消弭的原因，并以此建构一种适合于当下、适合于文化主体、适合于地域特性的文化传承方式。纳西族东巴跳文化符号是东巴文化的精髓之一，并且隐喻了纳西人传统文化的"根"，隐喻了"信仰—文化命脉"的传承，而如何看待这种传统文化符号的消弭，如何把我们传统文化的"根"留住，把握我们的"信仰—文化命脉"具有重要的现实意义。

　　当下，关于东巴跳文化符号相关的研究，较多的是以一种相对"静态"的研究视角，从体育学、宗教学角度侧重对东巴跳的渊源、流派及本体形态进行阐析，如对东巴跳历史起源考察、东巴跳文化符号涉及的不同地域文化、东巴跳强健身心、东巴跳具体的舞蹈方法与技术动作等。而从社会学、民族学等视觉对东巴跳进行相关论述的相对较少。基于此，本书试图以多学科的理论方法为基础，解析东巴跳文化符号的符号属性、追溯东巴跳文化符号的"社会戏剧"发展历程，并针对当下东巴跳文化符号消弭的视觉文化、文化消费、遗产文化符号表现进行描述分析，从全球化、技术化、消费化、媒介化等方面解析影响东巴跳文化符号消弭的深层原因。最后，本书试图提出促进东巴跳文化符号重构发展的思路，以此促进东巴跳文化符号的传承发展。

第二节　国内外研究的梳理

　　国外研究方面，对第一批西方传教士关于东巴文化的研究进行考察，并对此后崛起的考狄、巴克、洛克等学者的东巴文化、东巴跳文化等论著进行了梳理。国内相关研究采取定性分析与定量分析相结合的方式进行综述。在定量分析方面，采用文献计量理论研究领域较为成熟的 CiteSpace 软件进行可视化知识图谱绘制。知识图谱是以科学知识为对象，综合运用科学计量学、信息化可视技术、应用数学、图形学等学科的理论和方法来揭示科学知识发展进程与结构关系的一种图形①。我们运用知识图谱可以更加直观、科学地了解学科知识的研究热点、知识前沿、关系和演化规律。在定性研究方面，我们采取传统的文献资料法进行，在查阅相关史料、书籍、论文及网络信息的基础上，选择较具代表性的研究成果加以论述分析。

一、国外研究概况

19 世纪，东巴文化被法国传教士关注并传到国外，当时，马德罗列、德维列亚、德斯古丁斯等人对纳西语言、东巴文字做了初步介绍。此后西方很多旅行家、探险家等都纷纷前往云南收集东巴文化资料，并且对一些原始的东巴文字、东巴宗教等进行了学术研究。1908 年，法国科学院院士考狄在《通报》上发表了较具影响的《麽些族》，该文献对纳西族的历史、宗教、东巴文字等进行了研究②；法国著名学家沙畹的著作《有关丽江的历史、地理文献研究》基于历史学的视角全面展现了纳西族的历史文化，这是 20 世纪初关于纳西文化的经典之作；法国东巴文化集大成者巴克于 1907 年和 1909 年两次考察纳西族地区，在 1913 年出版了《麽些研究》，书中介绍了纳西人的衣食住行、地理环境和宗教等，这是西方世界第一本全面研究东巴文化的著作。

对纳西族东巴文化用功最深的是美国学者洛克，他于 1921—1949 年长期居住于丽江，在当地收集了丰富的东巴文化资料，并对东巴经书文字、纳西社会文化进行了深入考察，20 多年的积累使洛克对东巴文化观念、东巴教义、纳西人生活等都比较熟悉。历经 20 多年锲而不舍的努力，他推出了一系列高水平的学术成果，包括《中国西南的古纳西王国》《纳西人的"纳高崇拜"和有关仪式》《纳西人的祭天仪式》《中国西南纳西人的"开路"仪式》《中国西藏边疆纳西人的生活与文化》《与纳西武器起源有特殊关系的武士祭丧仪》《纳西巫师所举行的"杀魂"仪式》《纳西文献中的洪水故事》《纳西人的驱

---

① 刘泽渊，陈悦，侯海燕. 科学知识图谱方法与应用 [M]. 北京：人民出版社，2008.

② 张泽洪. 近代以来的西南少数民族宗教研究 [J]. 西藏民族学院学报（哲学社会科学版），2004，25（1）：33-38.

逐病鬼活动》等①，这些成果被视为宗教学、民族学、语言文字学中较为重要的参考著作，他将国际东巴文化研究推上了一个新高度。

20世纪60年代至70年代，日本学者在东巴文化研究领域崛起，1966年，西田龙雄教授撰写了《活着的象形文字——纳西族的文化》一书，从语言、文字入手，对东巴文化的构造、源流等进行了分析研究；语言学家桥本万太郎也从语言学入手，对东巴文化进行了研究并撰写了《纳西语料》；日本诸多学者还成立了中国大陆古文化研究会，并发行了《纳西族特辑》会刊，其中，君岛久子的《纳西族的传说及资料》、齐藤达次郎的《纳西族的丧葬仪式》都涉及纳西族宗教的研究。

改革开放以来，许多日本、欧美学者纷纷到纳西族地区考察东巴文化，其中筑波大学的佐野贤治率领东巴文化考察团进行了相关调研，并在《比较民俗研究》中推出了纳西族研究专题；德国学者雅纳特从文献语言学视角分析了东巴文化；英国学者杰克逊撰写了著作《纳西宗教》；德国学者罕德尔·马泽在洛克的基础上致力于研究东巴文化与藏文化的关系②。20世纪90年代以来，东巴文化研究更注重于田野考察，并且研究趋向于多学科、多角度。诸如，法国学者伍德沃德基于原始艺术和形象化艺术视角研究东巴文字，加拿大学者卓罗文则从民间音乐的角度研究纳西文化，加拿大学者汉妮侧重于从社会语言学角度研究东巴文化。以上这些重要的学者和其学术成果在很大程度上推动了东巴文化的传承发展。

东巴跳文化符号作为东巴文化的重要组成部分，学者在进行东巴文化研究时也有诸多涉及东巴跳文化符号的论述。其中，巴克是最早关注并向外界介绍东巴跳的学者；洛克在其《纳西人的驱逐病鬼活动》③中描述了东巴跳仪式并针对东巴跳的时间、东巴跳的法器和法衣进行了解析。在20世纪60年代，洛克侧重于东巴跳谱的相关研究，各地馆藏的东巴跳舞谱也有力地支撑了该研究；日本学者西田龙雄教授撰写的《活着的象形文字——纳西族的文化》中，关于神话传说和宗教历史等方面研究也涉及了东巴跳的研究；伊藤清司等学者在对纳西经典《创世纪》与日本典籍比较中分析了东巴跳中的神灵；另外，丸山宏在其《纳西族民俗宗教诸问题》中记录了关于跳东巴舞的方法以及如

---

① 杨福泉. 西方纳西东巴文化研究述评 [J]. 云南社会科学，1991 (4)：55-61.
② 木仕华. 纳西东巴文化研究国际化综述 [J]. 中央民族大学学报（社会科学版），1999 (2)：65-70.
③ 瑟夫·洛克. 中国西南古纳西王国 [M]. 刘宗岳，译. 昆明：云南美术出版社，1999.

何诵读东巴经书①。当下，在研究东巴跳的国外学者中，我们不得不提及韩国的申明淑，他的著作《中国纳西族东巴舞谱研究：兼论巫与舞、舞蹈与舞谱》②分析了巫的出现和巫舞的发生，对纳西族东巴跳舞谱的内容、分类等进行了研究，并对舞谱的记述形式和舞谱特征进行了分析，最后基于文化比较的观点论述了东巴跳的起源问题。

二、国内研究概况

（一）有关东巴文化的研究

以"东巴文化"为主题词在中国知网进行检索，检索时间段为1987—2018年，共检索文献703篇，对所获文献进行格式转换，导入CiteSpace软件进行关键词共现分析，我们得到图1-1所示的图谱，以及如表1-1所示的东巴文化的高频关键词。我们对图1-1中所呈现的几大聚类进行分类汇总，得出东巴文化的主要研究领域。

表1-1　东巴文化高频关键词

序号	关键词	词频	序号	关键词	词频
1	东巴文化	334	11	东巴	22
2	纳西族	198	12	表形文字	21
3	丽江	72	13	玉龙雪山	20
4	东巴经	56	14	纳西古乐	20
5	东巴教	50	15	云南	20
6	舞谱	45	16	东巴文字	17
7	丽江古城	35	17	东巴古籍	15
8	民族	30	18	民族文化	13
9	权力主体	26	19	少数民族	13
10	象形文字	22	20	旅游业	13

---

① 习建勋.当代国内外纳西族东巴舞研究述评 [J].北京舞蹈学院学报，2017（2）：82-87.

② 申明淑.中国纳西族东巴舞谱研究：兼论巫与舞、舞蹈与舞谱 [M].北京：学苑出版社，2007.

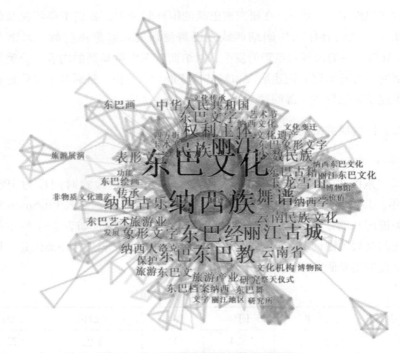

图 1-1 东巴文化关键词共现图谱

1. 对东巴文化的原生土壤与载体——云南丽江纳西族的研究

纳西族人是东巴文化的缔造者和传承人，有关于纳西族族源、民族关系、氏族与婚姻形式的研究一直以来是东巴文化的研究重点。①在纳西族的族源问题上，我国学术界主要有两种争论，即氐羌说与土著说两种学说流派，且氐羌说占据主流地位。氐羌说以江应梁、方国瑜等为代表人物，认为纳西族的源头是我国古代西北民族——羌族，古羌族在漫长的历史中逐步迁徙到岷江、雅砻江、金沙江流域，再经历漫长的演化而形成了如今的纳西族；土著说以谢访哲郎、姜铭为代表①，他们认为纳西族的主体是居住于云南地区的以农耕为主要产业的土著，但其历史上曾受到过北方游牧民族的侵袭与控制。也有学者认为纳西族是多个民族主体形成的族群，其代表人物是和少英，他认为纳西族源自古羌人、西南民族"旄牛夷"和"白狼夷"以及云南本地土著；郭大烈在其所著的《中华民族大家庭知识读书：纳西族史》中也持有类似观点，认为纳西族是多民族融合的产物②。②在纳西族民族关系问题上，学界普遍认为其与

---

① 胡阳全. 近十余年纳西族研究综述 [J]. 云南民族大学学报，2005，22（6）.

② 郭大烈，何志武. 纳西族史 [M]. 昆明：云南大学出版社，2015.

藏族、彝族、白族有密切的联系，管仲在其所著的《中华民族大家庭知识读本：纳西族》① 中认为：从语言和生活习俗上看，纳西族语言属于汉藏语系藏缅语族彝语支，且流行火葬、祭天、羊骨卜等习俗，故纳西族与藏、彝、白、拉祜、傈僳、哈尼等少数民族之间有近亲关系。③在氏族与婚姻形式上，已有研究主要集中在对纳西族摩梭母系宗族制度与亲属称谓的讨论。学术界普遍认为，纳西族人确有以"走婚"为代表的母系氏族的婚姻制度形式，但其与一夫一妻制并行，如徐亦亭在《永宁纳西族摩梭人的婚姻家庭和发展趋势》② 一文中指出，由于时代发展，部分摩梭人已经脱离了传统的母系大家庭，建立起了一夫一妻的小家庭。亲属称谓方面，傅懋勣在《永宁纳西族的母系家庭和亲属称谓》③ 中，在分析母系家庭特征基础上，对母系氏族内的成员关系、相互间的称谓进行了详细阐释。

2. 对宗教和经典著作——东巴教与东巴经的研究

该领域主要包括：①对东巴教历史与功能的讨论。东巴教是纳西族的民族宗教之一，学者们对于其的讨论也是从未停止。余嘉华在《明代木氏土司对东巴教的认同和影响》④ 中指出，统治者在民族文化上具有很强的认同感，在保留了传统文化的同时，又引入了汉藏文化，满足了不同人群的差异需求。杨福泉在《略论东巴教与纳西族民俗之间的关系》⑤ 中，认为东巴教保存和记录了诸多纳西族传统民俗，宗教仪式与纳西民俗之间形成了一种相互依存的关系。②对东巴经内容的解读。纳西族人用象形文字书写的经书反映了其社会历史、宗教民俗、哲学思想、艺术审美，是纳西族文化研究中不可多得的瑰宝，更是中华文化重要的文化支流。李国文在《纳西族东巴经"五行"记录概述》⑥ 中，对东巴经书中所记载的有关"五行"的书目进行列举，讨论其主要内容和在社会生活中的作用。田玲玲在《纳西东巴经神名用字研究》⑦ 中，对东巴经中神名的表达方式进行分类，研究了神名在记录过程中如双声符、双形符等的特殊用字现象。也有学者从东巴经书的物质形式层面分析不同文化对于纳西文化的影响。

---

① 管仲. 中华民族大家庭知识读本：纳西族 [M]. 乌鲁木齐：新疆美术出版社, 2009.

② 徐亦亭. 永宁纳西族摩梭人的婚姻家庭和发展趋势 [J]. 云南民族学院学报, 2003 (4)：144-146.

③ 傅懋勣. 永宁纳西族的母系家庭和亲属称谓 [J]. 民族研究, 1980 (3)：19-32.

④ 余嘉华. 明代木氏土司对东巴教的认同和影响 [J]. 云南师范大学学报, 2000 (5)：36-40.

⑤ 杨福泉. 略论东巴教与纳西族民俗之间的关系 [J]. 民族研究, 1996 (4)：54-61.

⑥ 李国文. 纳西族东巴经"五行"记录概述 [J]. 云南社会科学, 2007 (2)：104-108.

⑦ 田玲玲. 纳西东巴经神名用字研究 [D]. 重庆：西南大学, 2015.

3. 对纳西族传统文化现象——东巴文字、语言等的研究

该领域主要包括：①文字。方国瑜编写的《麽些象形文字字典》、杨仲鸿的《麽些多巴字及哥巴字汉译字典》等成为研究纳西语言的重要典籍；杨启昌在《东巴教及象形文字的产生年代问题》[①] 中，根据古代典籍和现有民俗对"东巴文"和"哥巴文"的所产生的历史年代进行了推断，认为东巴象形文字产生于夏商之际或史前时期；白小丽在《纳西东巴文文字单位与语言单位对应关系演变研究》[②] 中，探寻了主要用途为书写宗教祭辞和仪式的东巴文字符的发展与演变。②语言。许瑞娟在《摩梭母系文化词群研究》[③] 中，研究了摩梭人这一非主流社会形态的语言面貌和文化特点，填补了摩梭语言词汇研究方面的空缺。

4. 以东巴文化为代表的非物质文化遗产保护与传承以及资源开发的研究

该领域主要包括：①民族传统文化资源的保护与传承研究。和力民在《试论东巴文化的传承》[④] 中介了东巴文化的抢救和传承成就，并探索提出传承模式：为东巴文化正名、分类型分层次传承、建立东巴文化传承会等。和继全在《民族传统文化的课堂传承模式》[⑤] 中指出，传统的家庭及师徒传承模式已经无法全面继承传统文化，基于东巴典籍教学的实际，论述了将传统文化引入课堂的必要性和紧迫性。胡迪雅在《文化濒危与教育：东巴文化传承变迁的教育学分析》[⑥] 中，建议在教育体制中赋予传统文化制度化的资本，在学校教育中给予传统文化生长的空间。②旅游开发背景下的东巴文化发展反思。宗晓莲在《旅游开发背景下东巴文化的新际遇》[⑦] 中，以法国学者皮埃尔·布迪厄的文化再生产理论审视了多场域对纳西东巴文化的影响，并着重讨论了旅游业的繁盛对于东巴文化的重塑，提出当代东巴文化的重构必须顺应人的需要和社会发展。赵红梅在《论纳西东巴文化的历史际遇——旅游情境下的"文化

---

① 杨启昌. 东巴教及象形文字的产生年代问题 [J]. 云南社会科学，1994（1）：70-73.

② 白小丽. 纳西东巴文文字单位与语言单位对应关系演变研究 [D]. 上海：华东师范大学，2013.

③ 许瑞娟. 摩梭母系文化词群研究 [D]. 昆明：云南大学，2013.

④ 和力民. 试论东巴文化的传承 [J]. 云南社会科学，2004（1）：83-87.

⑤ 和继全. 民族传统文化的课堂传承模式 [J]. 教育学术月刊，2012（5）：14-16.

⑥ 胡迪雅. 文化濒危与教育：东巴文化传承变迁的教育学分析 [J]. 民族教育研究，2013（5）：58-62.

⑦ 宗晓莲. 旅游开发背景下东巴文化的新际遇 [J]. 中央民族大学学报（哲学社会科学版），2004（6）：73-80.

自觉"反思》①中，提出东巴文化是作为一种"文化自觉"模式在旅游发展中的再现，认为纳西族族群成员通过旅游业发展这一便车，在"他者"的关注下，形成了对其古老文化的重新认知。

（二）有关东巴跳的研究

在对于少数民族传统文化的文化学和人类学研究中，以"身体活动"为代表的身体行为文化在文化研究中处于较为边缘化的境地。东巴跳作为纳西族传统文化中的身体行为文化符号，在整个东巴文化研究中所占的比例也相对较小。在中国知网以"东巴跳"为主题词进行检索，相应文献资料相对较少；进一步以"东巴舞"为主题词进行检索，相应文献有47篇，检索时间段为1987年至今。在对相关文献进行关键词共现分析后（见图1-2），得出的主要研究领域如下：

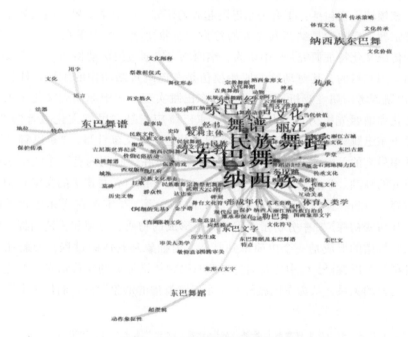

图1-2 东巴跳关键词共现图谱

1. 以田野调查为主的东巴跳人类学研究

该领域主要包括：①关于东巴跳舞蹈内容和文化意义的研究。杨德鋆在

---

① 赵红梅. 论纳西东巴文化的历史际遇：旅游情境下的"文化自觉"反思 [J]. 旅游学刊，2010（7）：12-18.

《纳西族古代舞蹈和舞谱》① 一书中，采用大规模的田野调查方法，对纳西族东巴跳进行了历时性的深入分析，列举了纳西族舞蹈的种类、服饰、配乐、仪式、器具等；和丽春的《东巴舞谱舞蹈审美形态初探》②、贾安林的《东巴舞蹈文化研究》③ 中，也分别从人类学的不同角度讨论了东巴跳的象征意义，探寻了东巴跳舞仪的文化意义。②关于东巴跳价值的研究。东巴跳价值的研究主要集中于对其宗教价值、审美价值、体育价值的讨论。和丽春在《东巴舞谱舞蹈审美形态初探》④ 中强调了东巴跳的审美价值，从不同维度对其审美价值进行了阐述；张绣亮在《纳西族东巴跳的体育价值》⑤ 中指出，东巴跳有最初的"娱神"到如今的"娱人"，在功能价值上出现了质的变化，但它作为一种实实在在的身体活动，对于民众来说有着强身健体的实际作用。

2. 以文献法为主要研究方法的纳西族东巴跳起源与舞谱研究

该领域主要包括：①有关东巴跳起源的研究。当前学术界普遍认为东巴跳源于宗教，反映的是纳西族先人的狩猎和游牧生活。李大平在《纳西族东巴跳的传统文化特征研究》⑥ 中认为，纳西族先民通过模仿动物动作来"娱神"，从而达到其目的，其对动物的原始模仿是东巴跳舞蹈动作的雏形；杜长亮在《东巴跳源考与属性辨析》⑦ 中指出，东巴跳实现了对中原商周文化、东巴教巫文化和纳西先民劳动文化的吸收，东巴跳应当是多民族文化融合的产物。②关于东巴跳舞谱的研究。本书对东巴文化进行了文献计量，"东巴舞谱"是出现率最高的关键词（见表1-2），证明学界曾在短时间内有一个关于东巴舞谱研究的高潮。学者们对舞谱进行分类、比较、编目，对舞谱的文字和构成进行解释与分析，探讨舞谱与舞蹈起源的内在联系。吴宝兰在《东巴跳舞谱的形成及其演变初探》⑧ 中分析了东巴跳舞谱形成的物质、心理和描述前提，认为东巴跳舞谱的形成是一个由简单到复杂、由抽象到具体的过程；彭蔚在《东巴舞蹈及东巴舞谱》⑨ 中主要通过考证东巴跳舞谱形成的年代信息，讨论了其与东巴教的关系，认为东巴教经文是东巴跳舞谱的形象记载，而作为书写经文

---

① 杨德鋆. 纳西族古代舞蹈和舞谱 [M]. 北京：文化艺术出版社，1990.

② 和丽春. 东巴舞谱舞蹈审美形态初探 [J]. 文山学院学报，2013（4）：21-25.

③ 贾安林. 东巴舞蹈文化研究 [J]. 北京舞蹈学院学报，2008（2）：87-90.

④ 和丽春. 东巴舞谱舞蹈审美形态初探 [J]. 文山学院学报，2013（4）：21-25.

⑤ 张绣亮. 纳西族东巴跳的体育价值 [J]. 体育文化导刊，2015（2）：95-98.

⑥ 李大平. 纳西族东巴跳的传统文化特征研究 [J]. 体育与科学，2013（5）：95-98.

⑦ 杜长亮. 东巴跳源考与属性辨析 [J]. 体育文化导刊，2008（5）：123-125.

⑧ 吴宝兰. 东巴舞谱的形成及其演变初探 [J]. 民族艺术研究，1990（4）：41-48.

⑨ 彭蔚. 东巴舞蹈及东巴舞谱 [J]. 怀化学院学报，2006（12）：117-118.

的象形文字，也透出身体动作的动态特征，东巴教、东巴文字、东巴跳形成了一个有机的三维空间。

表 1-2　东巴跳高频关键词

序号	关键词	词频	序号	关键词	词频
1	东巴舞	28	6	东巴教	6
2	纳西族	18	7	东巴文化	5
3	民族舞蹈	17	8	丽江	5
4	舞谱	10	9	东巴舞谱	4
5	东巴	7	10	纳西东巴舞	3

第三节　研究的方法、观点与思路

一、研究的方法

（一）田野考察与专家分析相结合

为了对东巴跳文化符号现状进行较为全面的把握，笔者多次进行了田野考察，如对丽江古城东巴跳文化符号展演、东巴文化产业化状况、东巴跳非物质文化遗产状况、东巴跳视觉文化符号状况等进行了调研。同时，对丽江周边一些传统文化浓郁的村落进行了调研，考察了当地的自然环境、社会经济和社会制度等，为东巴跳文化符号生存环境分析提供了相应的素材。在田野考察实践基础上，笔者分析了纳西族东巴跳文化符号真实的发展状态，探寻作为重要仪式载体、作为族群记忆、作为族群认同的身体操演抽象含义，以及身体与社会的横向与纵向抽象关系等，为传统社会东巴跳文化符号的承载的功能价值提供参考。为使本书研究设计和研究进程科学合理，笔者对相关文化人类学、社会学、民族学等领域的专家学者进行访谈：第一，了解该领域目前研究的进展和前沿性的研究理论；第二，对于本书建构的框架，反复征求专家学者的意见并进行了修改完善；第三，对于本书提出的相关问题，向专家咨询，进而突破了研究难点，使研究能顺利实施；第四，对于东巴文化、东巴跳文化，向非遗传承人咨询，熟知了民间东巴文化传承人对当下东巴跳文化符号所持的态度，同时也对仪式中的东巴跳操演进行了深入了解。

（二）文献资料与逻辑分析相结合

笔者在丽江东巴文化博物馆、丽江市图书馆、四川省图书馆以及利用互联网查阅了相关文献资料，如《纳西族三大祭祀仪式》《纳西族文化大观》《纳西族史》《东巴神系与东巴舞谱》《丽江纳西族文化的发展变迁》《从阐释到构建：纳西族传统文化转型的民族志研究》《象形文里写春秋：纳西族》《纳西族文化史》《和发源纳西学论集》《丽江志苑》等。在广泛收集有关纳西族的历史、东巴文化、东巴跳、东巴跳舞谱等理论研究成果基础上，本书对相关资料进行分类、对比、整合，找出东巴跳文化符号与社会学、民族学的契合点，进而研究其文化传承中消弭与重构问题。

（三）历史分析与理论架构相结合

东巴跳文化符号是纳西族族群经历历史涤荡而存留至今的文化积淀，纳西人在东巴跳文化符号中，以其自身的情感及对信仰的渴求建构着族群共同记忆，从而将族群的过去和现在构建成绵延不绝的统一体，给这个民族的思维和行动提供历史文化坐标。所以说，对东巴跳文化符号的研究不能脱离纳西族史，在纳西族东巴跳文化符号研究过程中，我们需要将其放置于历史框架之中来审视。东巴跳文化符号的发展经历了"社会戏剧"的发展历程，东巴跳文化符号的传承与发展中蕴含了民族的、社会的、文化的多重问题，因此，我们需要构建一个完善的理论分析框架，对其发展中的消弭进行综合分析。

（四）宏观分析与具体策略相结合

基于文化消弭与重构场域中所考察的纳西族东巴跳文化符号问题，是一个涵盖了自然、社会、民族、文化等诸多领域的复杂问题。首先，应该基于宏观的视觉审视东巴跳文化符号的传承与发展，并采用宏观的视角力求从社会学、文化学、民族学等多学科发展结合点上探寻东巴跳文化符号的内涵，东巴跳舞蹈中的身体不仅仅是生物学意义上的身体，而是社会的、民族的、文化的身体。同时，针对当下东巴跳文化符号的消弭也不应局限于某一历史阶段，应该将东巴跳文化符号放置于历史发展的脉络中，尤其需要关注当下东巴跳文化符号的全球化、技术化、消费化等问题，这是重要的消弭原因。针对宏观的考察与描述，我们应该探寻传统与现代之间东巴跳文化符号发展走向、东巴跳文化符号主客位的确定、东巴跳视觉化的超越等问题，进而在反思中促进东巴跳文化符号的传承与发展。

二、研究的观点

东巴跳文化符号是一个由内核与外缘组成的整体，由外及内主要可分为东巴跳物质文化层、制度文化层、行为文化层和精神文化层。其中，物质文化层是东巴跳文化符号的基础层，制度文化层是东巴跳实践的保障层，行为文化层是东巴跳实践的运行层，精神文化层是东巴跳文化符号的内涵层。第一，东巴跳作为宗教仪式中的重要身体承载，在仪式中展现出的是一种超常态的表现，程式化的身体动作反复操演，赋予这些动作以深刻的含义，它超越日常生活而成为非常态行为。第二，仪式中的东巴跳营造了一种虚拟的情境，所有的感知、观照、思考都在"虚幻力量构成的王国"中运行。第三，仪式中的东巴跳是一种象征，身体构筑了超凡空间并表述着意义，从而成为一个重要的象征体。东巴跳体化的实践在族群历史发展积淀过程中形成了一个独具特色文化内聚体，并成为这个地域文化记忆的承载。第四，东巴跳文化符号还是连接纳西族族群的一条无形精神纽带，它实现着族群内的文化共享，并充当着一个完整的族群认同符号体系，从而构筑了族群的文化认同；并且，东巴跳文化符号还强化着集体根深蒂固的、广泛认可的宇宙观和价值观，进而促成了纳西族族群内的集体情感和凝聚力。

传统社会时期是东巴跳文化符号繁荣发展的重要时期。新中国成立后一系列的社会改造，如土地改革等举措从根本上改变了纳西的传统社会结构，进而引起了东巴跳文化符号发生变化。改革开放以来，东巴跳文化符号发展经历了两次大规模的复兴与建构：第一次复兴与建构发生于 20 世纪 80 年代初，这是自下而上的文化复兴，因为东巴跳契合当时纳西人对生活秩序的需求；第二次复兴与建构发生于 20 世纪 90 年代，这是自上而下由外在力量引导的文化复兴，外在力量对东巴跳传统文化符号进行了征用，并进行一系列改造、生产，以符合旅游产业的需求。

当下，一个崭新的视觉文化时代已经来临，纳西族传统社会生活的方方面面都面临着图像化趋势，东巴跳也日渐成为一种视觉文化符号。作为视觉文化符号的东巴跳，与传统意义上的东巴跳相比具有了自指性、形式性、复制性等特征，它和传统的意象产生了差异。当东巴跳文化符号成为再造的、可流通的文化产品时，传统的意蕴已经离我们远去。作为视觉文化符号的东巴跳缩减了传统的表意内涵，那些蕴含的"气质"与"神韵"被打破，意义被挤压成了一个平面；现代科技手段实现了时空的分离，人们并不再需要"本地生活的有效在场"就可以实现东巴跳文化符号的观摩，媒介的远距离传播和图像的可复制性打破了传统文化固有的藩篱和界限。

全球化进程的加快使人们不由自主地进入到消费社会浪潮中，当东巴跳文化符号被炮制成商品并按照商品的逻辑运作时，这给传统文化带来的冲击是巨大的。东巴跳文化产品的批量生产典型地反映了符号意义的贬值、深刻寓意的消解，进而导致东巴跳不再是一种信仰和传统的表征，世俗化的日常意义取代了曾经仰慕的神圣意义。诸多东巴跳文化符号表演和东巴跳文化符号消费，反映着业已存在的商业态度和情绪，人们不断将东巴跳文化符号从其原生背景中剥离出来，不断破坏着东巴跳文化符号的完整结构，粗制滥造出适合于商业化和旅游化的文化产品。当东巴跳成为消费文化符号时，它已褪去了其原有的神圣感，神圣的内涵也被抽离，传统的文化符号象征与叙事功能也在流失，最后造成了东巴跳文化符号的消弭与式微。

非物质文化遗产是地方重要的"文化资源"，当某一传统文化事项被定性为重要的非物质文化遗产，那么随之而来的可能就是对它进行一系列的标准化、模式化和技术化的流水线作业，进而可能形成的是失语的、倒置的文化商品。作为非物质文化遗产的创造者和传承者，要弘扬和深挖传统文化，去粗取精，抵制这一不良风气。

造成纳西族东巴跳文化符号消弭的因素主要有：首先，全球化给东巴跳文化符号造成了压力。它打破了纳西族东巴跳文化符号生成及发展的闭合文化圈结构，并不断吞噬着地方性知识赖以建构和存在的传统空间，全球化带来的强势文化扩张在不断冲击着传统文化并使纳西族既有的文化模式消解，最终可能造成传统文化的去语境化、去地域化，进而形成一种同质性文化。其次，技术在不断形构东巴跳文化符号。当技术冲破了文化的藩篱成为社会的主宰时，以东巴跳为代表的传统文化符号必然会被技术垄断。在现代技术手段下，东巴跳文化符号那种意象的"魅力"被剥离，"祛魅"的身体操演成为一种纯客观的理性文化表演和文化产品。在技术影响下传统的权威与神圣正在慢慢消解，最终出现技术的文化僭越。再次，消费在不断消解东巴跳文化符号。当文化产业、文化旅游兴起之时，东巴跳文化符号便不可避免地成了被消费的对象。原本属于"娱神""记忆""认同"的东巴跳文化符号成了消费场域中的商品，对于东巴跳文化符号的过度消费必然导致其世俗化倾向。最后，媒介在不断消解东巴跳文化符号。在电视、计算机及移动传播媒介干预下，以口传身授为重要媒介的纳西族东巴跳文化符号交流模式被打破，现代化的媒介成为人的感官延伸，它可以使人们超越自己感官的限制去视听，传统的身体操演在慢慢消弭，取而代之的是以数字符号形成的信息流，人机交互开始取代传统的交流。

针对当下东巴跳文化符号传承发展问题，本书提出以下建议：第一，须重新审视传统与现代的关系，传统与现代的冲突不容回避，但是二者也存在互动式发展，因为现代性发展必须立足于传统，传统中包含了现代化的因子，我们需将"本地生活方式"与"时代精神"有机结合起来。我们可以尝试性构建东巴跳文化符号多元现代化发展框架，以对现代做出积极的回应，在自我现代化发展进程中应唤起传统文化的自主改造，并构建一种意义系统和生存模式。第二，须明确谁是东巴跳文化符号的主人。纳西人作为东巴跳文化符号的传承者，理所当然是它的主人，这是毋庸置疑的，所以在传统文化变革中纳西人须充分发挥自身积极性和创造性，使自身认知模式与当下接轨，发展纳西族的现代化内生力量，并完善相关的制度，进而调动主体的能动性和提升主体的自立能力。第三，积极探寻视觉文化与视觉自然之间的张力。当前一些纳西族传统文化视觉形象被过度生产与消费，这必然会使人们心生厌倦，进而向往真实的传统文化，因此，再现传统文化的深刻内涵成为一种期望，从这个意义上讲，以东巴跳为代表的传统意象文化符号的回归将会成为一种趋势。第四，提升文化自觉。传统文化现代化的过程一定是一个文化自觉的过程，没有文化自觉的传统文化发展在多元化进程中就不会有主体意识。文化自觉是纳西族东巴跳文化符号自我发展的驱动力和内在机制，针对东巴跳文化符号的消弭，纳西人应树立传承与发展传统文化的责任意识，在反思、继承、创新中实现传统的现代化发展。

三、研究的思路

本书的研究共分为三个阶段逐层实施：第一阶段为田野调研与分析阶段，第二阶段为实施阶段，第三阶段为结题阶段（见图1-3）。每一阶段的具体安排及思路如下：

第一阶段：田野调研与分析阶段。

本阶段的具体安排及研究思路：对与东巴跳文化符号相关的文献资料进行了收集，实地考察丽江纳西族区域的自然环境、社会环境及当地居民的生活方式、宗教信仰等，并对该区域进行了东巴跳文化符号的调研，同时向该方面的专家进行访谈，论证课题实施的科学性、可行性、合理性。该阶段研究思路主要集中于对东巴跳神圣身体的建构，主要包括东巴跳文化符号解析、仪式中的东巴跳内涵和东巴跳承载的记忆与认同方面。

第二阶段：实施阶段。

本阶段的具体安排及研究思路：对通过田野考察得来的资料和专家建议进行综合分析，基于现实的东巴跳文化符号发展现状和掌握的文献资料综合讨论身体的消解过程及其原因。该阶段研究思路主要集中于视觉文化东巴跳、消费文化东巴跳、文化遗产东巴跳的消解现状呈现，并基于消解的现状进一步分析消解背后呈现出的全球化、技术化、消费化、媒介化等原因。

第三阶段：结题阶段。

本阶段的具体安排及研究思路：对课题调研与实施情况进行分析，并对关于课题的相关分析进行总结归纳。该阶段研究思路主要集中于对调研材料综合分析，对东巴跳文化消解问题进行深层剖析，基于现代与传统的关系、主客位关系、视觉文化的超越等方面探寻东巴跳文化符号的重构发展思路。

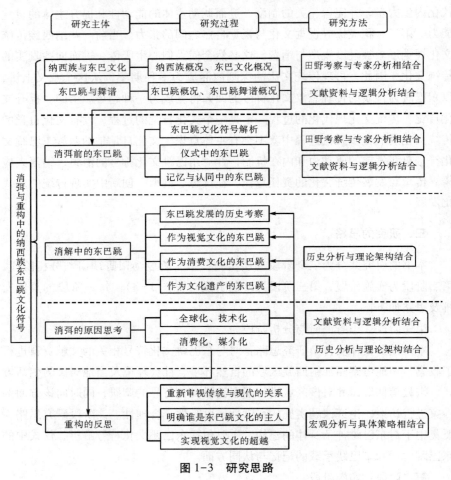

图 1-3　研究思路

第四节　研究的内容与框架

全书共分七章，其中第一章为绪论部分，第二章为符号的承载：纳西族与东巴文化，第三章为符号的概况：纳西族东巴跳与东巴跳舞谱，第四章为神圣的内涵：消弭前的纳西族东巴跳文化符号，第五章为世俗的呈现：消弭中的纳西族东巴跳文化符号，第六章为世俗的背后：纳西族东巴跳文化符号消弭致因，第七章为重构的思考：纳西族东巴跳文化符号发展的思考。每章的内容提要如下：

第一章为绪论，讲述了课题研究的缘起，梳理了相关领域的国内外研究现状与动态；阐述了课题采用的研究方法、课题的主要观点与课题的研究思路；列出了课题研究的阶段进展及其思路。

第二章为符号的承载：纳西族与东巴文化，对纳西族的族群起源及分布情况进行了归纳，基于历史的逻辑对纳西族历史沿革进行了分析，对纳西族的文化进行了概述，对纳西族的信仰进行了概述，对东巴文化及其相关的东巴教、祭祀仪式等进行了概述。

第三章为符号的概况：纳西族东巴跳与东巴跳舞谱，介绍了东巴跳的历史起源，对东巴跳进行了相关的分类并解析了其风格特点；对东巴跳服饰道具与音乐等进行了阐述；对一些重要的东巴跳仪式进行了相关解析；对东巴跳舞谱版本与法则进行了概述，并对东巴跳舞谱进行了相关分析。

第四章为神圣的内涵：消弭前的纳西族东巴跳文化符号，对纳西族东巴跳文化符号从物质层、制度层、行为层和精神层四圈层结构进行了解析，基于仪式中超常态的表现、虚拟情境和象征性三方面对东巴跳进行了解析，基于记忆与认同的视觉分析了东巴跳所承载的内涵。

第五章为世俗的呈现：消弭中的纳西族东巴跳文化符号，立足传统社会、社会改造和改革开放三个历史阶段，对东巴跳文化符号繁荣与消解的历程进行了梳理；对作为视觉文化符号的东巴跳、作为消费文化符号的东巴跳、作为遗产文化符号的东巴跳进行了现状分析。

第六章为世俗的背后：纳西族东巴跳文化符号消弭原因，分析了全球化进程对东巴跳文化符号的影响，分析了技术对东巴跳文化符号的影响，分析了消费对东巴跳文化符号的影响，分析了媒介对东巴跳文化符号的影响。

第七章为重构的思考：纳西族东巴跳文化符号发展的思考，基于传统和现代重新认识东巴跳文化符号，从而促进东巴跳文化符号的发展；确定东巴跳的主客位，从而促进东巴跳文化符号的发展；以视觉文化超越促进东巴跳文化符号的发展。

第二章 符号的承载：纳西族与东巴文化

第一节 纳西族概述

作为东巴跳文化符号创造者及承载者的纳西族，是一个有着悠久历史的民族，该民族的起源具有复杂性和多样性的特征。当前，纳西族主要分布在云南玉龙纳西族自治县，在云南其他区域以及四川和西藏等部分地区也有分布。纳西族经历了近千年的历史沿革，在长期的历史发展进程中，族群形成了与地域、社会相吻合的生产生活习俗、民间文化习俗、宗教信仰等。

一、纳西族的族群起源及人口分布

（一）纳西族的族群起源

纳西族是一个有着悠久历史的民族，是我国云南省 25 个世居少数民族之一。关于这个古老而神秘的民族起源有氐羌说和土著说。两种派别基于历史学及民族学、考古学的研究有以下解析。

1. 从历史资料中看纳西族的祖先

任乃强先生认为纳西族是"羌族的远支成为的单一民族"[1]。方国瑜在《纳西象形文字谱》的序中写道：纳西族的原始祖先最早沿着西北地区的黄河和湟水生活于西北高原，生活方式多为游牧而四处迁徙，作为纳西族原始祖先中的一支古氐羌人，沿江南迁入雅砻江流域，进而西迁至金沙江地区[2]。其迁徙路线在东巴经《崇搬图》（见《人类迁徙的来历》）中有明确的文字记载，

---

[1] 任乃强. 羌族渊源探索 [M]. 重庆：重庆出版社，1984.
[2] 方国瑜. 纳西象形文字谱 [M]. 昆明：云南民族出版社，1981.

这就是费孝通提及的"藏彝走廊",也是纳西族人从西北到西南迁徙的重要路线。从纳西族居住地区的丽江、剑川、盐源等地出土的古代石器、金属等文物以及当地族群的一些生活习俗来看,也证实了纳西族族群的来源。例如,丽江博物馆中展出的一些石器、青铜器等物件与西北地区古氐羌人遗迹类似,纳西族人的放牧生活、火葬习俗、宗教仪式中的木牌画习俗等都展现出与西北古羌族人同源的特性。

另外,诸多历史典籍中亦有关于纳西族族源的记载。《后汉书·西羌传》记载[①]:"出赐支河曲西数千里,与众羌绝远,不复交通。其后子孙分别,各自为种,任随所之。或为牦牛种,越巂羌是也。或为白马种,广汉羌是也。或为参狼种,武都羌是也。忍及弟舞独留湟中。"以上信息证实了古羌人的南迁。而与"子孙分别"后产生的"牦牛羌"即为现在的纳西族先民,至今纳西族跳舞时有挥动牦牛尾巴的习惯,并以其为重要装饰,这也是纳西族人对过去历史的重要记忆。国内民族学家对纳西族族源考证方面,多数也认为纳西族源于古氐羌人。其中,李绍明从三个方面对其进行了论述研究[②]:第一,《东巴经》中神话传说记录的纳西族古代社会生产、生活说明了纳西族的先民居住于高原,并过着游牧生活;第二,藏族史诗《格萨尔王》中的《保卫盐海之都》提及的羌国就是指纳西,现今康南藏族人仍称巴塘及丽江一带的纳西族为"羌巴",即为"羌人";第三,羌人的语言与当下包括纳西语在内的汉藏语系、藏缅语族中的彝语支的语言有关。

2. 从考古学的发现来看"丽江人"

古生物化石是人类打开地球沧桑史的钥匙。1956年,考古工作者在丽江古城南木家桥挖掘出三根人类股骨化石,其中一根化石被证实是古人类化石。同时,还在这里发现了哺乳类动物化石,地层年代大约距今5万至10万年。这些发现都证明早已有土著居民在此繁衍生息。1964年,考古学家又在同一地点发现了一个人类头骨,经测定为一位少年女性,专家们将其界定为"丽江人"。从额面上扁平程度及最小额宽等方面来看,丽江人具有明显的蒙古人种的特性,这与同样具有这一特征的、同处于人类发展史上"智人"阶段的四川资阳人和广西柳州人是一致的。这说明早在几万年前就有类似蒙古人种的居民生活在这里,考古学家们也认为"丽江人"有可能是人类的祖先,并且其中的一部分还很可能逐渐演化成为纳西族的先民。

---

① 范晔. 后汉书 [M]. 北京:中华书局,2012.

② 李绍明. 康南石板墓族属初探:兼论纳西族的族源 [J]. 思想战线,1981 (6):66-72.

20 世纪 80 年代以来，考古学家们又陆续在丽江金沙江沿岸和泸沽湖畔等地发现了大量绘有岩画的洞穴和部分新石器时代的遗址。学者黄承宗认为："泸沽湖畔自古以来就有勤劳的各族先民劳动生活于此，并且还通过先民们的智慧与劳作创造出了较高的民族文化。"① 还有其他学者也认为早在古氐羌族南迁之前，云南的丽江与泸沽湖一带就已经有古人类生活的足迹。更有日本学者提出"纳西族的母体在极大程度上应该是云南的土著农耕民集团，并且这个集团曾控制于来自北方的、在武力上具有天生优势的少数游牧民"②。后来不少学者对此观点进行了相关的研究，很多人都认为：现代的纳西族是土著农耕民与南下的游牧民融合而形成的一个统一民族。

综上来看，无论是历史资料还是考古发现，我们都不能否认纳西族的起源是集复杂性与多样性于一体的，我们也必须承认仅凭某一种观点来看待发展中的事物是不全面的。因此，我们认为今甘肃省和青海省黄河流域与湟水流域的古氐羌人，古代中国西南民族中的"旄牛夷""白狼夷"的夷人族系以及很早就居住在现云南丽江和泸沽湖等地的土著居民共同构成了纳西族先民的三大主体，并且在漫长的历史长河中，这三大主体之间不仅相互融合，更是与汉族以及其他少数民族进行融合，最终形成了今天的纳西民族。

（二）纳西族的人口分布

《中国民族统计年鉴（2017）》的统计显示：截止到 2010 年纳西族的人口总数为 326 295 人③（见表 2-1）。该族群主要分布在东经 98°5′至 102°，北纬 26°5′至 30°，即滇、川、藏三省区交界处的横断山脉与金沙江一带。其中，云南省是纳西族最主要的聚居地，云南省的纳西族人口占全国纳西族总人口的 2/3，主要分布在玉龙纳西族自治县，其次还分布在宁蒗县、永胜县、香格里拉市、德钦县、鹤庆县、剑川县、兰坪县、贡山县等地。除云南省外，四川和西藏同样有纳西族聚居地，四川省纳西族人口占纳西族总人口的 2.8%，主要分布在四川省盐源县、盐边县、木里县、巴塘县；西藏自治区纳西族人口占纳西族总人口的 0.4%，主要分布在察隅县、芒康县等。纳西族主要分布在香格里拉市三坝纳西族乡、永胜县大安彝族纳西族乡、木里藏族自治县俄亚纳西族乡、芒康县下盐井纳西族乡等（见表 2-2）。

---

① 黄承宗. 泸沽湖畔出土文物调查记 [J]. 考古，1983（10）：952-954.

② 杨福泉. 玉龙彩云：纳西族 [M]. 上海：上海文化出版社，2017.

③ 国家民族事务委员会经济发展司，国家统计局国民经济综合统计司. 中国民族统计年鉴（2017）[M]. 北京：中国统计出版社，2018.

表 2-1　1964—2010 年中国纳西族人口数量　　　单位：人

民族	人口普查数				
	1964 年	1982 年	1990 年	2000 年	2010 年
纳西族	156 796	251 592	277 750	308 839	326 295

表 2-2　纳西族分布地区

类别	地区
自治地区	云南省丽江市玉龙纳西族自治县
纳西族乡	云南省迪庆州香格里拉市三坝纳西族乡
	云南省丽江市永胜县大安彝族纳西族乡
	四川省凉山州木里藏族自治县俄亚纳西族乡
	西藏自治区昌都市芒康县下盐井纳西族乡

　　纳西族总人口的男女比例约为 100.78∶100，男性要稍多于女性，男性人口为 15.50 万人，女性人口为 15.38 万人。与 10 年前纳西族人口相比，纳西族的总人口增加了 3.11 万人，增长率约为 11.19%。从纳西族的城乡人口来看，城镇人口约占总人口的 22.15%，为 6.84 万人；而乡村人口约占 77.85%，为 24.04 万人。玉龙纳西族自治县和古城区是纳西族最为集中的分布地区。

二、纳西族历史沿革

　　秦汉之际，今云南省西北部地区以及四川省西南部安宁河、雅砻江流域的西昌、甘孜、雅安、盐边等地区就生活着纳西族先民。直到 20 世纪 50 年代初，考古学家发现在四川省甘孜藏族自治州白狼古国遗址附近还有 5 000 多户纳西族人在此居住。同时，《后汉书》《三国志》《华阳国志》等文献记载，现在的纳西族人在不同的时期和不同的地域有不同的称谓。例如，汉代时期居住于越巂地区的纳西先民被称为"牦牛种"，蜀汉时期生活在汉嘉郡的纳西先民被称为"旄牛夷"，而到晋代时期活动于今四川盐源地区的纳西先民又被称为"摩沙夷"。此外，纳西先民在东汉时期与东汉王朝建立政治关系，并且在汉晋之际，位于金沙江和雅砻江流域的纳西族在政治、经济等方面都得到了较大的发展。

　　在经历了魏晋南北朝和隋朝 400 多年的发展后，纳西族已经形成了相当的规模。《蛮书》记载，在唐代纳西族人多被称为"麽些"，且在唐朝初期，东起四川省西南部的安宁河地区，西至云南省西北部的澜沧江流域，北至塔城、五境、洛洁、永宁、木里一带，南抵今大理州的宾川县等地域都是纳西先民的活动范围。唐朝时期，纳西族畜牧业发达，其不少地区存在大量的牛羊贸易活动，农业经济和冶炼技术也有较大进步。在唐初滇西的六诏政权中，"麽些"在宾川县一带建立的越析诏就因"地广兵强而被南诏畏忌"。然而，南诏在唐王朝的支持下吞并了越析诏各部落，于公元 794 年将大量"麽些"迁徙到云南中部地区。自此，麽些地区的纳西族先民开始受制于南诏和吐蕃两大政权。

到了宋朝，南诏政权被段氏大理国政权取而代之，纳西族地区开始受大理国管辖。由于吐蕃内乱频繁，大理国无力南下，导致对丽江地区纳西族先民聚居区的控制有所降低，使纳西族地区处于一个相对安稳的局面，人口、经济、文化得到一定程度的发展。宋朝在此时采用各种手段扶持纳西族的首领，又使得丽江一带的纳西族的势力不断发展壮大，纳西先民的民族独立意识逐渐增强，进而形成了与大理国政权分庭抗礼的态势。

唐宋在中国历史上具有里程碑意义，对纳西族的社会发展来说也是一个十分关键的时期。唐宋时期，纳西族地区已经基本上实现了从游牧经济向定居的农耕经济的过渡，社会经济的发展也有了质的飞跃，具备了建立统一政权而需要的经济基础。

公元 1253 年秋，元世祖忽必烈率领蒙古铁骑分三路南下征讨大理国。元军攻占大理后，忽必烈在纳西族地区授予其部落首领"茶罕章管民官""茶罕章宣慰司"等官职，并在云南丽江一带成立丽江路军民总管府和宣抚司等机构，这便是土管土司制度的雏形。纳西族地区纳入中央王朝的直接管辖之后，区域的政治、经济、文化等各方面都得到了发展，纳西族地区也从奴隶制社会向封建制社会转型。

公元 1381 年，明朝的开国皇帝朱元璋亲率 30 万大军进兵云南；次年，丽江的纳西族土知府"率众归附"，并获"木"姓。自此，在明王朝统治的 260 余年里，丽江木氏土司深得明朝政府的信任与倚重，曾多次为明王朝征战效力，获得明朝皇帝亲赐的各种嘉号，如皇帝御笔题赠的"诚心报国"以及"辑宁边境""西北藩篱"等匾额。丽江的木氏土司势力被明朝视为"守石门以绝西域，守铁桥以断吐蕃，滇南籍为屏藩"[1] 的一支重要力量。与此同时，在明王朝的大力支持之下，中原汉族地区的生产技术与文化也逐渐传入纳西族地区，木氏土司采取开明的政策，使得丽江纳西族地区的各方面都得到较大的

① 许嘉璐. 二十四史全译　明史 [M]. 上海：汉语大词典出版社，2004.

发展。公元 1398 年，即明洪武三十一年，丽江府升为丽江军民府，通安州、宝山州、兰州以及巨津州和临西县等四州一县区域均由丽江军民府管辖，这一带也成为纳西族最为集中的聚居区之一。公元 1462 年（明天顺六年），明王朝开始对西南地区进兵，丽江木氏伺机向北扩张自己的势力，至明朝末年，四川木里、巴塘、理塘、康定以及西藏昌都以南的地区都成为丽江木氏的势力范围。为巩固以上地区的政权，木氏派了大量纳西族人戍守，久而久之，这一部分纳西族人便与藏族人民实现了融合。

公元 1723 年，即清雍正元年，纳西民众不能忍受木氏的欺压与剥削，派代表到省城告状，引起了清王朝的关注，后将丽江的土知府改任为土通判，并于公元 1724 年（雍正二年）春，派杨秘为丽江流官知府，自此，历史上著名的"改土归流"便由此开始了。大刀阔斧的"改土归流"使丽江一带的农业、手工业、商业得到发展，该地的封建领主经济也逐渐向地主制经济过渡；此举还形成了纳西城乡学习汉文化的浓郁风气，打破了木氏贵族垄断汉族文化教育的局面，促进了纳西族地区汉文化的教育，但也导致该地区产生了重大的文化变化与社会矛盾，如废火葬、"禁东巴"、改革服装以及实行封建家长制和包办婚姻制等。

1911 年，辛亥革命推翻了中国两千多年的封建帝制，军阀割据造成云南省西北等地常年战乱，纳西族人生活于水深火热之中。国民政府为巩固自身政权，在丽江纳西族地区实行保甲制度，并于 20 世纪 20 年代在丽江成立丽江行政督察专员公署，管辖云南整个西北部地区，这在很大程度上造成国民政府的中央政权与云南省地方政府势力之间的矛盾。再加上抗日战争的爆发，使得这一时期中央对纳西族地区的控制减弱，纳西族地区的社会、经济、文化才获得良性发展的机会。此时，丽江纳西族地区也出现了资本主义工商业。特别是在 20 世纪三四十年代，我国东南沿海一带的对外贸易渠道相继中断，滇缅公路也被日军攻陷，云南丽江一带则成为经西藏至印度贸易的重要中转站，成为茶马古道上重要的驿站之一。1936 年，红军长征经过丽江一带的纳西族地区，在纳西族人民的大力支持与帮助下，红军顺利渡过金沙江。后纳西族人民在中国共产党的带领下进行抗日战争，1949 年 7 月 1 日丽江获得了和平解放。

中华人民共和国成立后，全中国都进入了一个崭新的历史发展时期。1954 年，丽江召开了首届人民代表大会；1958 年 9 月 24 日，国务院通过了成立丽江纳西族自治县的决议；1961 年 4 月丽江纳西族自治县正式成立，随后纳西族地区的部分纳西族聚居地也相继建立了区和乡级自治政权。

三、纳西族的文化

（一）生产生活习俗

纳西族的居住地位于横断山脉腹地，地形多样，气候差异明显，生物多样性突出，这也使纳西族地区在文化上呈现出地域差异。从生产习俗来看，金沙江、澜沧江以及雅砻江等河谷湿热区域的农业较为发达，尤其以水稻种植业最为发达，但受地形影响，农业种植面积和产量十分有限。在海拔稍高一点的高原坝区，农业受到雪山和海拔的限制难以成规模，故以轮耕和种植旱地作物为主；海拔高的半高山及高山区，则适宜发展林业、牧业、狩猎和药材种植，同时依靠畜力做长距离跨国贸易的商品贸易较为发达。当今的纳西族地区虽以定居的农业为主体生计方式，将农业、土地作为其核心文化，但同时也兼具林业、牧业、渔业、商业等产业。各种生产方式之间关系密切，互为补充。以畜牧业来说，畜牧业是纳西族的传统产业，与渔业之间为互补关系，也是除种植业以外纳西族主要的经济来源之一。

从饮食文化来看，纳西族地区的饮食文化在明代就已经达到了相当高的水准，食谱体系庞杂，饮食精致，且饮食因个体身份的不同具有悬殊的阶层分层。纳西族地区的饮食习俗在改土归流之后发生了根本性的变迁，表现为人们逐渐因时令、场合的不同而对饮食的内容、样式以及菜谱的繁简有了专门的要求。以丽江为例，自 1949 年以后，人们的饮食口味从之前的浓烈、味重转向酸、辣、甜兼具，菜品日趋丰富。早餐一般为馒头、粑粑、花卷、酥油茶和香肠，午餐为米饭、面食、菜、汤，而晚餐一般为纳西族人的正餐，菜肴也颇讲究，主食通常以米饭或者面食为主，注重荤素搭配，平日炒两三个菜，节日或请客时，一般要做 8 个菜或者 12 个菜；特色饮食主要包括粑粑（又称"千层饼"）、八大碗、米肠、酸鱼、猪膘肉、麦芽糖、酥油茶等。

从服饰习俗来看，纳西族地区的服饰最能体现族群性与地域性，尤其在女子的服饰上表现得更为突出。年龄不同，纳西族女子的服饰也不同：少女十二三岁时要打耳洞，戴耳环，衣服颜色以白色为主；青年女子以绿、青、灰、蓝四色为主色，上身内穿白汗衫，外穿长褂，褂外要披灯芯绒坎肩，垂辫于背后，背上也要披坎肩，平时披布衲坎肩，重要日子才披羊皮坎肩，下身着蓝色百褶裙；中年女子的服饰与青年女子基本相同，只是颜色更加朴素，衣服更加厚实，另外还要将头发盘成髻，加挽一块蓝布头帕，表示已婚；老妪一般着红色氆氇坎肩，身披羊皮坎肩，下穿灰色或黑色百褶长裙，头上还要戴圆形黑色（青色）头帕，再系上黑纱。直到现在，纳西族妇女依旧保持着"短衣长裙"这一服饰特点。较女子而言，纳西族男子的服饰要简洁得多，一般头戴毡帽或缠包头，上身穿自织的麻布或棉布衣，外披羊毛毡或羊皮坎肩，下穿黑色或蓝色长裤，脚穿布鞋或者皮鞋。

图 2-1　纳西族居民服饰

（二）民间文化习俗

纳西族自远古时期就对自然较为崇拜，到后来对天体的敬畏与研究促使了古天文学的发展，并建构了极具纳西族特色的历法体系。在东巴经典中，纳西族人将北极星称为星王，以北极星所居的北方为尊位，结合地上河流的流向以及日出日落的方向基本确定了东南西北四个方位。同时，纳西先民在长期观察天象和物候的基础上，不仅创制了以月亮圆缺定月基本历法，还总结出了一套用来辨识季节与时序的物候历。具体表现为：①年份以十二支计数，12兽历每十二年轮一次，60年为一个花甲；一年分12个月，一个月为30天，一年为360天。②一年分四季，为春夏秋冬，在纳西语里分别对应"蒙尼""蒙荣""蒙次""蒙初"；纳西族人还以每个季节最主要的物候来标志该季节，依次为"风季""雨季""花季""雪季"。③纳西古历虽确定一年为360天，但在纳西族传统历法中每年还有5～6天的"年余日"或者"月余日"，故纳西族一年实际为365天或者366天。④纳西族人将一天分为12时，以"刻"为最小的时间单位。

作为东巴文化和东巴经典载体的纳西族造纸术也具有悠久的历史。明成化年间已出现了东巴纸典籍，由此推测纳西族的造纸术在明清时期就有相当的规模。纳西族造的纸主要分为两类：一类为传抄东巴经典或宣传东巴教文化的纸张或者纸材，这一类常被称为"东巴纸"；另一类就是民间私塾、书院、义学馆等印制的教育书籍用纸，该类纸一般是汉式白棉纸。由于东巴纸是纯手工制作，原料有限，现已发展为一种富有丽江特色的旅游文化产品。

纳西族的民间文化典籍较为丰富，在题材上一般分为纳西族的神话与传说、民间诗歌、欢乐调、殉情调和情歌五大类别。纳西族的神话与传说按其主体又可分为以下几类：①反映人与神怪斗争或博弈的作品；②描述古代纳西族先民生产生活的图景；③反映纳西族历史进程中社会战争与和平的作品。纳西族的民间诗歌主要描绘的是纳西族生产生活中的生产劳动和友谊亲情等，其中以叙述爱情的诗歌最多。

（三）社会文化习俗

关于纳西族社会文化习俗的描述，我们从纳西人一生中最重要的几个阶段进行介绍。

首先，是诞生习俗和成丁习俗。在纳西族的生育观念中，一般认为孕妇具有不洁的一面，因而新生婴儿能否存活是难以确定的，这就需要对怀孕的妇女及时采取措施，除秽和祈福一般同时进行。生产前数月，产妇要卧床静修一月，家中的女性长者还要准备好米酒，迎接新生儿的诞生；分娩时，一般要请有经验的老妇人接生；分娩后，要为婴儿洗浴全身，并由家中的祖母将醪糟分给众亲友。纳西族生育习俗中有一种"头客"礼，即在有婴儿诞生的家中，第一个偶然进入该家门庭的人被称为"头客"，并要当贵客接待。在婴儿出生后的第一个白天，要为新生婴儿"殇髻"，即由家中的长辈为婴儿剔去头上的胎毛，有抛弃污秽之物的意思。婴儿出生达到一个月时，要在家中举行受礼仪式，成为"满月客"，纳西语为"勘余"。纳西女子长至13或14岁，男子长至16岁，家里要为他们举行成人仪式，标志着少男少女们已由少年跨入了青年行列。

其次，是结婚习俗。纳西族地区的家庭婚姻类型呈现出多元并存的格局，其主要的婚姻家庭类型有以下几类：第一，以一夫一妻制为主的父系家庭；第二，一夫多妻与一妻多夫并存的共夫共妻制；第三，泸沽湖周围地区纳西人中以走访婚为主的母系家庭；第四，双系家庭。纳西族主要聚居区将传统的纳西族婚礼称为"素兹"，主要有订婚、请新娘、举行婚礼三大程序。丽江纳西族地区实行严格的家族外婚制度，同姓同宗不允许结婚，家族内部也绝对禁止结婚联姻。在"改土归流"后，纳西族地区大力推行汉族婚俗，在婚礼程序上也逐渐汉化。

最后，是丧葬习俗。纳西族自古实行火葬，只是在丧仪上有所区别。以丽江坝区的丧葬仪式为例，主要包括6大程序：①临终关怀与放含殓，放含殓亦称为"萨撒肯"；②报丧与设灵堂；③入棺仪式，入棺一般在老人死后的第二天黄昏进行；④出殡发灵，开奠出殡在第三天进行；⑤复丧，在出殡次日进行，但逢"斋七"、一七、二七、三七、四七以及死者忌日、一年之斋期、二年之斋期、三年之斋期均要祭奠亡灵；⑥守孝三年制，只有在三年守孝期结束之后，死者的家人才不再行守孝之礼，才能像正常人家一样举行各种仪式。

除了以上这些习俗外，纳西人丰富多彩的节庆习俗也是纳西族社会文化中浓墨重彩的一笔。纳西族与汉族基本相同的节日主要有春节（"由本锦赠"或"库市"）、"棒棒会"（又称"弥老会"，等同于元宵节）、清明节（"撒秧节"）、端午节以及中秋节。而独具纳西特色的节日有：①农历二月八日为纳西族三多节。"三多"是纳西族的民族保护神，自1987年起，每年农历二月八日的"三多节"成为法定的纳西族民族节日。②三月十三日为玉皇庙会，是丽江道教信徒的节日。③三月十九日为娘娘庙会，为纳西族地区妇女的节日。④农历六月二十四至二十六日为火把节，是滇西北区域有历史记载的最古老的节日。⑤农历七月初一至十四为烧包节，是杂糅汉传佛教仪式、道教中元节、佛教盂兰盆节以及纳西族祭祖活动为一体的典型节日。⑥农历七月二十五日为朝山节，该节日于1984年在地方政府的支持下恢复举办。

四、纳西族的信仰

历史上，纳西族的宗教信仰是多元的，既信仰本民族传统的原始宗教——东巴教，又同藏传佛教、汉传佛教以及道教兼容并存，多元的宗教特点是与纳西族既注重保护本民族的文化，又善于吸收其他民族文化的态度与精神是一脉相承的。纳西族的分布区域是汉藏等文化的交汇之所，导致纳西族多元并存的信仰体系一直持续至今。研究纳西族的信仰就是对纳西族宗教进行探讨，以下将对纳西族地区的6种宗教做简要的概述。

（一）巫教

在古代，纳西族民间普遍信仰巫教，西方学术界将这种巫文化称为"Shamanism"（萨满教）。巫教的施行者在民间被称为"桑尼"，一般"桑尼"由女性担任，后来才逐渐由男性担任该职务，他们与作为祭师的东巴之间既有联系又有区别。联系在于两者都信仰万物有灵，均采用占卜等手段感知神灵，其主要职能都是沟通人、鬼、神三界，迎神求福，禳灾驱鬼。不同之处在于："桑尼"没有文字和经书，除了身兼东巴和桑尼两重身份外，一般"桑尼"对东巴经和东巴仪式一无所知。纳西族"桑尼"一般是通过神授式的感悟习得巫术，但也不乏世袭或者拜师而自立门户的巫师。"桑尼"的巫术常常是摄人心魂的，信众也时常因其具有超乎寻常的法术而对"桑尼"深信不疑，这成为纳西族宗教信仰体系的重要组成单元。

此外，纳西族民间信奉蛊者众多，蛊在纳西语中被称为"毒"，至今纳西族民众对蛊仍有深厚的信仰基础。生殖崇拜在纳西族民众中也是较为普遍的，具体行为如祭拜拉姆女神、格姆女神，祭拜类似生殖器的石祖，其目的均为祈求生育，这一点在东巴教中也有体现。

（二）东巴教

东巴教是在原始巫教的基础上，受其他宗教影响而发展起来的一种宗教形式。东巴教作为大多数纳西民众普遍信仰的宗教，有使用东巴文字书写的东巴经书，东巴经书有以舞谱为规程编排的东巴仪式，在东巴或祭师咏诵东巴经典时采用独有的东巴唱腔（音乐），以及运用神灵谱系的东巴画像、造型奇特的东巴法事道具。此外，东巴教还有数量可观、主题各异、风格多样的东巴仪式和东巴经典互为整体，东巴教中运用的木牌画、打击乐器、泥塑、朵玛（面偶）、木质法杖、竹制法冠、纸质法冠、皮质法冠，以及形式各样的东巴法衣、配件挂饰等综合构成了东巴文化的外化器物形态。

目前，学术界对东巴教的起源有不同的观点。一般认为东巴教的东巴经典和东巴神灵谱系与苯教有着十分密切的关系，但目前的相关研究也无法准确定论；也有人认为东巴教可能是藏彝走廊中诸民族及族群集团间盛行的苯教系统宗教的地域性版本；还有学者指出纳西族的传统宗教是在受到苯教以及藏传佛教影响后的民族化宗教形态。此外，研究者在今四川省木里县发现当地的藏族中也盛行着东巴教，但该地流行的东巴教文化是依靠东巴或祭师的口传身授传播，东巴或祭师没有文字和经书，这一点又与前面提及的巫教颇为相似。

纳西人中信仰东巴教的信徒众多，尤其是农村里老幼妇孺，皆是东巴教最忠实的信徒，因此，纳西族也是历史上一个全族信仰东巴教的民族。东巴教与纳西族人的一生都密切相关，人生的每一个足迹都需要在东巴教的祭坛上留下深刻的痕迹。从婴儿的出生到取名，再到纳西人的成人礼，以及婚丧嫁娶等都是在东巴仪式中完成的，而东巴教的很多思想也是从这些重要的阶段中形成与完善的。

（三）达巴教

达巴教因祭师达巴而得名，主要盛行于木里、盐源、盐边、宁蒗等地。按纳西人民间传说，最初的达巴分为三种：主持祭祀类，治病、驱鬼、行巫术类，负责占卜类，后来多为集祭祀、诵经、占卜三大职能为一体。另外，还有专门负责为土司家族记录历史大事和家族发展世系谱的达巴。达巴教与东巴教在其宗教形态、内容等方面基本相同。首先，都主张万物有灵，都有祖先崇拜、鬼魂崇拜等内容；其次，都有同一主体的宗教经典与祭祀仪式；最后，两种宗教都无专门的宗教建筑与组织，传承方式也多以世袭为主，少有神授天成者和拜师求法传教行法者。

虽然达巴教与东巴教的相同之处颇多，但达巴教仍然有其独特之处。与东巴教相比，首先，达巴教的形态更为古朴，巫教特征更为鲜明。其次，达巴教用以传抄经典的文字和符号十分有限，故传承方式以口诵经典为主。据调查，截止到目前，达巴教的象形文字仅有32个，其数量要远远少于东巴教。最后，从祭祀仪式规模来看，达巴教的仪式规模相对小型化，仪式规程较简单，大多数祭祀活动均可由一个达巴主持，稍微复杂的仪式则由多个达巴协作完成。

达巴教祭拜的神像主要分为两类：一类是以木雕做成的保护神；一类是以糌粑、酥油和水捏成的其他神祇，这类塑像也称为朵玛。达巴做法事的仪式法器主要有法棒、法冠、手鼓、护身符、法铃等，其中达巴从事活动时使用的三角形旗帜被称为达巴的护法武器。

（四）藏传佛教

唐代以来，茶马古道的贯通使纳西族与藏族之间的贸易往来不断增强，商人与求法高僧并行，奔波于古道之中。据藏文史籍记载，历史上最先建成的寺院——噶玛丹萨寺中，木匠按照藏族、汉族、纳西族三族的民族象征物制作飞檐斗拱，有藏族的师爪、汉族的龙须，以及纳西族的象鼻。由此可知，在元代之前，纳西族就与藏传佛教结下了深厚的法学渊源。明代中叶以来，随着木氏土司势力不断向北扩张，进一步增强了纳西族和藏传佛教之间的联系。

藏传佛教在公元1276年前后传入纳西族聚居区。明万历八年（公元1580年），知府木东、木旺父子捐巨资在川西地区修建了理塘寺，并于公元1543—1588年邀请达赖三世索南嘉措举行开光仪式①。明万历年间，知府木增在丽江府主持刻印了藏文《大藏经》，不仅使木增成为滇藏政教关系史和纳藏文化史上被颂扬的重要人物，也使藏文《大藏经》成为藏区首个雕版印刷作品，此举在当地具有历史性的意义②。清初以后，藏传佛教在丽江、维西等纳西族聚居区得到较快发展，民众中信奉藏传佛教的信众逐渐增多。很多纳西族聚居区设经堂，供奉佛像，族人每日早晚礼拜供奉，还以男子当喇嘛为荣耀之事。藏传佛教在纳西族地区的传播，促进了纳藏文化的交流，对纳西族本民族的宗教产生了重要的影响。

---

① 余海波. 明代纳西族木氏土司与道教、佛教 [J]. 云南师范大学学报（哲学社会科学版），1995（4）：56-60.

② 杨福泉. 明代丽江版《大藏经》[N]. 云南日报，2006-02-09（009）.

（五）汉传佛教

明朝初年，汉传佛教传入丽江纳西族聚居区。木氏土司大力推崇佛教，修建了大量的汉传佛教寺庙群，其中的福国寺还曾被徐霞客誉为"丽江之首"。此时的汉传佛教在纳西族地区已有了相当多的信众，史称"佛寺颇多，道观次之"。明帝曾赏赐给木氏的佛教经典被供奉于鸡足山，木氏土司也曾在鸡足山兴建了殿阁宏伟的悉檀寺，因此，鸡足山成了交流汉传佛教的论坛，以及云南的佛教圣地。到清代，汉传佛教在丽江纳西族地区得到了进一步的发展，新建了大小 60 多个寺庙，分布于城乡各地。直到新中国成立之前，丽江县一些较大的村寨仍然有寺庙存在，且寺庙中的和尚多为纳西族人。清朝以来，纳西族地区还出现了许多汉传佛教的高僧大师，如正修、圆空、妙明、谛问等。

（六）道教

据史籍文献，道教传入纳西族地区的时间要晚于佛教。道教大概在明代中叶传到丽江，相传木氏土司家族曾邀请内地的道士来丽江弘道，并在丽江地区修建了不少的道教宫观①。清雍正元年，丽江在"改土归流"之后，道教在此地得到了进一步的发展，除了在明代兴建道教庙宇外，于清代在各地新增了许多道观，文昌宫和村寨庙堂与日俱增。丽江大宝积宫中还保留了明代道教壁画中出现的三清、四御、风伯、雷公、电母等道教诸神的像。纳西族的婚丧嫁娶等习俗也受到了道教及道教文化的影响，其中以"年斋""斋七"占卜等民俗为典型。

第二节　东巴文化概述

东巴文化贯穿于纳西族历史发展的全过程，是纳西族的主体文化，是纳西文化的重要组成部分。东巴文化是东巴跳文化符号的灵魂，万物有灵的东巴文化宗教观念对东巴跳文化符号的体化实践具有深刻的影响。而作为东巴文化载体的东巴教，则是纳西族多元宗教信仰的主体，对纳西族的社会发展、文化习俗都产生了深刻的影响，并不断模塑着东巴文化中的东巴跳文化符号。以上所涉及的东巴跳、东巴文化、东巴教，其传承的最终载体是纳西族的智者——东巴，在纳西人心中，东巴上知天文，下知地理，是具有神力的灵异者，他们在

---

① 周文英，柯柄刚. 道教在丽江的传播与丽江社会文化之关系考察 [J]. 杭州师范大学学报（社会科学版），2009，31（1）：117-120.

宗教仪式、宗教信仰中承担着重要的角色。

一、东巴文化概况

一般认为东巴文化发展阶段可以大体分为早期的无文字时期和之后的有文字时期。早期的东巴文化主要靠口传身授传承，其存在时间要远远超过有文字的历史。东巴文字形成于唐宋之后，至今有一千多年的历史。同西南少数民族地区其他民族的文化一样，东巴文化也是一种宗教文化，即东巴教文化。

（一）东巴文化的内涵

东巴文化因其保存着"唯一活着的象形文字"和古老的东巴画、东巴跳、东巴音乐以及纳西族古代社会的政治、经济、习俗等内容，被世人称为纳西族古代社会的百科全书，东巴文化自然也就成了纳西族的主体文化。东巴文化有广义与狭义两种分法，广义的东巴文化是指纳西族地区所有和族群活动有关的各种文化形态，大体上包括纳西族民间、民俗、精英等纳西族传统文化，还包括以东巴教为核心的传统宗教文化。而狭义的东巴文化就是指以东巴教为中心的文化，其主要内容大致可以分为以下四类：第一类，是与纳西族人的生产生活息息相关的各种物质文化表现形式，如纳西族人的东巴语言文字、音乐、舞蹈、绘画、服饰、道具、房屋建筑等；第二类是用东巴文记录的纳西族东巴古籍文献；第三类是东巴文化的传承者及其所掌握的传统知识与技艺；第四类是纳西族特色的传统民俗活动。

东巴文化以东巴教为载体，是纳西族的一种传统的宗教文化和民俗文化。东巴教发源于纳西族早期社会的原始氏族宗教，信仰万物有灵，重自然崇拜与祖先崇拜，认为世间万物永远处于一种对立统一的、相互变化的互动过程之中，而世界被认为是由五行、气、声等基本元素构成的。东巴教的所有仪式都体现了人类对自然神灵和人造神灵的崇拜，保留了自然的"人格化"力量。据历史文献，所有的纳西族都要进行祭天活动，故纳西族也被称为一个祭天的民族。在东巴进行祭天仪式时，所有的纳西族人必须参加。东巴虽是多才多艺之人，但无论哪种东巴仪式，仅靠东巴是不能完成的，必须有纳西人的参与和配合，这正体现了东巴文化中突出的民俗特色。

东巴文化是在"万物有灵"的宗教观念中逐渐形成的，人与自然的共生观念便是东巴文化的重要特点。在长期的生产实践中，纳西先民从一般的自然崇拜上升到对人与自然之间关系的思考，他们认为人与自然是一种兄弟关系，只有保持这种兄弟关系的均衡状态，人类才能从大自然中获益；反之，如果人类不遵循这一共生关系，那就会遭到大自然的报复。正是在这种思想观念下，纳西先民逐渐形成了既有利于人类生活，又有益于自然环境的社会规范，这对纳西族地区的生态环境保护起到了积极作用。人类发展到今天，关于生存还是发展的问题没有一个完美的答案，而东巴文化中人与自然共生的思想观念是对此问题的一种有意义的回答。

（二）东巴文化的重要载体——东巴古籍

纳西族的象形文字被称为东巴文，东巴古籍就是用东巴文书写的。对于东巴文，费孝通先生曾经说过"东巴文是一种比甲骨文还要老的文字"，它是介于图画和文字之间的一种古文字，也是唯一一种从古至今依然在使用的图画象文字，被誉为"目前唯一活着的象形文字"。

用东巴文书写的东巴古籍作为东巴教的经书，是东巴文化的纲领性文献，也是东巴文化的物化形式，是研究东巴文化以及了解纳西族传统思想观念的重要历史史料。从国内外学者对东巴文化的相关研究中，我们了解到纳西族常用的象形文字有 1 400 余个单字，而用其撰写的东巴经古籍就有 1 000 余种。从祭祀仪式的角度来看，东巴古籍可以分为五大类：第一类是祈福类仪式，主要包括祭天、祭祖、祭神、求嗣、求寿等 12 种具体形式；第二类为驱鬼消灾类仪式，包含 12 种具体仪式，其中祭风、除秽捣毁鬼门较具代表性；第三类是丧葬类仪式；第四类为占卜类仪式，据不完全统计该类仪式有 40 余种；第五类是其他，涉及东巴跳舞谱、医学典籍、杂言等①。

纳西族先民用古老的象形文字把纳西族史前文化活动的足迹书写在东巴经典之中，并通过传统的东巴教祭祀活动将这些经典古籍传承下来，成为纳西历史文化的"活化石"。因此，东巴古籍的价值不言而喻。2001 年，《纳西东巴古籍译注全集》获中国国家图书奖，同年，东巴文献申报"世界记忆遗产"；2002 年 3 月，东巴古籍被列入中国首批 48 项中国档案文献遗产之一；2002 年 8 月，中国国家咨询委员会将"中国纳西族东巴古籍文献"作为中国申报项目之一向联合国教科文组织推荐；2003 年 8 月，中国纳西族东巴古籍——《纳西东巴古籍译注全集》中的东巴经典原文被批准列入"世界记忆名录"，成为我国第三项"世界记忆遗产"。

二、东巴教与东巴

（一）东巴教

东巴教在纳西族西部方言区又被称为东跋教、多巴教、刀巴教、土教，而在东部方言区多称其为达巴教，是纳西族传统文化的重要载体，是纳西族多元宗教

---

① 徐晴，杨林军. 纳西族东巴画概论 [M]. 昆明：云南人民出版社，2014.

信仰中的主干，对纳西族的社会发展、文化习俗等方面都产生了重大的影响。

1. 东巴教的宗教特点

人类最早的宗教是原始社会原始氏族的伴生物，是在原始巫教的基础上发展起来的，因而传统的东巴教具有显著的原始宗教残余；纳西族中起源于远古时期的巫教，以祖先崇拜、自然崇拜为主要内容，兼具鬼神崇拜的色彩，以祭天、丧葬仪式、驱鬼、禳灾和卜卦等活动为主要表现形式。东巴教在吸纳纳西族原始宗教信仰的基础之上，吸收了苯教的内容，并不断融入佛教、道教等多元宗教文化因素，进而形成了一个独具特色的宗教形态和一整套宗教伦理思想体系①。东巴教虽然是一种已经发展到高级阶段的原始宗教，但仍未形成比较完整和系统的宗教教义、法规，没有统一的组织，也没有产生支配其他各种民间信仰的宗教权威。原因可能为东巴教是在民俗的基础上形成的礼仪系统，而没有对民俗本身进行过多的加工与改造。

2. 东巴教的崇拜对象

从鬼神观来说，东巴教的信仰摆脱了简单的人、鬼两界，上升为神、人、鬼三界。东巴教将天地分为三界，即天为上界，是各神灵居住的地方，诸神主宰着世界，是人类的守护者；地为下界，是各种鬼怪的住所，鬼怪代表着邪恶，给人类带来灾难和困苦；而天与地之间为中界，也被称为人间，是所有人类居住的场所。从崇拜的众神来看，主要有以下四种：第一类为自然神，即将自然界的万物神化，是原始宗教中自然崇拜的表现；第二类为泛灵信仰，认为人是肉体与灵魂的结合体，当人死亡后，肉体可以被埋葬或者火化，而灵魂还在，只有通过巫师或者东巴做法才能将灵魂送走；第三类为祖先神，即祖先崇拜，它是在泛灵崇拜的基础上发展而来，先表现为一种图腾崇拜，再发展到"祖有功，宗有德"的英雄崇拜和首领崇拜；第四类为行业神，是一种随社会分工而形成的崇拜，表现为人们对各自从事的行业的祖先的崇拜。

总体上来看，东巴教反映了原始宗教从初级到高级形态的崇拜内容以及发展脉络，在灵魂观念之上产生的"万物有灵"论是其宗教观念的核心思想；而在这种"万物有灵"宗教观念下，纳西先民崇拜自然，并进行祭祀众神灵的祭祀活动，赋予各种特定自然物丰富的文化内涵，使其成为东巴教以及东巴文化的符号。

---

① 陈蓦. 探寻丽江古城文化生命力 [D]. 昆明：云南艺术学院，2012.

3. 东巴教的信仰方式

东巴教的信仰方式主要有以下三种：第一种是巫术。由于传统的东巴教起源于原始巫术，因此东巴善于实行巫术便是情理之中的。东巴教崇拜自然，崇拜万物神灵，在祭祀仪式中，绝大部分的活动都是以巫术的形式进行的。例如，东巴祭风时，一方面，会祭天，希望得到天上神的保护和庇佑；另一方面，执行法事的东巴又塑面偶，编扎草人，绘木画，将这些事物作为凶死鬼的替身，这便是实行的巫术之法。在东巴的认知中，祭风是用于死于不祥之人，而凶死又多为突然发生的，如摔死、溺死等，这些凶死的亡灵常常留恋人间，不甘死亡，因此，祭祀中采用巫术，达到驱鬼降妖之目的。第二类为祭祀。纳西族人的祭祀主要有祭天和祭署等，其中以祭天最为隆重。明代的徐霞客曾目睹过祭天仪式，在他写的《徐霞客游记》一书中就有这样的描述："其俗新正重祭天之礼。自元旦至元宵后二十日，数居方止。每一处祭台，大把事设燕燕木公。每轮一番，其家好事者，费千余金，以有金壶八宝之献也。"① 第三类为占卜释兆。人们将所梦见和看见的各种事象看作一种特殊的神示或鬼示，通过请东巴根据具体的事象内容做出有关吉凶的某种解释，就被称为释兆，即一种释兆信仰。占卜则是用来推断吉凶祸福的方法，东巴教的占卜文化丰富而又独具特色，多数的占卜属于纳西族本民族的传统占卜方法，但也不乏从其他各民族中学到的占卜之术，如从藏族学来的解结绳卜、从彝族学来的鸡卜以及从汉族学来的九宫卜等。《碧帕卦松》是专门记载纳西族占卜起源的经典之作，在纳西族民间一直盛行至今。

（二）东巴

"东巴"一词是纳西语，意为"智者"或"山乡诵经者"，是指东巴教中的巫师和祭司（见图 2-2）。从东巴教所记载的神话和史诗来看，最初，东巴的社会地位和政治地位都很高，他们被视为人神的媒介，是部落酋长的军事参谋。在纳西族人民的心中，东巴是上知天文下知地理，具有神力的灵异之人。约在宋代，丽江、白地一带的东巴将各地流传的仪式、经典加以归纳总结，使东巴教的教义、法事道具等逐渐趋于完善，东巴教的宗教思想和形态基本形成。由于东巴教的教义和经典都与纳西族人的生活息息相关，纳西族的民众自然也就在历史的长河中被发展为东巴教的信徒。

---

① 徐霞客. 徐霞客游记 [M]. 北京：线装书局，2015.

图 2-2　在主持祭祀仪式的东巴

　　东巴在做法事时采用的法器除了神轴画、海螺、法杖、五佛冠、刀等物件外，还有象征太阳的"展兰"（铜板铃）和象征月亮的"达克"（手摇鼓）。在 20 世纪 50 年代以前，每一个纳西族村落里都会有一定数量的东巴，精通众艺的东巴被尊称为大东巴，出类拔萃者被称为东巴王。由于东巴与民众一起生活，既接受东巴教文化艺术的熏陶，又深受民间文化的影响，故在人们的眼中，东巴多才多艺，是集书画、歌舞、唱跳于一身的智者，是纳西族古老东巴文化的创造者、传播者以及重要的继承者。作为纳西族传统文化的重要传承者，东巴全为男子，相互之间是平等关系，无统属与被统属的关系，传承方式多为家庭或家族世袭制，表现为父传子、子传孙，无子传其侄，但也存在个别无东巴世家背景而拜师学艺者。

　　后来，随着纳西族社会的演进、社会结构的变迁，以及道教、佛教、儒教等文化的传入，纳西族的上层统治者对各种文化的取舍态度发生了较大的转变，东巴的政治地位日趋衰落，参与政事的东巴也日益减少。当下，东巴多为清贫的、不脱产的农民，平时从事耕稼樵牧等生产活动，除祭天等重大祭祀活动外，只有在受人邀请的时候才外出做法事，仪式的简繁也由主人决定。由于现在的东巴不专职于祭祀活动，加上没有固定的祭祀场所，因此东巴因村民所邀而进行祭祀活动，报酬也是由主人的能力而定的，现在的东巴的经济收入主要来自生产劳动。近年来，随着纳西族社会的发展，东巴教逐渐萎缩和边缘化，东巴的地位急剧下降，甚至出现了"福不当东巴"的民谚。

三、东巴祭祀仪式

　　东巴教的宗教仪式与纳西族人的生活息息相关。在纳西族人生存与发展的历史进程中，他们力图诠释与解释人与自然、人与社会这两大基本的问题，因此创造了 50 余种内容繁杂、仪轨规范的仪式，其中常见的大规模仪式就有 30 多种，主要包括祭天、祭祖、祭风、禳灾、祭星、超度、祭署、祭神、退口舌是非、婚典、丧礼等。在此重点介绍祭天、祭风和祭署三种仪式。

（一）祭天仪式

祭天是纳西族最为古老的祭祀仪式之一（见图 2-3），也是纳西族民间最大的传统节日活动，有"纳西族以祭天为尊大"的俗语。过去，纳西族把祭天作为是否为纳西人的重要标志，纳西语中的"纳西莫比若"，意为"纳西是祭天的人"。祭天，通常在正月举行，仪式主要包括讲述开天辟地创世纪，祭"蒙"（天父）、"达"（地母）、"绪"（天舅）三神以及禳灾驱鬼等内容。祭天是远古纳西族人崇拜自然的一种形式，它有一套完整的规程，尤其忌讳"秽气"，所有参与祭祀的人员以及祭祀用的物品都要进过严格的"处秽仪式"，祭天的一切物件，除了要求洁净外，还必须做到专用；另外，仪式禁止外人私闯祭台，凡新增成员，第一要向所有成员赠送礼物，第二要除秽净化，只有完成这两项任务后方能成为该祭天群的正式成员。此外，为了保证祭天的纯洁性和神圣性，所有的祭天活动都必须采用纳西族的母语。

图 2-3　祭天仪式的准备现场

在纳西族地区，无论是在坝区，还是在半山区或山区，都建有专门的祭天场（纳西语称"猛本场"）。祭天场周围种植有青翠葱绿的松树、栗树、柏树，幽静蔽日，并且严禁砍伐树木，挪动石头，场地要保存严洁。纳西语称在同一祭天场祭天的人为"猛本化"，即"祭天群"，祭天群一般以血缘或者地缘为依据，主要有以家族为主的祭天群和以村落为单位的祭天群。祭天仪式分春祭和秋祭两种，其中，春祭为大祭，是春节期间祭祀活动的主要内容；秋祭在七月中旬举行，也叫七月祭天。

以春祭为例，主要程序有：①预祭。在腊月二十四日祭天仪典开始之前，要酿祭酒，清扫祭坛，准备祭天用品；腊月二十九日早晨舂神米；腊月三十日下午量神水；正月初二浴身除秽（孕妇和乳妇不能参加）；正月初三搓制祭天大香及洗祭米。②正祭，从正月初四到正月初七为正式行祭的日子，初四：告祭——入坛——布置祭坛——祭拜——向神贺年——喝祭天酒——射杀仇敌仪式——互换猪颈肉仪式——接福接旺仪式，初五：宰祭猪——躲郭洛兵——生献——称祭猪——煮祭猪肉——熟献——献酒——求福——撒谷——向乌鸦施食——尾声，至此，行祭全部完毕；正月初六或初七：各家择一天请东巴诵《延寿经》；正月初八，全族人要重赴祭天坛举行大认错、大忏悔仪式；正月初九，全族人再举行小认错仪式。

（二）祭风仪式

丽江有着"世界殉情之都"的凄艳之名，在纳西族古老的东巴教中就出现过大规模超度殉情者亡灵的宗教仪式——祭风。据史料记载：清雍正元年，丽江一带被大力推行清制，封建包办婚姻制度盛行，众多恋人被拆散，而自古性情刚烈的纳西青年纷纷到玉龙雪山殉情，常常有数十对恋人集体殉情的事件发生，这就出现了联合举行祭风的场面（见图 2-4）。

图 2-4　祭风仪式的现场

祭风是一种祭祀非正常死者亡灵的仪式。在大多数纳西人的眼中，寿终正寝才能算是真正的死亡，死于疾病、灾难、战争等皆属非正常死亡，需要举行祭风仪式来超度亡灵，护送这些凶死的冤魂回归祖先故地。在纳西语里祭风仪式被称为"哈拉厘肯"，"哈"意为"风"，"拉里"意为"游荡"和"飘荡"，"肯"意为"解放""解脱"，整体上理解该仪式就是要让游荡的风得到解脱，即"放风鬼"。

祭风仪式按规模有大小之别，大祭风仪式主要在冬天进行，整个仪式一共五天。前两天，东巴们准备祭品，设置祭坛，并在第二天下午开始初祭；第三天才开始大祭，主要仪式包括请神、招魂、请鬼、除秽、讲述缘由、分清神鬼、安抚鬼、送鬼、驱鬼、关死门等；到了第五天，在离家较近的山上举行禳解灾祸仪式，再到家中酬谢东巴；最后，进行超度。整个祭风仪式场面恢宏，是一种反映伦理亲情的文化现象，是纳西族极具民族特色的祭祀仪式。

（三）祭署仪式

东巴教中还有一个规模宏大的仪式，叫"署古"，即"祭署"（见图2-5）。在泛灵观的支配下，古老的纳西族人将整个自然界化身为一个超自然的精灵，并将其称之为"署"。东巴经神话《署的来历》中讲道，人与署原是同父异母的兄弟，人类在东巴经中被视为"精"或"崇"，掌管庄稼和牲畜；而署司掌山川峡谷、花草树木以及所有的野生动物，因此"署"在东巴经中被视为管理大自然的自然神，其主要象征物为署族的两种主要代表，即蛙与蛇，后来由于汉族文化的龙与署具有同样的管理水源功能，便被东巴教吸收。祭署仪式反映了纳西先民小心翼翼对待大自然的生活态度，以及人与自然和谐相处的生态观和环境保护意识。

图2-5　祭署仪式的现场

纳西族祭署仪式举行的时间一般在初春，以十二属相计年月日的"蛇日"或"龙日"来祭祀署神；行祭的地点通常靠近水源地，纳西语中的"署古丹"指的就是祭祀署神的古老祭场。祭祀仪式主要内容包括除秽，讲述署的来源、人和署的恩怨，以及祭署神、求福泽等。20世纪50年代之前，祭署仪式是一种相当规范的社区活动，一般由东巴进行指导，在村寨集体进行祭祀活动，每年轮流一家当值事，负责操办祭祀用的酒和食物等。到20世纪50年代以后，社区集体祭祀署的东巴教活动逐渐消失，但在某些村子仍能看到一些东巴在自己家附近的水源地祭祀署神的场景。

祭署仪式的流程大致有以下几步：第一天，清扫祭场（限男丁），由主祭东巴的助手准备除秽和祭祀用的祭木、木牌等用具，晚上还要派人守护祭场。第二天，全村人在洗脸和吃过早饭后进入祭场，点燃除秽火把，主祭东巴坐于神坛前诵除秽经典；诵读完毕，东巴们拿净水壶和除秽箭到每户家中除秽；然后，所有人回到祭场，再由主祭东巴诵不同的除秽经典。正式的祭署仪式是在当天的午后举行，东巴手摇摆玲，吹响号角；助手点香炉、油灯，烧天香，使祭场灯火通明，香烟缭绕。行祭由此开始：首先，由祭师诵经书，再由助手做献饭仪式。接着，由东巴诵不同的经书，助手取不同的木牌画送出场外。次日，在鸡叫时，人们在东巴诵读完《唤醒署神经》后开始敲锣打鼓地唤醒署。然后在诵读完《开署门经》后，所有祭祀者点香跪于署坛前，由主祭东巴开始诵经以求六畜兴旺。祭署仪式后，每户分得一瓶黄酒，回到家中，人们要将这瓶黄酒献给祖先。

第三章　符号的概况：纳西族东巴跳与东巴跳舞谱

第一节　东巴跳文化符号概述

东巴跳是纳西族的传统舞蹈，它源自纳西族先民的社会生活，反映了狩猎和生产活动，动作以模仿各种动物的姿态为主。经历了漫长的历史文化积淀，东巴跳文化符号形成了具有自然崇拜烙印、反映劳动生产、贯彻集体行为、具有原始规范性、具有文化融合性等特点。东巴跳文化符号的历史流变中，经历了主体功能由"娱神"到"娱人"的历史演变过程，从东巴跳最初的神圣的沟通、仪式中呈现宏大的叙事，到东巴跳的世俗化展现、符号价值的压缩，这个过程中也出现了东巴跳文化符号的现代际遇。

一、东巴跳历史流变

（一）纳西族东巴跳文化符号的原生面貌

与其他民族早期阶段所形成的信仰类似，纳西族先民在生产生活的过程中也形成了"自然崇拜"。他们认为"万物皆有灵"，人只是自然万物中的一种，在某些能力上不及动物，如在力量上不如象，在速度上不如狮，在凶猛程度上不如虎，在空间移动上不如鹰……这种原始崇拜使纳西族人敬畏自然，敬畏生灵。东巴象形文字"术"在具象上是指自然，是由蛙头、人身、蛇尾构成的形象，它既孕育了人类，又给人类以灾难，具有两面性特征。

在纳西族东巴教祭祀仪式中，有"娱神"与"斥神"两方面的内容。古代纳西族先民认为，人之所以生病，是因为魂魄被"术神"捉走了，疾病之根源在于魂魄的丢失。《普称乌路兆作》中有术神窃取乌路头发致其大病的记载：普称乌路得罪了东巴祭司丁巴什罗，被丁巴什罗挑拨的术神窃取了普称乌路的三根头发，引发普称乌路生了大病。普称乌路请东巴祭司为其招魂，祭司让一只蝙蝠和一只大雕在术神面前狂舞，此举引得术神大笑，一根头发便从术神嘴中掉落，普称乌路的病好了一层；祭司又叫一只红猴，手持青蛇，骑黑獐，在术神面前狂舞，使术神又笑了两次，剩余的两根头发也掉落下来。术神将普称乌路的灵魂全部放出，普称乌路的病也痊愈了。以上虽然是神话传说，却反映了古代纳西族人对自然的崇拜。纳西族人在得病之后，要请东巴祭司招魂，祭祀通过模仿这些动物动作，以舞蹈讨好术神，先民们认为神也会像人一样被舞蹈激发和取悦，以达到保佑族群成员的目的①。

（二）纳西族东巴跳文化符号的历史流变

纳西族东巴文化从远古流传至今，经历了漫长的历史演变。在这一过程中，东巴文化不断受到周边藏族文化、白族文化和汉族文化的影响与渗透。东巴文化要延续，就必须吸纳外来文化以适应发展需求。东巴跳作为东巴文化符号中的重要内容之一，也在这一历史进程中糅合了其他民族的文化，不断更新着自身的面貌，使其显著区别于舞蹈的最初形态。

在现代的东巴祭天仪式中，并没有东巴跳文化符号的内容。在查阅众多的历史古籍后可以发现，祭祀仪式中"精神祭品"的地位不断被"物质祭品"取代：远古时代的纳西族人相信通过东巴跳可以达到"娱神"的目的，而随着岁月的更迭，"精神祭品"逐渐向着宗教式的"物质祭品"转化，装满酒食等祭品的祭篓取代了具有深刻内涵的舞蹈形式，也使祭天这一仪式从先民对自然的崇拜逐渐转变为人为的宗教仪式。

对于东巴跳文化符号本身而言，东巴祭司引入了外来文化，使得东巴跳不断规范，最终形成了舞蹈规范。纳西族聚居地周边的强势文化对东巴文化的影响是巨大的，东巴文化、藏族本教文化、白族巫文化在这里融合、杂糅，使东巴跳文化符号的内容与形式发生了巨大的改变：①佛教对东巴跳的影响。例如，东巴跳内容之一的"金色巨蛙舞"，原本是纳西先人崇拜自然的舞蹈，《舞蹈来历》曾提及：人类舞蹈起源于对神蛙的模仿。但是，受到藏文化的影响之后，纳西先民曾视作神灵的"巨蛙"身上出现了五行方位的内容；灯、荷花是佛教文化的标识，东巴跳中的"灯舞""花舞"也在一定程度上受到佛教文化的影响而出现。②道教对东巴跳文化符号的影响。例如，降魔杵原是道教文化中的代表器物，但在东巴跳舞谱器物舞的分类中也有"降魔杵舞"，可见也受到道教文化的影响。

---

① 杨德鋆，和发源，和彩云. 纳西族古代舞蹈和舞谱 [M]. 北京：文化艺术出版社，1990.

（三）古老的东巴跳文化符号的现代际遇

历史的车轮滚滚向前，古老的东巴跳文化符号也经历了人类历史各个阶段文明的洗礼而走入现代文明的场景。那么，古老东巴跳文化符号将会面临或者正在面临什么样的境遇呢？

一方面，在现代场景中，东巴跳文化符号兼具了"娱神"与"娱人"的双重功能，并表现出"娱人"功能不断强化的趋势。由于旅游业的繁荣，纳西族人以往在节庆、祭祀中所举行的宗教法仪和表演的舞蹈，也可在短周期或游客较多的时候进行展演。东巴跳文化符号正在揭开自身古老而神秘的面纱，其娱神、祈求长寿等的古老功能逐渐褪色，经过现代的"文化再创造"，以崭新的面貌出现在观众视野中。从某种意义上讲，东巴跳文化符号正在以一种"流水线工艺品"的方式让更多人熟知。

另一方面，作为一种独特的、绵延千年的文化现象，东巴跳文化符号在人类学研究中表现出了极高的文化价值。这并不是简单意义上的一种"舞蹈标本"，更是古老舞蹈延续至今的一块"活化石"。正所谓"墙里开花墙外香"，东巴跳文化符号对于纳西族本族成员来说仅仅是一种民族和宗教舞蹈，而对于纳西族之外的学界，特别是人类学研究者而言，以管中窥豹的形式透过东巴跳文化碎片的嬗变过程来研究整个东巴文化的变迁，乃至研究整个人类文明的源起和发展具有极强的可行性。

二、东巴跳分类与特点

（一）纳西族东巴跳文化符号的分类

1. 神舞

东巴跳神舞主要分为两类：一类神舞用于表现神所经历的某些事件，其目的在于塑造神独一无二的形象，具有浓厚的宗教色彩，这类神舞有东巴教主丁巴什罗舞等；另一类神舞主要用于烘托神的威严、法力与性格，如大神萨利伍德舞、四臂神赫地哇拍舞、四头神考绕米纠舞、玛米巴罗神舞、东方大神舞、南方大神舞、西方大神舞、北方大神舞、楚里拉姆女神舞等。

不同神舞的舞蹈动作虽各有特色，但本质上都是在表现神灵巨大的力量和无上的能力。在古老的东巴神舞中，大多包含着"神"和"鬼"两个角色，"神"是由人扮演的，是有形的，而"鬼"不直接出现，是无形的，只能通过"神"的杀"鬼"的动作来塑造"鬼"的形象，但近年来的东巴跳神舞展演中，也出现了实实在在的"鬼"的角色，增加了"神"将"鬼"降服的动作场面。

2. 动物舞

正如上文所言，纳西先民在原始的自然崇拜中萌生了对于动物的奇妙独特的情感，赋予其神秘的色彩与定义，形成了以模仿动物动作为主要内容的动物舞。作为古老东巴跳的重要分类之一，动物舞在东巴文化中扮演着极其重要的角色，大体可分为三类：

第一类，神的坐骑之舞。这些舞蹈中所表现的动物是神的坐骑，跳坐骑之舞即是跳神之舞，某一种动物坐骑代表着骑乘这种动物的神，每一种动物都有其舞蹈跳法。例如，丁巴什罗圈养大鹏、白羊，以白马为坐骑；吐齿优麻神的坐骑是斑鹿；纳生崇罗、罗巴塔格骑乘大象；胜生苟久神骑乘白海螺狮子。

第二类，神话里的动物之舞。这类舞蹈中所表现的动物有些是根据真实动物联想而来，如蛙、孔雀等；有些则不是真实存在的，如飞龙等。较具代表性的舞蹈有金色蛙舞、绶带鸟舞、白鹰舞、白鹤舞、金孔雀舞等。金色蛙舞表现的是人类的创始，代表人类舞蹈的缘起；绶带鸟舞讲述的是绶带鸟用尾巴搭救丁巴什罗的传说；白鹰舞、白鹤舞多用于祭奠死者的仪式，取鹰、鹤环飞不肯离去之意，表现对亡者的不舍之情；金孔雀舞则是源于《懂述战争》中孔雀吞黑毒蛇的传说。

第三类，普通动物之舞。这类舞蹈中所描述的动物与上一类中被神话化的动物不同，是模仿最普通的飞禽走兽的舞蹈，如豹舞、猴舞、刺猬舞等，在不打乱特定的仪式顺序的前提下可以加入这类舞蹈。

3. 器物舞

东巴器物舞根据所持道具和展演方式的不同又可分为乐器舞和法器舞两类。

所谓乐器舞，是指舞者在舞蹈时手中持有板铃、板鼓、铜锣等乐器。《拯救什罗祖师经》中载，板铃、板鼓是丁巴什罗所创，他们从天而降时就是左手持铃（金黄色板铃）、右手持鼓（绿宝石大鼓）的形象，该舞起源较早；关于铜锣舞东巴跳舞谱中未记述，舞者头戴佛冠，身着纳西古服，动作较为简单，是古代纳西族人跳锣的实录；琵琶舞是送丁巴什罗魂魄上天途径龙王地界时跳的舞蹈，亦属于东巴在祭祀仪式中所跳舞蹈，今已失传，但载于《神路图》中，且乐器尚流传于民间。

所谓法器舞，是指在展演过程中手持法器或者以法器为道具的舞蹈。法器舞较为常见的舞蹈形式主要有灯舞、花舞、火把舞、鹰翎舞等。灯舞是东巴死后对其进行祭奠的舞蹈，在死者身下垫一整块牛皮，其上点十三盏灯，灯舞寓意光明的前程、保佑后人安宁；花舞常用于祭祀拉姆的仪式，由双人或多人表演，表演者一手持板鼓，另一手持花，代表着如意、吉利和旺盛的生命力；火把舞是东巴在驱鬼仪式尾声所跳之舞，在用火烧掉祭牌后，舞者边跳边念咒语，意为烧尽不祥之物，古时纳西人占卜时亦用之；表演鹰翎舞时舞者手持鹰或雕翎并用力挥舞，鹰和雕是纳西族东巴教的神物，用力舞翎的缘由是传说中郎九手中的鹰翎像刀一样锋利，能将鬼劈为两半。

4. 战争舞

战争舞分为兵器舞和战斗舞两大类。

兵器舞根据所持武器的不同，又分为刀舞、剑舞、降魔杵舞、叉矛戟舞、弓矢舞、短斧舞等，兵器舞主要表现的是武器的法力。持刀而舞是东巴跳中最为常见的形式，刀舞是古代征战时祈祷将士胜利和将士凯旋时所跳之舞，除舞谱所反映的动作外，还有捧刀出场、手抚刀、脚擦刀、嘴叼刀、丢刀互换、搭刀门、过刀桥等，舞时须亮出刀刃，使恶鬼望而生畏；剑舞，手持板铃、长剑而舞，蕴含激战后的追撵、获胜等寓意；降魔杵是东巴教的一种法器，降魔杵舞以降服妖魔为主要内容，目的是将妖魔擒拿、镇服；叉、矛、戟是古代兵器，后为东巴法器，叉矛戟舞表现神鬼战争的场面，塑造神无敌的形象；弓、矢亦为古兵器和狩猎用具，现存持八宝神箭的弓矢舞，统属考绕米纠和天将舞的范畴；短斧舞是载于《考绕米纠神图》中的舞蹈，也是纳西族早期舞蹈的遗貌。

战斗舞主要反映的是神鬼对抗的情景，有优麻杀鬼舞、优麻擒敌舞、优麻攻关舞、打油火等。"优麻"是护法神，武艺高超，无所不能。古代纳西先民得蛊后要请东巴祭司做法事，跳优麻杀鬼之舞，内容有优麻出战、斗鬼、摧毁鬼地、杀尽鬼蜮几大部分；优麻擒敌舞与民间的打跳十分相似，体现的是短兵相接时格斗厮杀的场景；优麻攻关舞中，东巴扮作鬼神模样，两人为一组，一方扮演神，一方扮演鬼，两方互刺、对砍、捉对厮杀，场面炽烈奔放。

（二）纳西族东巴跳文化符号的特点

1. 深刻的自然崇拜烙印

纳西族东巴跳文化符号源于对自然力量的崇拜。远古时期艰难的生存条件使纳西族先人形成了对自然力量的崇拜与敬畏之情。在马斯洛的需求层次理论中，生理需求是人最底层也是最重要的需求，对纳西先民而言，吃穿是其最基本的诉求，在狩猎过程中，人们不断地征服动物、征服自然，自然元素对纳西先民的潜意识形成了深刻的影响。他们认为动物不仅仅是赖以生存的食物，更是自然对人类的馈赠，而他们回报自然的方式也很简单——通过模仿神化的动物形象，来感恩自然和祈求神灵的护佑。

2. 对劳动生产的真实反映

从本质上来说，纳西族东巴跳文化符号深刻的内涵源自纳西先民的劳动、祭仪、战争、娱乐，是其生活状态和生活习惯的真实反映。"人最初都是由功利的观点来观察事物和现象，只是后来才站在审美的观点来看待他们。"① 从这个角度来看，东巴跳文化符号作为一种文化艺术活动被大众"观摩"之前，是功利的产物。例如，花枝舞是对纳西先民采集活动的反映，牦牛舞是对放牧活动的反映，弓矢舞是对打猎活动的反映。与其他艺术形式的作用类似，东巴跳文化符号对纳西族族群生产生活的激励上也有着不可替代的作用，它反映了纳西先民朴素的宇宙观、价值观，历经了千百年的岁月，至今仍散发着熠熠光辉。

3. 贯彻始终的集体行为

东巴跳文化符号虽经历了漫长历史变迁，但在此过程中，以群体形式进行东巴跳操演始终是纳西族人所推崇和延续的传统。"在远古时代，群体的智慧和力量才是生存的保障"②，无论是狩猎还是部落战争，群体的众寡是种族是否延续与发展的决定性因素之一。在东巴文化中，纳西族英雄人物丁巴什罗也是群体力量的象征：丁巴什罗从降生之日开始就生活于群体部落之中，其后来的遇难也是由于脱离了群体，而后从毒海中获得救赎依仗的也是群体的功力——丁巴什罗产生于群体，但又不能脱离群体，我们完全有理由猜测，其形象是巨大群体力量的表征，其形象的产生是为了凸显群力和规训后人。从这个角度来看，对于东巴跳文化符号表演几乎全部是集体舞这一现象也就不难解释。

4. 原始性与规范性的统一

东巴跳文化符号之所以有巨大的文化传承与艺术审美价值，很大程度上是因其原始性与规范性共存。首先，东巴跳文化符号的原始性表现在其仪式动作、仪式着装造型上：东巴跳仪式中舞者的动作与姿态粗犷有力，面貌威严，动作具有一定程式；舞者着专门服装，持板铃、板鼓而舞。其次，东巴跳原始性还表现在舞蹈时间以及部分动作的规定性。在历经了由自然到宗教的转变后，东巴跳文化符号在舞谱、规制和程式上具有了更强的规范性特点：东巴跳舞谱详尽规定了舞蹈的类型、种类、跳法、表演场合，这些元素的相对固定利于东巴跳文化符号在空间上的拓展和在时间上的延续；限定了仪式的主持者和神舞的表演者必须为东巴祭司，规定了新东巴的培养流程，规定了举行不同仪

---

① 普列汉诺夫. 论艺术 [M]. 北京：生活·读书·新知三联书店，1974.

② 杨德鋆，和发源，和彩云. 纳西族古代舞蹈和舞谱 [M]. 北京：文化艺术出版社，1990.

式需布置不同的场景；舞蹈进场和退场具有严格的程式要求，多以东西南北中五方为限定。

5. 多民族文化的融合性

鉴于纳西、藏、白等民族有共同的文化源流，又因纳西族的族群分布地域处于藏、汉之间的地带，故纳西族东巴文化呈现出了较强的多民族文化融合迹象。在前文叙述中，我们已经列举了藏族本教文化、道教文化、佛教文化对于东巴跳舞蹈种类、动作、器物等方面的影响，结合诸多学者对于东巴文化和东巴跳的各类研究，我们有理由得出一个合理的推断——东巴跳文化符号自古至今都是受多民族文化影响而成的产物，在漫长的历史进程中，纳西族人在尊重和传承己有文化的同时，始终在借鉴和引进其他民族的文化元素，体现出极强的包容性和融合性，这亦是纳西东巴文化历经千百年风雨而延续至今的有力保障。

三、东巴跳服饰道具与音乐

（一）东巴跳服饰

从东巴象形文字、典籍绘图和东巴绘画中可以推断，东巴跳表演时东巴所着服装的古今差异极大。

1. 早期服饰

纳西先民早期在跳东巴舞时身着何种服饰当今无法确切知晓，原因是有些服饰穿越千年时光流传下来了，而有些服饰在历史长河中逝去了。事实上，无论是古代的神话传说还是宗教绘画，在神化、夸张的艺术表现之余，也融入了先民们现实生活中的诸多元素，根据东巴古籍和绘画中的"跳神"形象，我们还能够对东巴跳的早期服饰探知一二。《神路图》中有东巴椎髻、披毡、披发的绘画，披毡之服饰应是古代纳西服饰，披发和椎髻的习俗一直延续至今。《跳神舞蹈规程》中，东巴头戴翎雉尾铁叉毡帽，身穿襟领纳纹长衫，穿毡靴，所带羽冠顶部保留游牧时期的原始特色。

2. 元明服饰

在古代，随着蒙古征战大理，纳西族东巴跳服饰在保留了传统形制的基础上有了诸多变化。东巴宽檐皮帽相传在这一时期产生并流行，其样式带有明显的蒙古族冠式特征。在表演东巴战争舞时，舞者通常身着甲胄，所披甲胄又分为藤甲、皮扣甲和铁甲三种，前两种在东巴绘画中有载，后一种在近代东巴跳展演中较为常见。

3. 近代服饰

东巴冠的基本形制以五佛冠为主。五佛冠相传在明代已有，至清代较为流行，一直延续至今。五佛冠又称五福冠（或五副冠），由五片以布筋、银片或漆片制作而成，花瓣形状似莲花，在每一片花瓣上，绘制有神像或者图案。显然，五佛冠源自佛教，后为东巴教所借鉴和吸收。"戴起五佛冠，才有神仙像"，可见五佛冠是显示神灵威严形象的一种法器服饰。近代东巴所着的法衣以长裳马褂、麻布禅领长裳和跳神舞蹈的专用服饰（如藤皮铠甲、面具舞袍等）为主。舞者所佩戴的饰品以骨雕、牙雕、玉雕和垂带穗子居多。

（二）东巴跳道具

东巴跳舞蹈所用道具主要有东巴法杖、板铃、手摇鼓、大鼓、海螺法号、五神冠、法帽、挂珠、法衣等。东巴跳道具具有物质化的特殊属性，是"看得见、摸得着"的真实物品，对其进行符号学的解读是丰富和延展东巴跳这一非物质遗产的需要，后文将对东巴跳道具进行更为详细的解读，此不赘述。

（三）东巴跳音乐

自古以来，舞蹈与音乐之间就有密不可分的关系，二者之间是相互衬托、相互成就、相互依存的辩证统一体。东巴音乐演奏的是东巴文化的韵味，吟唱的是古老宗教的曲调，东巴跳舞蹈表现的是纳西先民的生活。但东巴跳音乐伴奏与其他民族歌舞相比有些许差异，"乐器伴奏通常不用于东巴祭司唱腔的伴奏"[①]，意思是说在东巴祭司吟唱东巴经书之时无音乐伴奏，即所谓的"歌乐不同步"。

现代东巴仪式中所采用的乐器以打击乐器为主，主要以板铃、板鼓、单钹居多。事实上，在东巴仪式中，东巴音乐与东巴跳的地位并不是十分对等的，前者多是给后者服务的——采用打击乐器的东巴跳音乐呈现单调统一的特色，与其说是"配乐"，不如说是为舞蹈提供"节奏"上的辅助，乐器敲打的节奏以偶数拍为主且较为平缓，遇战斗场面节奏适当加快，体现出东巴仪式中庄严肃穆的现场氛围。纵观世界各国的宗教仪式，越是古老的仪式，其音乐就越是简单，这也从侧面证实了东巴文化的悠久历史，东巴跳中的音乐提升了东巴跳的艺术审美价值，对东巴跳演绎和传承具有重要的意义。

四、东巴跳仪式解析

东巴跳是在纳西族宗教和祭祀仪式中所跳的舞蹈，东巴宗教仪式俗称

---

① 何云峰. 纳西族音乐史 [M]. 北京：中央音乐学院出版社，2004.

"道场"，是遵循特定程式，以诵经、跳舞为主要内容的群体活动实现对亡灵的超度、对神灵的祭祀、对恶鬼的镇压。东巴宗教仪式较多，其规模根据具体事件而有所不同，大的法仪能够聚集数位东巴祭司，时间绵延数天；小的法仪只请一两位东巴，时间上仅诵经一日；而东巴跳操演一般在较大的法仪中进行，这类法仪主要有"开丧""祭长寿""祭风""祭署""祭丁巴什罗"等。东巴跳的表演主体是东巴祭司，对于东巴来说，掌握东巴跳舞仪是除去会占卜、懂经书、能写字、精雕刻四大技能之外的第五大技能。现将主要的东巴跳舞仪罗列如下：

（一）开丧超度之舞

"开丧"即祭奠死者、超度死灵之意。开丧仪式由东巴祭司组织，仪式中经书亦由东巴吟诵，是否举行"跳神"活动，依据死者的身份分别对待：普通人死后的开丧仪式中，只为其诵经，超度其灵魂升天，而不作跳神之舞；东巴祭司及其配偶去世之后，在诵经的同时要按照纳西习俗举行"跳神"活动；开丧之舞又可分以下为两种：

1. 战神逐魔舞蹈

传说在东巴死后，其在生前作法惩戒的恶鬼会趁机复出危害人间，恶鬼会将东巴的尸身和灵魂吞噬。战神逐魔之舞的作用即震慑、砍杀这些恶鬼，以达到保护去世的东巴、维护人间安宁的目的。将死者灵柩停于堂屋中央，灵柩之前摆设香案，神像挂于两边。东巴先在灵柩前诵读包括断气送魂、盖棺钉塞、点灯戴孝、逐鬼杀鬼等内容的经典，然后身着甲胄跳战神逐魔的舞蹈，以超度死者灵魂。

在现实的东巴战神驱魔活动中，亦遵循类似的规制进行：从事"跳神"活动的东巴身穿普通的东巴服饰或者藤甲、铁甲等，或持镶有火焰边条的三角或方形战旗，或持刀剑、叉矛等武器，或持降魔杵、法杖、鹰翎等法器，在传统板鼓、大鼓、铜锣的伴奏下，按照舞蹈规程的规定，依次跳丁巴什罗、郎九敬九、格空都枝、胜生苟九、玛米巴罗、枚贝汝如、余培昭索、余吕昭索、余敬昭索和优麻等舞蹈。在优麻杀鬼舞蹈中，优麻需要引导死者灵魂跨过勒骤、依达、底母、迪昌、潘多、使多、昂九、尼瓦、拉玛依这九座黑坡，从而到达最终的极乐世界。在"跳神"活动中，这九座黑坡以九张桌子为替代，东巴在震天的锣鼓声中一跃而上，每跳一张桌子，前后两人相对踢脚一次和相背踢脚一次，而后对垒厮杀，直到跳到最后一张桌子，东巴们各显神通，以跳跃、空转、旋转等方式跳下，同时做砍杀状态，似恶鬼被其诛杀之状，随后舞蹈结束。

2. 祭《神路图》之舞

《神路图》是东巴所称"黑日"的汉语译文，《神路图》所记载和描绘的事件是东巴教教徒将其教主丁巴什罗的灵魂由阴间超度至天堂的神话故事。《神路图》由细麻布缝制而成，长三至四丈，宽七至九寸，分为下部、中部和上部三大部分，各部分绘制有大量的神、人、鬼、动物形象（见图3-1）。在举行法仪时，人们从大门至堂屋灵柩前将其铺开，下部靠近大门，上部靠近灵柩，将经书置于"黑日"各个部分，按照仪式程式诵经、跳神。

图 3-1 　《神路图》

《神路图》的下部代表阴间，法仪中在此部分压一铜盆，内置用面制成的鬼偶，取死灵被地狱禁锢之意，盆底坐牛头鬼王勒尸罗俄面偶，类似"阎王"的形象。死魂在阴间要经历各种酷刑，如被众妖吞食则永世不得再生，而东巴因有人为其超度故能经受住酷刑的折磨而升入上部化为神灵；《神路图》中部描绘的是丁巴什罗的众弟子、妻子及东巴护送其越过龙王管辖的地界，丁巴什罗骑白马，手持战旗和板铃，带着他的神畜向天国行进，其左置明灯一盏，预示着光明的前途，右侧置莲花一朵，暗示其品德的高洁；《神路图》上部代表着天国，描绘有东巴教旨中的诸神，意为丁巴什罗和其信徒、弟子经历重重险阻，终于到达天堂，纳西族神话传说中丁巴什罗是天遣下凡的神仙，故在天国之中还摆设有其神位。

随着法仪的开始，众东巴点燃蜡烛和天香，分站于"黑日"两侧，在诵读完经书后，主祭东巴将鸡血淋到鬼王嘴上，念咒后用木棍将鬼王打掉，进而挑翻铜盆，击烂鬼偶，最后在道场之中点燃火堆，意味着将鬼妖祛除殆尽。至此，被称为"破击地狱"法仪的宗教仪式结束，随后东巴按照舞谱规定的队列入场，表演各类神舞、动物舞，用艾蒿等烧尽不祥之物，最后众东巴将死者灵柩护送至墓地进行下葬或火化。

（二）求长寿之舞

顾名思义，表演此舞之目的在于祈求长寿或祝贺高寿。求寿之舞与其他东巴跳的舞蹈的显著区别在于：多数东巴跳法仪都是先"请神"再"驱鬼"，而求长寿之舞是先"驱鬼"后"祭神"。具体的法仪操作上，东巴选定良辰吉日，在庭院中挂上神像，摆设香案、祭篓，在主祭东巴带领下跳丁巴什罗舞、萨利伍德舞、赫地窝帕神舞、莎绕勒孜吉姆神舞、格称称补神舞等舞蹈。活动主旨以"娱神"为主，首先诵读经书以祈求长寿、缅怀祖先、回顾人类发展之艰，而后对天地诸神敬上牺牲酒饭以求其护佑，最后按照规制跳各种舞蹈。

（三）祭风之舞

在纳西传说中，非正常死亡（如上吊、窒息、谋杀、溺毙或尸身不全等）的人死后会化作凶鬼、吊死鬼、摄魂鬼等危害人间。纳西族人称祭风仪式为"赫拉里克"，是祭祀非正常死亡的人所举行的宗教仪式。法事开始之前，在庭院中置面偶、祭品，燃灯烛，插竹刀、木剑于四周。东巴随后举行诵经迎什罗祖师、召亡魂、上祭品、送鬼前往乐土、燃灯送神、除秽祭家神等仪式。舞蹈遵循舞蹈规程进行，具体项目根据主办户的富裕程度和家族规模而定。东巴在表演时，紧摇铃鼓，在一阵阵呼号声中抡动手中的武器砍杀恶鬼，仪式场面气氛之肃杀常常令观众惊骇屏息。在仪式尾声，东巴将现场的一个九头鬼王的鬼偶拉到门外进行焚烧，代表祸根已经被消除。"赫拉里克"仪式抓住了纳西先民害怕非正常死亡者"鬼魂难散"的心理，在场面宏大的驱鬼、杀鬼仪式中给予纳西人以心灵上的慰藉。

（四）祭龙王之舞

祭龙王法仪又称"四杜谷"，是纳西先民用于消灾免祸、祈求丰收所做的仪式。纳西人认为，灾害与饥荒是因得罪了掌管天地之间动物、植物之神——龙王的结果，人在向龙王索取生存所需的食物之后应当设法归还给龙王，故有祭龙王这一宗教法仪。

在法仪开始之前，于庭院高处挂什罗祖师像，下置龙王画像，四周摆放有若干矮木牌，木牌上彩绘有东西南北中五方大神，以及鹰、虎、豹、野猪、野牛、野鹿、野鸡等动物形象，放置香案、祭篓，因龙王不喜荤食，故于祭篓之中放置上好果品，正前方竖一方框，代表龙王之门。开坛时，主祭东巴点燃灯香，吟诵龙王来历、点龙王名、鸡啼唤龙王、送面偶、求雨等经典，继而接龙王，表演丁巴什罗舞、东西南北中大神之舞以及龙王统治下的动物之舞。

（五）占卜之舞

在纳西族宗教仪式中，有大量的"巫文化"的影子。东巴"精于卜莛，遇吉凶事询卜，无不灵验"，与我国其他地区的其他古老部落类似，纳西先人也有通过"占卜"预测事件吉凶的传统，占卜亦是东巴们必须掌握的技能之一。在名为"鸡蛋卜"的占卜仪式中，东巴祭祀以煮熟的鸡蛋为道具，将鸡蛋黄剔除，置银子于鸡蛋中，手持鸡蛋跳舞，舞毕，将鸡蛋打开，检视银子是否变色，以卜灾祥（见《云南纳西族社会历史调查》）。

第二节　东巴跳舞谱概述

纳西族东巴跳文化符号中，起初并无"舞谱"一词，是后人因东巴部分经典具有科学舞谱的特征，故将东巴经典称为"东巴跳舞谱"。用东巴象形文字书写而成的舞谱是东巴跳文化符号自身规范化、走向成熟的真实写照。东巴跳舞谱的书写者多为东巴祭司，传习方式主要有家族传颂、师徒传授、好友赠予等，东巴跳经典在纳西族族群内的地位毋庸置疑，东巴祭司对其尤为看重，常在死后将其生前所喜爱或亲手抄写的舞谱一同焚毁。对于纳西族以外研究东巴文化的学界而言，东巴跳舞谱所具有的史料价值更是极其珍贵，但在经历了漫长历史岁月的涤荡，舞谱传承保存的情况令人担忧，仅存于世的几个版本的舞谱获得了古今中外学者的热切关注。

一、东巴跳舞谱版本与法则

（一）东巴跳舞谱版本

目前，留存于世的东巴跳舞谱共有六本，分别为《跳神舞蹈规程》《祭什罗法仪跳的规程》（甲本）、《祭什罗法仪跳的规程》（乙本）、《舞蹈来历》《舞蹈的出处与来历》和《东巴舞谱》。

《跳神舞蹈规程》是丽江东巴多主手写而成，该舞谱成于1984年。其封面仅画一只象，在纳西语中译为"蹉"，即舞蹈。全书以金色神蛙舞开始，至楚里拉姆女神舞结束，共31种舞蹈和谱文，包含25种神舞、6种动物舞，对跳法的叙述较为详尽。据老东巴回忆，此书的作者多主为著名大东巴多窝之子，其家族主要担任祭胜利神、五谷神的职责，该版本为抄录本。

《祭什罗法仪跳的规程》（甲本），该书记录了舞蹈的起源，书中所记的第一部分就是《舞的发源》，经文上说：很久以前，三百六十个东巴还不会跳舞，这时，米利达吉海长出一株赫依巴达树，树梢上栖息着年夜鹏、狮子、飞龙三个胜利神，跳舞的体例和本事是从他们那里学来的。三百六十个东巴跳的舞蹈源于这里。

《祭什罗法仪跳的规程》（乙本），系丽江东巴杨万勋先生捐赠，该书描述了 62 种舞蹈，以神舞为主，有少量的动物舞，在详细记述舞蹈动作的同时，兼述了什罗法仪的内容。杨万勋先生自幼跟随其叔，亦为大东巴的和毛学习东巴经典。和毛手写的东巴跳舞谱是根据家传舞谱古本抄录。在抄录时，和毛将其所见的石鼓、维西、中甸等处的传统舞谱尽数收录到手抄本中，并吸收了东巴祭司在法仪上跳舞时的精华，故该版本相较于其他版本显得更为详尽生动。

《舞蹈来历》，书写者是清代咸丰年间东巴多戛，该书以动物舞为主要内容，神舞内容较少，对舞蹈内容的叙述较为简略。据其后人回忆，多戛自幼习东巴，十多岁时独行其是，二十岁时向其师傅借古本抄录，从而抄写成此书，后赠予相邻好友。多戛老师家传的古本亦是几百年前遗留下来的。

《舞蹈的出处与来历》，该节共记述 17 种舞蹈，以神舞居多，动物舞较少，成书时间在清代以前。

《东巴舞谱》，书名译为"这是跳东巴舞蹈的一本舞谱"，其中记载了 18 种舞蹈的详细跳法。

（二）东巴跳舞谱编制法则

以大量象形文字（或少量格巴文①）组成"图文并茂"的句式是东巴跳舞谱基本的编撰方法。在书写顺序上，东巴跳舞谱与现代书籍类似，即从左至右依次编写，而非古代书籍的自右至左进行编写。舞谱每页共三横行，阅读时从每行的左端开始，第一行读完转入第二行左端，第二行读完转入第三行左端。杨德鋆②先生在其著作中根据用途之不同，将纷繁复杂的文字符号分为舞名符号、动作符号、叙述符号、书写符号四大类别，本书沿用杨先生的分类方法。

1. 舞名符号

舞名符号专用于指代舞蹈名称。舞名符号分专用字符和组合字符两种：专用字符用于与一种舞蹈建立起一一对应的关系，如丁巴什罗舞、优麻舞等；组合符号是指神名或者动物名后加"舞"构成的舞名符号，如虎舞、孔雀舞等。

---

① 格巴是丁巴什罗弟子和信徒的称谓，格巴文即为丁巴什罗所作，是产生于晚期的标音性语言记录符号。

② 杨德鋆，和发源，和彩云. 纳西族古代舞蹈和舞谱 [M]. 北京：文化艺术出版社，1990.

2. 动作符号

动作符号是指表现舞姿、步法、方向等的符号类型。表示舞姿的动作符号主要有"蹲下""回身""跳上""原地自转""举""顶""压"等，表示步法的动作符号主要有"抬腿""踢腿""跺脚"等，表示方向的动作符号主要有"向前""向后""向左""向右""向上""向下"等。动作符号的书写方法或用线条速画形状，或假借别的字音字义，或借用生活实感在舞蹈中作适当发挥。另外需要注意的是，舞谱中有关方向的符号都是镜像的，而非顺向的。例如，舞谱动作向右指，舞者自身向右，对观者而言是向左。

3. 叙述符号

叙述符号的作用类似于电影旁白，是叙述舞蹈除动作、造型之外的其他细节的字符，多记述舞者及动作数目、舞蹈缘由、结尾用字等，对于舞谱的记述起辅助作用。数目符号主要用于计数，如"向前三步走""两回头""一次原地自转"等；结尾用字相当于现代汉语中的语气词"呀""啊"等。

4. 书写符号

书写符号，类似于标点符号，如句号、段号等，起停顿、完结的作用。例如，舞谱中横行中的竖线与汉语中句号的作用类似，表示该段文字所表示的文意已经完结。

除符号之外，东巴跳舞谱卷首都附有神像画或者东巴跳舞的形象，从所附图画中我们可以了解东巴跳不同种类舞蹈所要求的衣着、化妆细节等，也是舞谱的重要内容之一。

二、东巴跳舞谱中的舞名、特点、基本动作

（一）东巴跳舞谱中的舞名

东巴跳舞谱中的舞名大部分由象形文字书写，少量由格巴文书写。以下选取了若干较具代表性的舞，对其由纳西象形文字表示的原舞名和汉译舞名进行列举（见表3-1）。

表3-1 东巴跳舞谱中的舞名翻译

象形文字 书写的舞蹈名	舞蹈汉语译名	象形文字 书写的舞蹈名	舞蹈汉语译名
	巴乌尤鸡舞		羽生爪索十三战神舞
	白额黑犏牛舞		战神白牛舞

表3-1（续）

象形文字书写的舞蹈名	舞蹈汉语译名	象形文字书写的舞蹈名	舞蹈汉语译名
	白海螺大鹏神鸟舞		镇魔女固斯麻舞
	白海螺狮子舞		走龙舞
	白脚神马舞		左提优麻舞
	白马鹿舞		黄金大象舞
	白牦牛舞		降魔杵舞
	白山羊舞		金孔雀舞
	赤龙舞		金色神蛙舞
	茨里拉姆神女舞		朗九敬九舞
	达拉米布舞		朗九优麻舞
	丹英拉姆神女舞		罗巴托格舞
	丁巴什罗被刺舞		罗崇达亨舞
	丁巴什罗出魔海舞		绿松石豪猪舞
	丁巴什罗诞生舞		绿松石青龙舞
	丁巴什罗学步舞		玛米巴罗舞
	丁巴什罗学跳舞		蒙布汝绒舞
	多格尤鸡舞		纳册崇卢南方战神舞

表3-1(续)

象形文字 书写的舞蹈名	舞蹈汉语译名	象形文字 书写的舞蹈名	舞蹈汉语译名
	飞龙舞		纳塞崇卢西方大神舞
	格册策布东方战神舞		萨利伍德舞
	格泽楚布东方大神舞		赛日米贡南方大神舞
	古塞克巴北方大神舞		色日米恭南方战神舞
	黑飞鸟舞		神女拉姆舞
	亨迪俄盘舞		索羽季古中央大神舞
	亨英格孔舞		塔优丁巴舞
	恒迪窝盘舞		羽培爪索十三战神舞
	恒依格空舞		图赤尤鸡舞
	优麻磨剑舞		羽季爪索十三战神舞

（二）东巴跳舞谱的特点

1. 记谱用语的特点

东巴祭祀在舞谱的书写形式上展现出较为一致的规格，即采用"一形一音"的形式进行记录。很多人认为东巴象形文字还停留在以大量绘画表意的原始阶段，还不具备现代文字简略、易记的特点。但鲜为人知的是，东巴祭祀在书写舞谱时，已经可以利用格巴文字进行类似汉语、英语中的"速记"，几乎每一种书写复杂的象形文字都可以用相应的简化字代替，由于很多时候东巴们记录舞谱只供自己阅读，故简化文字的使用频率很高。但在较为规范的东巴跳舞谱书写中，东巴们有意识地将复杂的象形文字符号保留下来，习惯于将一些具有图画色彩的文字穿插在舞谱之中，形成"图文并茂"的特点，这也是东巴跳舞谱艺术审美价值的体现。

东巴跳舞谱记谱用语的另一个特点是，各地东巴们所使用的描述肢体动作的词汇已经开始出现规范化的趋向。与这种规范化的用语相对应的，是规范化了的舞蹈基本动作，在艺术审美上则反映的是东巴跳相较于其他民族舞蹈的特色。每当有人向东巴祭司学习东巴跳舞蹈时，老东巴们首先让其学习基本的舞蹈动作，而后再搭配板铃、板鼓、大鼓、铜锣等乐器，使之根据韵律研习整个舞蹈动作。从文化意义上来讲，这种规范化了的用语对于东巴跳的作用，就如同拼音对于汉语的作用，前者为后者的学习与记忆奠定了重要的基础。

2. 舞蹈内容的同源与嬗变

从东巴跳舞谱所反映的内容看，其具有广泛的同源性。虽然舞谱的版本本身有所差别，也并无研究表明流传至今的诸多舞谱都抄录自同一古本，但这些舞谱所记录的内容、记录所用的文字符号等，都具有空前的一致性。例如，余培昭松神舞、丁巴什罗被刺舞等，在各版本的舞谱中内容几乎是相同的，已经形成了较为规范的舞蹈动作及规程，被安排进不同的祭祀法仪中进行表演。

东巴跳舞谱具有同源性，但在漫长的发展与传承之中，其在内容、舞蹈名称、表达方式上必然会产生一定程度的变化。这种变化表现为：有相同象形文字表示的舞蹈名，其汉语译名却不相同，如"丁巴什罗舞"在有些舞谱和碑文上也记作"东巴什罗舞"，"郎九敬九舞"在有些舞谱上被记作"郎炯敬炯舞"；同一舞蹈，内容相似，但表现形式不同，如有的舞谱在表现"举板铃""摇板鼓"时，要加入板铃、板鼓的象形文字，而有的舞谱中却只用"举""摇"等动作符号代替。为了防止东巴跳舞谱产生不可逆转的嬗变和保持东巴跳舞谱的相对规范性，老东巴们写下了"写得完备，没有错讹，跳时按书中规矩，不要有错……"的寄语，让新东巴们要按照既有规程抄录舞谱与表演舞蹈。

（三）东巴跳舞谱所记述的基本动作

东巴跳舞谱的基本动作较多，国内外学者对其进行的相关分析与叙述也较为详尽，笔者在本书中不再进行逐一列举，只选取几个较具代表性的动作进行简单介绍。

1. 大鹏亮翅（见图3-2）

第1拍：右腿后退一步，呈右后弓步，左脚跟着地，同时双臂从前向上划至后斜上方。

第2拍：上身前俯，同时双臂向里翻转，呈"老鹰展翅"状。

2. 跪地背剑（见图3-3）

第1拍：右腿开始向右横走两步，剑经身体左右做"8字剑花"。

第2拍：右弯弓步位跪地，勾左脚，内翻右脚，将剑斜背于身后，剑尖对左上方，右屈肘前平抬，上身对 2 点方向左前俯，头靠左肩，眼视右斜下方。

第 3 拍：做第一拍对称动作。

第 4 拍：左弯弓步位跪地，右稍屈膝勾脚，左"担臂"，右臂于右下方，剑尖朝右上方，身对 8 点方向右俯。

图 3-2　大鹏亮翅　　　　　　　　　图 3-3　跪地背剑

3. 悠蹬步（见图 3-4）

准备：面对 1 点方向，右商羊腿位，勾脚。

共 1 拍：前半拍左腿向 2 点方向前下方屈伸，主力腿稍弯，身体向 2 点方向，担臂。后半拍左腿收回，右腿伸直。

4. 扛剑（见图 3-5）

准备：面对 1 点方向。

第 1 拍：左腿朝前跨一步，呈左前弓步，右膝稍弯，右臂对 1 点方向平抬屈肘，剑虚扛于左肩，剑尖朝后，左屈肘，小臂前平抬。

第 2 拍：重心后移。

图 3-4　悠蹬步　　　　　　　　　　图 3-5　扛剑

5. 风摆柳（见图3-6）

准备：面对1点方向，双臂"虎抱头"位，稍开。

第1~4拍：双膝自拍一次上下颤动，上身慢慢向左下弯腰。

第5~8拍：做1~4拍的对称动作。

6. 劈剑（见图3-7）

面对1点方向，左腿朝前跨一步，呈左前弓步，右屈膝，剑朝前劈下，左屈肘平抬。

图3-6　风摆柳　　　　　　　　　　　图3-7　劈剑

三、东巴跳舞谱译注

以下对《舞蹈来历》和《神寿岁与东巴舞谱》（上）两本东巴跳舞谱做详细的译注，首先对舞谱图片进行直译，再在直译的基础上进行详译。

（一）《舞蹈来历》中的舞谱

图片（见图3-8）直译：起初，萨利伍德跳要（的话）白海螺大鹏鸟跳需要。依古窝格跳要绿松石龙跳需要。

译文：起初，跳萨利伍德大神舞时，要跳白海螺大鹏鸟舞。跳依古窝格舞时，要跳绿松石龙舞。

图3-8　舞谱（1）

图片（见图3-9）直译：神大欧潘跳，要神马前脚白跳需要。丁巴什罗跳，什罗马白跳需要。

译文：跳欧潘大神舞时，要跳前脚白的神马舞。跳东巴教主丁巴什罗舞时，要跳白色神马舞。

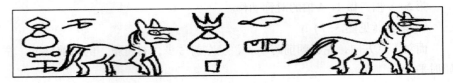

图3-9　舞谱（2）

图片（见图3-10）直译：亨依格空跳要陂堆地完赤跳需要。

译文：跳亨依格空九头神舞时，要跳"陂堆"地方的赤完舞。

图3-10　舞谱（3）

图片（见图3-11）直译：胜生珂炯跳要白海螺狮子跳需要。玛米巴罗跳要巴罗马白跳需要。勐贝汝荣跳要金黄大象跳需要。

译文：跳胜生珂炯大神舞时，要跳白海螺狮子舞。跳玛米巴罗大神舞时，需要跳"巴罗"的白神马舞。跳勐贝汝荣战神舞时，要跳金黄色大象舞。

图3-11　舞谱（4）

图片（见图3-12）直译：吐齿优麻跳要蛇皮鹿白跳需要。巴威优麻跳要胜利神牦牛白跳需要。能者郎炯敬炯跳要……

译文：跳吐齿优麻护法神舞时，要跳蛇皮色斑鹿舞。跳巴威优麻护法神舞时，要跳胜利神的白牦牛舞。跳郎炯敬炯战神舞时，要……

图 3-12　舞谱（5）

图片（见图 3-13）直译：左边三步，一原地自转，右边三步，一原地自转。格称称补跳要陂堆地完赤跳需要。胜忍米格跳要绿松石龙跳需要。

译文：向左走三步，原地自转一圈，向右走三步，原地自转一圈。跳格称称补东方大神舞时，要跳"陂堆"地方的赤完舞。跳胜忍米格南方大神舞时，要跳绿松石青龙舞。

图 3-13　舞谱（6）

图片（见图 3-14）直译：那生崇罗跳要金黄大象跳需要。古生肯巴跳要金黄豪猪跳需要。松余敬古跳要白海螺大鹏鸟跳需要。武官三百六十跳要……

译文：跳那生崇罗西方大神舞时，要跳金黄色大象舞。跳古生肯巴北方大神舞时，要跳金黄色豪猪舞。跳松余敬古中央大神舞时，要跳白海螺大鹏鸟舞。要跳三百六十个武官舞时要……

图 3-14　舞谱（7）

图片（见图 3-15）直译：前面三步走，两步后面又看。格空都支跳要黑飞马跳需要。

译文：前进三步，向后看两次。跳格空都支（亨依格空）大神舞时，要跳黑飞马舞。

图 3-15 舞谱（8）

图片（见图 3-16）直译：米珰巴威跳要巴威马白跳需要。拉俄拉莎（使者）跳要拉达马白骑跳需要。左提优麻跳要额黑牦牛白跳需要。

译文：跳米珰巴威四头神舞时，要跳"巴威"白神马舞。跳拉俄拉莎使者舞时，要跳骑着"拉达"白神马舞。跳左提优麻护法神舞时，要跳黑额白牦牛舞。

图 3-16 舞谱（9）

图片（见图 3-17）直译：绿松石龙跳要（的话），波浪状伸缩轮动地跳。白海螺大鹏鸟跳要三步向前走，一原地自转。

译文：跳绿松石青龙舞时，要波浪状伸缩滚动地跳。跳白海螺大鹏鸟舞时，要前进三步，原地自转一圈。

图 3-17 舞谱（10）

图片（见图 3-18）直译：白海螺狮子跳要（的话），两步向前走，两步后面鬼压。陂堆地完红跳要侧身双腿颠步做。胜利神牛白跳要颠步上步做。

译文：跳白海螺狮子舞时，前进两步，踩脚两步。跳"陂堆"地方赤完舞时，要侧身双腿颠步地跳。跳胜利神白牛舞时，要颠步上步地跳。

图 3-18 舞谱（11）

图片（见图 3-19）直译：飞龙跳（的话）双动肩，左右晃胯，回旋曲形。神马前脚白跳要，向前走，向后走，跳似跪似做。

译文：跳飞龙舞时，要双动肩地左右晃胯和回旋曲形地跳。跳前脚白的神马舞时，向前走走，向后走走，然后做野鸡双脚快步跳动作。

图 3-19　舞谱（12）

图片（见图 3-20）直译：金黄大象跳要（的话）颠步上步跳要呀。绿松石豪猪跳（的话），向前走，向后走，跳要呀。

译文：跳金黄色大象舞时，要颠步上步地跳。跳绿松石豪猪舞时，抖肩前进一步，又向后一步地跳。

图 3-20　舞谱（13）

图片（见图 3-21）直译：蛇皮鹿白跳么，如果是向前跳，向前走跳要（的话）。牦牛黑额白跳（的话），角磨角顶握拳斜托掌跳需要。

译文：跳蛇皮色斑鹿舞时，边跳边走地跳。跳黑额白牦牛舞时，要握拳斜托掌地磨角和顶角。

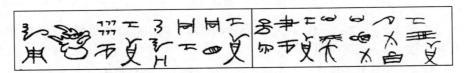

图 3-21　舞谱（14）

图片（见图 3-22）直译：达拉米悲跳要想，左边三转身，右边三步鬼压要（的话）。格空都支跳要（的话）……

译文：跳东巴教教主大将达拉米悲舞时，向左半转身三次，右边跺脚三步。跳格空都支舞时要……

图 3-22　舞谱（15）

图片（见图 3-23）直译：脚先左来原地自转，左边脚来前走要。郎炯来鬼压要（的话），前面三步三原地自转；

译文：向左原地自转一圈，向左前一步；向右原地自转一圈，向右走一步。跳郎炯战神压鬼舞时，向前迈三步，原地自转三圈；

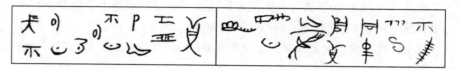

图 3-23　舞谱（16）

图片（见图 3-24）直译：后面三步，后面三步，三原地自转；右边三步三原地自转。神女拉姆跳要（的话）……

译文：向后走三步后，原地自转三圈；向左走三步，向左原地自转三圈；向右走三步，向右原地自转三圈。跳拉姆女神舞时要……

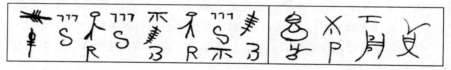

图 3-24　舞谱（17）

图片（见图 3-25）直译：两举两摇的又跳。跳出处跳来历那，人类丰华广阔大地，金黄蛙来寻找来的。

译文：举板铃摇两次。人类居住在辽阔大地上，看到神蛙的跳跃而受到启发，从而产生了舞蹈。

图 3-25　舞谱（18）

图片（见图 3-26）直译：什罗找福寿跳要（的话），慢慢腾腾起要，波浪状伸缩转动，……

译文：跳丁巴什罗师祖找福寿舞时，要慢慢腾腾地起身，波浪状伸缩滚动着，……

图 3-26　舞谱（19）

图片（见图 3-27）直译：脚先来慢慢起规矩呀。胜利神青龙大鹏鸟狮子三三只那……

译文：脚先慢慢起来。跳胜利神的青龙大鹏鸟和狮子舞时，要跳三人舞蹈，……

图 3-27　舞谱（20）

图片（见图 3-28）直译：三回前跳规矩有呀，领着（起）跳要（的话），上面神前慢慢地三右击手，左贴腋端掌，原地屈伸着需要，……

译文：慢慢地抬头向神做三次右击手，左贴腋端掌，原地屈伸，……

图 3-28　舞谱（21）

图片（见图 3-29）直译：头上高过不要。下面鬼压要（的话），头的角来顶要。

译文：跳舞时双手不要高过头。跳镇压魔鬼舞时，要用角来顶一顶。

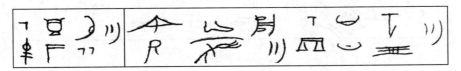

图 3-29　舞谱（22）

图片（见图3-30）直译：脚么向前踢如果是，打架向前砍地跳规矩有。陂堆地方完赤跳要如果……

译文：踢脚的时候，要边打边砍着踢。跳"陂堆"地方赤完舞时要……

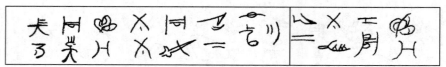

图3-30　舞谱（23）

图片（见图3-31）直译：两步向前走，三步向后走，三次旁腰托掌闪身三跳需要。胜利神牦牛白跳要（的话）……

译文：向前迈两步，向后走三步，连续做三次旁腰托掌闪身。跳胜利神白牦牛舞时要……

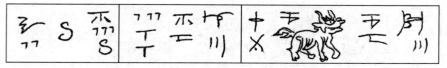

图3-31　舞谱（24）

图片（见图3-32）直译：三步向前走跳呀，外面三顶着，里面三顶着需要。

译文：向前迈三步，用角往外顶三次，朝内顶三次。

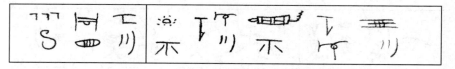

图3-32　舞谱（25）

图片（见图3-33）直译：黑飞马跳要想，四抬四摇需要。

译文：跳黑飞马舞时，要举板铃摇四次。

图3-33　舞谱（26）

图片（见图3-34）直译：犏牛黑额白跳要想，角磨角练握拳斜托掌，四抬四摇着做呀。

译文：跳白额黑犏牛舞时，要磨角和顶角，握拳斜托掌，举板铃摇四次，抬腿跺脚四步。

图 3-34　舞谱（27）

图片（见图 3-35）直译：神的马白跳要想，前面三抬，后面三踢着需要。

译文：跳白神马舞时，前进着抬三次左腿，退后着踢三次右脚。

图 3-35　舞谱（28）

图片（见图 3-36）直译：鲁甸东子来说道的话，冲锋大队东巴东恒出处来历学要说有。

译文：鲁甸东巴东子说，舞蹈的出处来历要去冲锋大队东巴东恒处去学。

图 3-36　舞谱（29）

（二）《神寿岁与东巴跳舞谱》中的舞谱

图片（见图 3-37）直译：起初，萨利伍德神大牛岁是的，七万岁得的。伍舟洪姆蛇岁是的，五千岁得的。

译文：起初，萨利伍德大神是属牛的，活了七万岁。伍舟洪姆是属蛇的，活了五千岁。

图 3-37　舞谱（1）

图片（见图3-38）直译：依诗补佐鼠岁是的，六千四百岁得的。丁巴什罗猴岁是的，四百四十岁得的。

译文：依诗补佐是属鼠的，活了六千四百岁。丁巴什罗是属猴的，活了四百四十岁。

图3-38　舞谱（2）

图片（见图3-39）直译：米利多主鼠岁是的，一千四百岁得。楚昭吉姆牛岁得的。崇仁利恩马岁是的，四百岁得的。

译文：米利多主是属鼠的，活了一千四百岁。楚昭吉姆是属牛的。崇仁利恩是属马的，活了四百岁。

图3-39　舞谱（3）

图片（见图3-40）直译：衬恒保白蛇岁是的，一千岁得是的。尤拉丁端神大虎岁是的，一千八百岁得的。

译文：衬恒保白是属蛇的，活了一千岁。尤拉丁端大神是属虎的，活了一千八百岁。

图3-40　舞谱（4）

图片（见图3-41）直译：哈拉格补神大虎岁是的，两千三百岁得的。崩使杉东神大羊岁是的。大研镇本府城隍神大……

译文：哈拉格补大神是属虎的，活了两千三百岁。崩使杉东大神是属鸡的。丽江府城隍大神是……

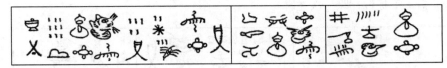

图 3-41　舞谱（5）

图片（见图 3-42）直译：鸡岁是的。夸都般主蛇岁是的。都沙敖吐龙岁是的。

译文：属鸡的。夸都般主是属蛇的。都沙敖吐是属龙的。

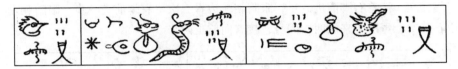

图 3-42　舞谱（6）

图片（见图 3-43）直译：扭格堆温鸡岁是的。依端米温赤补牛岁是的。董若阿路狗岁是的。

译文：扭格堆温是属鸡的。依端米温赤补是属牛的。董若阿路是属狗的。

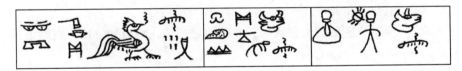

图 3-43　舞谱（7）

图片（见图 3-44）直译：人丰华广阔大地舞蹈来历说，舞蹈来历舞蹈出处他。金黄神蛙来寻找来的呀。

译文：人类居住在辽阔富饶的大地上，看到金色神蛙的跳跃而受到启发，从而产生了舞蹈。

图 3-44　舞谱（8）

图片（见图 3-45）直译：金黄神蛙跳要（的话），左脚一只上来上起又来呀，一举一踩要啊。

译文：跳金色神蛙舞的时候，先做蹲式动作，然后举铃吸腿，从左脚起身，摇一下板铃，跺一次左脚。

图 3-45　舞谱（9）

　　图片（见图 3-46）直译：右脚一步前又走，左边三看着。右脚一只前又走，左边三看着。蹲着的两闪身着，两步前走吧。

　　译文：接着右脚前进一步，眼睛朝左边看三次。右脚前进一步，眼睛朝左边看三次。再蹲下来做两次闪身，接着向前走两步。

图 3-46　舞谱（10）

　　图片（见图 3-47）直译：萨利伍德跳要（的话），左脚三步前走，板铃一举一摇，右脚三步前走，……

　　译文：要跳萨利伍德大神舞时，左脚前进三步，举板铃一次，右脚前进三步，……

图 3-47　舞谱（11）

　　图片（见图 3-48）直译：板铃一举一摇，左边一原地自转，右边一原地自转，手后张着地跳要啊。

　　译文：再举板铃一次，向左原地自转一周，向右原地自转一周，接着扇膀双张翅地跳。

图 3-48　舞谱（12）

图片（见图 3-49）直译：神大欧潘跳要（的话），左边脚三步前走，板铃一举一摇着，右脚三步前走，板铃两举两摇地跳要呀。

　　译文：要跳欧潘大神舞时，左脚前进三步，举板铃一次，右脚前进三步，举板铃两次。

图 3-49　舞谱（13）

　　图片（见图 3-50）直译：亨依格空跳要（的话），上面神前三步一飞吧，下面三步鬼压。左边四步前走，……

　　译文：要跳亨依格空九头神舞的时候，侧身张翅，来回做三次飞翔动作，朝地上踩三次脚。向左前进四步，……

图 3-50　舞谱（14）

　　图片（见图 3-51）直译：右边左右弯身一跳吧，一步下压。左边四步前走，右边一左右转弯一步一跳着，……

　　译文：左右弯身后向右边跳一次，再往地下踩一脚。向左边前进四步，左右弯身后向右跳一次，……

图 3-51　舞谱（15）

　　图片（见图 3-52）直译：下面一步下压，板铃两举两摇地跳，左边一原地自转，右边一原地自转。

　　译文：再往地下踩一脚，举板铃两次，向左原地自转一周，向右原地自转一周。

图 3-52　舞谱（16）

图片（见图3-53）直译：丁巴什罗跳跃（的话），什罗分娩要（的话），母亲莎娆罗孜吉姆跳得要呀，神前跪着要呀，……

译文：跳丁巴什罗祖师舞时，先要跳他的母亲莎娆罗孜吉姆分娩时的动作，动作为：跪在神的面前，……

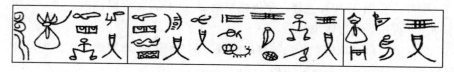

图 3-53　舞谱（17）

图片（见图3-54）直译：手左那只上举，三次上举后，左脚一只来起又来，上面神前一看着，……

译文：把左手举上来，一上一下地连续举三次，然后左脚徐徐起身，抬头向神看一下，……

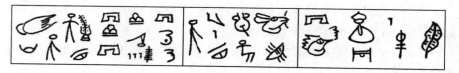

图 3-54　舞谱（18）

图片（见图3-55）直译：后又一压着。这以后什罗走学跳要呀，左脚两步一举一摇。

译文：朝地踩一脚。然后要跳什罗学走路的样子，左脚前进两步，举板铃摇一次。

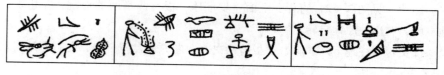

图 3-55　舞谱（19）

消弭与重构中的纳西族东巴跳文化符号研究

图片（见图 3-56）直译：右脚一步前走，两举两摇，左边一原地自转，右边一原地自转。什罗"歹"压跳要（的话），神前三飞翔着，……

译文：右脚前进一步，举板铃摇两次，然后向左原地自转一周，向后原地自转一周。跳什罗镇压"歹"鬼时，侧身张翅来回飞翔三次，……

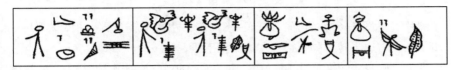

图 3-56　舞谱（20）

图片（见图 3-57）直译：左边两步前走，板铃一举两摇跳吧，右脚两步前走，两举两摇着，左边左右弯身的一原地自转，……

译文：左脚前进两步，举板铃摇两次，右脚前进两步，举板铃摇两次，左右弯身后吸腿，向左原地自转一周，……

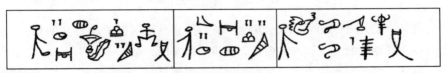

图 3-57　舞谱（21）

图片（见图 3-58）直译：右边左右弯身的一原地自转。什罗脚后跟荆棘来刺跳要么（的话），"毒"鬼地来上又回来跳要，……

译文：左右弯身后吸腿，向右原地自转一周。跳什罗脚后跟被荆棘挂着的舞时，要跳从"毒"鬼地方来回的动作，……

图 3-58　舞谱（22）

图片（见图 3-59）直译：左脚一只脚后跟上抬地三步前走，右脚两步回头下压。胜生珂炯跳要（的话），……

译文：左脚一踮一踮地前进三步，转身踩两次右脚。跳胜生珂炯大神舞时，……

图 3-59　舞谱（23）

图片（见图 3-60）直译：神前一飞翔着，左边半转身脚一抬，右脚一抬一步下压，右边半转身脚一抬，左边一抬下压，……

译文：侧身张翅来回飞翔三次，向左转 180° 身抬一次腿，跺一次右脚，向右转 180° 身抬一次腿，跺左脚一步，……

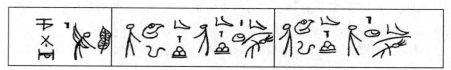

图 3-60　舞谱（24）

图片（见图 3-61）直译：板铃一举一摇着。玛米巴罗跳要（的话），板铃一举一摇地要呀，左脚六步前走，一步后面又压；

译文：然后举板铃一次。跳玛米巴罗大力神舞时，举板铃摇一次，左脚前进六步，转身后跺一次脚；

图 3-61　舞谱（25）

图片（见图 3-62）直译：右脚六步后又走，一步前一压着，站着的两左右弯身着，左边一原地自转着，右边一原地自转着。

译文：右脚后退六步，向前跺一次脚，然后原地做两次左右弯身，向左原地自转一圈，向右原地自转一圈。

图 3-62　舞谱（26）

　消弭与重构中的纳西族东巴跳文化符号研究

图片（见图 3-63）直译：劻贝汝荣跳要（的话），神前三飞翔着吧，鬼向三步一压着，前面一步一走着，后面一步一跳着，……

译文：跳劻贝汝荣战神舞时，侧身张翅来回飞翔三次，跺脚三次，前进一步，向后跳一次，……

图 3-63 舞谱（27）

图片（见图 3-64）直译：左边一步走，右边一步一跳着，板铃三摇着的要，走似踏似的，左边一原地自转，右边一原地自转。

译文：向左走一步，向右跳一次，然后举板铃摇三次，平步和颠步混走，向左原地自转一周，向右原地自转一周。

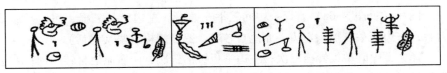

图 3-64 舞谱（28）

图片（见图 3-65）直译：达拉名陂跳要（的话），左脚上抬着的，板铃三摇着，右脚上抬着的，拨浪鼓三摇着。拨浪鼓不摇的，……

译文：跳东巴教主之大将达拉名陂舞时，左脚吸腿，摇板铃三次，右脚吸腿，摇三次拨浪鼓。不摇拨浪鼓的，……

图 3-65 舞谱（29）

图片（见图 3-66）直译：板铃三摇着，左边一原地自转着，板铃不摇的，拨浪鼓三摇着，右边一原地自转着。郎九敬九跳要（的话），……

译文：摇板铃三次，然后向左原地转一圈。不摇板铃的，摇三次拨浪鼓，然后向右原地自转一圈。要跳郎九敬九战神舞时，……

图 3-66　舞谱（30）

图片（见图 3-67）直译：板铃三摇地要呀，左脚三抬三跺三步前又走，右脚三抬三跺三步前又走；

译文：举板铃摇三次，左脚抬腿跺三脚，向前迈三步；右脚抬腿跺三脚，向前迈三步；

图 3-67　舞谱（31）

图片（见图 3-68）直译：中间三举三摇着。左边三举三摇，右边一原地自转；右边三举三摇，左边一原地自转着。罗巴涛构跳要（的话），……

译文：中间举板铃摇三次；左边举板铃摇三次，向右原地自转一周；右边举板铃摇三次，向左原地自转一周。跳罗巴涛构大神舞时，……

图 3-68　舞谱（32）

图片（见图 3-69）直译：神前三飞翔着，一举一摇一步下压。左边脚来一缩一伸着，三举三摇做要；右脚三举三跺地跳要，……

译文：侧身张翅，在神前来回飞三次，举板铃摇一次，跺脚一步。左脚一伸一缩，举板铃摇三次；右脚抬腿跺三步，……

图 3-69　舞谱（33）

图片（见图 3-70）直译：前走三举三摇着。后面三步走，三举三摇着，左脚跪着，左边三顶着，板铃三摇着，右脚跪着，右边三顶（用头撞击）着。

译文：前进时举板铃摇三次。向后举板铃摇三次，跪着左脚，向右边顶三次角，摇三次板铃，跪着右脚，向右边顶三次角。

图 3-70　舞谱（34）

图片（见图 3-71）直译：上又起来，左脚三抬一原地自转着，右边一原地自转着。塔尤迪巴跳要（的话），四抬四要地又跳，……

译文：然后起来，左脚吸腿三次，向左原地自转三圈，向右原地自转一圈。跳塔尤迪巴大神舞时，举板铃摇四次，抬腿跺脚四步，……

图 3-71　舞谱（35）

图片（见图 3-72）直译：前面四抬四跺。四步前又走，后面四抬四跺地步后面走要呀，左边一原地自转着，脚上一踢着；

译文：正面抬腿跺脚四次。向前走四步，后面抬腿跺脚向后走四步，向左原地自转一周，向上踢一脚；

图 3-72　舞谱（36）

图片（见图 3-73）直译：右边一原地自转，脚上一踢着。余培昭松十三个地跳要（的话），板铃一举一摇着吧，三步前走左边一原地自转，……

译文：向右原地自转一周，向上踢一脚。跳余培昭松十三个大神舞时，举板铃摇一次，前进三步后向左原地自转一周，……

图 3-73　舞谱（37）

图片（见图 3-74）直译：右边一原地自转。余吕昭松十三个地跳要（的话），两举两摇跳，两步前走一原地自转着。余敬昭松十三个跳要（的话），三举三摇地三步前又走，……

译文：向右原地自转一周。跳余吕昭松十三个大神舞时，举板铃摇两次，前进两步后，向左向右各原地自转一圈。跳余敬昭松十三个大神舞时，举板铃摇三次，向前走三步，……

图 3-74　舞谱（38）

图片（见图 3-75）直译：左边三原地自转，右边三原地自转。东格跳时，神前三飞翔着呀，鬼朝一跳着，……

译文：向左原地自转三圈，向右原地自转三圈。跳东格雷神舞时，侧身张翅，在神前来回飞翔三次，朝鬼跳一步，……

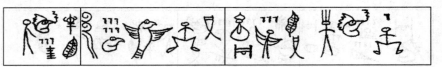

图 3-75　舞谱（39）

图片（见图 3-76）直译：手呀山膀状的，左边一原地自转，右边一原地自转，两台两跺的，三步前走一飞翔着呀，回头转身一步一压着。

译文：山膀双张翅状，向左原地自转一周，向右原地自转一周，举板铃摇两次，抬腿跺脚两步，前进三步后，侧身张翅状飞翔一次，又回头转身跺脚一步。

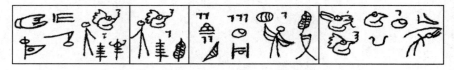

图 3-76　舞谱（40）

图片（见图 3-77）直译：左脚一跪着，右脚一踢着。巴乌优麻跳如果是，神前三飞翔着，……

译文：然后跪着左脚，右脚向上踢一脚。跳巴乌优麻护法神舞时，侧身张翅，在神前来回飞翔三次，……

图 3-77　舞谱（41）

图片（见图 3-78）直译：两步后看仇鬼一压着。左边三步前走，一跪着，后又一左右弯身着，跪着的脚上一踢着。

译文：前进两步后转身跺脚一步。向左走三步，踢一次左脚，头后仰地做一次旁下腰，跪着的脚向上踢一次。

图 3-78　舞谱（42）

图片（见图 3-79）直译：板铃一举一摇地跳要呀。考绕名炯跳要（的话），弓箭拿的起步前走，……

译文：举板铃一次，跳呀。跳考绕名炯四头神舞时，要拿着共建前进七步，……

图 3-79　舞谱（43）

图片（见图 3-80）直译：六步后走，四方的四次射要呀，天一瞄准，地一瞄准。左边一原地自转，右边一原地自转。

译文：向后走六步，朝四方各射一次箭，朝天瞄准一次，朝地瞄准一次。向左原地自转一圈，向右原地自转一圈。

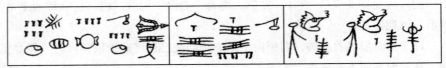

图3-80　舞谱（44）

图片（见图3-81）直译：降魔杵跳要（的话），左边三步前走，右边七原地自转，右脚三步前走，左边七原地自转。

译文：跳降魔杵法器舞时，向左边走三步，向右原地自转七圈；向右边走三步，向左原地自转七圈。

图3-81　舞谱（45）

图片（见图3-82）直译：东方的格称称补跳要（的话），左边三步走，右边两步走，一举一摇地又跳，前跳前瞄准着转身一跳着，……

译文：跳格称称补东方大神舞时，向左边走三步，向右边走两步，举板铃摇一次，顿步跳一跳，转身又一跳，……

图3-82　舞谱（46）

图片（见图3-83）直译：左边一原地自转，右边一原地自转。南方的塞忍明公跳要（的话），一抬一摇地又跳，左脚两步走，右脚一步走，……

译文：向左原地自转一圈，向右原地自转一圈。跳塞忍明公南方大神舞时，举板铃摇一次，向左前进两步，向右前进一步，……

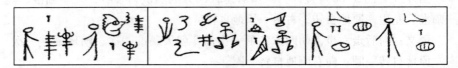

图3-83　舞谱（47）

图片（见图3-84）直译：左边原地自转，右边一原地自转要呀。西方的那生崇罗跳要（的话），四步前走一上身半转着，左边一原地自转着，右边一原地自转着。

译文：向左原地自转一圈，向右原地自转一圈。跳那生崇罗西方大神舞时，前进四步，上半身转一次，向左边原地自转一周，向右原地自转一周。

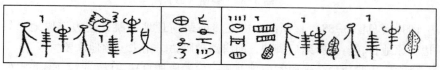

图 3-84　舞谱（48）

图片（见图 3-85）直译：北方的古生肯巴跳要（的话），板铃一举一摇地又跳，踏似走似的，四方面地一步走，左边一原地自转，右边一原地自转着。

译文：跳古生肯巴北方大神舞时，举板铃摇一次，平步和靠步混走，四方各走一步，向左原地自转一圈，向右原地自转一圈。

图 3-85　舞谱（49）

图片（见图 3-86）直译：松余敬古跳要（的话），三步前走一飞翔着，脚后一踢着，左边一原地自转着，右边一原地自转着。

译文：跳松余敬古中央大神舞时，前进三步，侧身张翅飞翔一次，脚向后方踢一次，向左原地自转一圈，向右原地自转一圈。

图 3-86　舞谱（50）

图片（见图 3-87）直译：楚命固斯麻杀要（的话），鹿白跳要么，板铃三摇地又跳，左边九步前跳前顶地又跳，……

译文：跳杀楚命固斯麻魔鬼舞时，要跳白鹭的动作，举板铃摇三次后，边跳边顶角地向左前进九步，……

图 3-87 舞谱 (51)

图片（见图 3-88）直译：右边九步前跳前顶地又跳，左边三原地自转，右边三原地自转。后脚缩后脚伸，前脚踩前脚扒，角来上顶地来要。

译文：边跳边顶角地向右前进九步；向左原地自转三圈，向右原地自转三圈。伸腿缩脚，双手一前一后地甩动，握拳斜托掌地用角来顶。

图 3-88 舞谱 (52)

图片（见图 3-89）直译：神的山羊白跳要（的话），左边七步跳么七顶着吧，一转身，右边七步跳么七顶着，……

译文：跳神的白山羊舞时，向左边跳边顶七次角，然后翻 180°身，向右边跳边顶七次角，……

图 3-89 舞谱 (53)

图片（见图 3-90）直译：转身一原地自转着。犏牛黑额白跳要（的话），板铃一举一摇着呀，三步前走，左边三顶着，……

译文：原地自转一周。跳白额黑犏牛舞时，举板铃一次，前进三步，向左顶三次角，……

图 3-90 舞谱 (54)

图片（见图 3-91）直译：右边三顶着着。胜利神牦牛白跳要（的话），四方面地一步走，四方面地四顶着，快地以原地自转着呀。

译文：向右顶三次角。跳胜利神的白牦牛舞时，四方各走一步，四方各顶一次角，快速地原地自转一周。

图 3-91　舞谱（55）

图片（见图 3-92）直译：金黄孔雀跳要（的话），七步前走，右边一原地自转着，飞翔着前面一左右弯身，后面又飞翔，……

译文：跳金黄色孔雀舞时，前进七步，向右原地自转一周，侧身张翅地向前左右弯身。要往回飞时，……

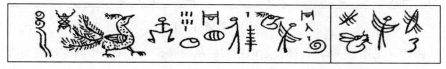

图 3-92　舞谱（56）

图片（见图 3-93）直译：三举三摇地又跳，上身半转左右摇晃着，孔雀水吸跳。达依拉姆跳要（的话），……

译文：翅膀与脚要起落摆动三次，然后上身半转向左右摇晃，这些就是跳孔雀吸水的动作。跳达依拉姆神女舞时，……

图 3-93　舞谱（57）

图片（见图 3-94）直译：拨浪鼓三摇，板铃一摇着，脚抬手抬要呀，左边三步走，右边三步走，左边一原地自转，右边一原地自转。

译文：右手要三次拨浪鼓，左手摇一次板铃，斜托掌，平步和跨步混走，向左走三步，向右走三步，向左原地自转一圈，向右原地自转一圈。

图 3-94　舞谱（58）

图片（见图 3-95）直译：楚里拉姆跳如果是，四举四摇的，板铃一摇，拨浪鼓四摇的，四方的又跳，……

译文：跳楚里拉姆神女舞时，抬腿跺脚四步走，跺脚时左手摇一次板铃，右手要四次拨浪鼓，然后平步和颠步混走地向四方各跳一次，……

图 3-95　舞谱（59）

图片（见图 3-96）直译：走似蹈似的跳要呀，一个来一个间穿地走要呀。

译文：接着做穿花换位动作。

图 3-96　舞谱（60）

第四章　神圣的内涵：消弭前的纳西族东巴跳文化符号

第一节　符号的解析

基于文化形态学角度，我们可将文化视为一个由内核与系列外缘组成的有机整体，从外而内包含物质文化层、制度文化层、行为文化层、精神文化层。人类通过加工自然创制的各种器物构成物质文化层，人类在社会实践中形成的各种社会规范构成了制度文化层，人类在社会实践中形成的约定俗成的习惯定势构成了行为文化层，人类在社会实践和意识活动中培育出来的价值观及审美情趣等主体因素构成了精神文化层①。消弭前的纳西族东巴跳文化符号诸层次在特定的结构—功能系统中融为统一整体，以下将从东巴跳物质文化层、制度文化层、行为文化层、精神文化层四个方面对消弭前的纳西族东巴跳文化符号进行相关解析。文化的结构见图 4-1。

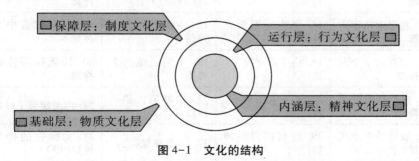

图 4-1　文化的结构

---

① 冯天瑜，何晓明，周积明. 中华文化史 [M]. 上海：上海人民出版社，2015.

一、东巴跳的物质文化层

物质文化层是人的物质生产活动方式和产品的总和，是可以被触知的具有物质实体的文化事物。东巴跳物质文化层是东巴跳文化符号的基础层，是保障东巴跳文化符号得以存在和发展的载体，是东巴跳文化符号的全部器物文化凝聚物，并成为东巴跳文化符号的客观存在物。东巴跳物质文化层面主要包含各种具体的东巴跳、东巴跳法器、东巴跳服饰、东巴跳舞谱。

（一）具体的东巴跳

前文将东巴跳舞蹈分为了神舞、动物舞、器物舞三大类。神舞类主要有亨迪俄盘舞、丁巴什罗诞辰舞、神女拉姆舞、多格尤玛舞、黄金神蛙舞、五方大神舞、丹英拉姆神女舞、巴乌尤玛舞、图赤尤玛舞等34种。动物舞主要有大鹏神舞、青龙神舞、狮子神舞、孔雀舞、飞龙舞、老虎舞、白山羊舞等17种。器物舞主要有弓箭舞、降魔杵法器舞、金刚杵舞、尤玛神磨刀舞等。

通过对《舞蹈来历》《祭什罗法仪跳的规程》《神寿岁与东巴舞谱》《舞蹈的出处和来历》《大祭风请神保佑舞谱》等文献进行整理，我们对代表物质文化层的具体东巴跳形式进行罗列，具体见表4-1至表4-5。

表4-1 《舞蹈来历》中的东巴跳名称

1. 萨利伍登大神舞	2. 依古窝格大神舞	3. 欧潘大神舞	4. 什罗神舞
5. 九头享依格空神舞	6. 胜生阿炯大神舞	7. 玛米巴罗大神舞	8. 孟贝汝荣战神舞
9. 吐齿优麻护法神舞	10. 巴威优麻扩法神舞	11. 朗炯敬炯战神舞（甲）	12. 格称称补东方神舞
13. 胜忍米格南方神舞	14. 那生崇罗西方神舞	15. 古生肯巴北方神舞	16. 松余敬古中央神舞
17. 三百六十个武官神舞	18. 格空都支神舞（甲）	19. 米当巴威四头神舞	20. 拉俄拉莎使者神舞
21. 左提优麻护法神舞	22. 松石青龙舞（甲）	23. 白海螺大鹏鸟神舞	24. 白海螺狮子神舞
25. 陂堆地方赤虎神舞（甲）	26. 胜利神白牛神舞（甲）	27. 飞龙神舞（乙）	28. 前脚白的神马神舞（甲）
29. 金黄色大象神舞	30. 绿松石豪猪神舞	31. 蛇皮色斑鹿神舞	32. 黑额白牦牛神舞（乙）

表4-1(续)

33. 东巴教主大将达拉米悲神舞	34. 格空都支神舞(乙)	35. 朗炯敬炯战神舞(乙)	36. 拉姆女神舞
37. 舞蹈出处与来历	38. 丁巴什罗找福寿舞	39. 青龙大鹏狮子神舞	40. 镇压魔鬼舞
41. 堆地方赤虎神舞(乙)	42. 胜利神白牦牛神舞(丙)	43. 黑马飞神舞	44. 白额黑犏牛神舞(丁)
45. 白神马神舞(丙)	—	—	—

表4-2 《祭什罗法仪跳的规程》中的东巴跳名称

1. 舞蹈起源	2. 大鹏鸟神舞(甲)	3. 白狮神舞(甲)	4. 飞龙神舞(甲)
5. 赫地窝拍神舞(甲)	6. 亨依格空神舞(甲)	7. 什罗学步舞(甲)	8. 拉姆女神舞(甲)
9. 什罗学跳之舞	10. 什罗起床之舞	11. 什罗脚被刺戳舞(甲)	12. 朗九敬久神舞(甲)
13. 枚贝汝如神舞(甲)	14. 吐齿尤玛神舞	15. 尤玛神磨刀舞	16. 金刚杵舞
17. 达拉米悲神舞(甲)	18. 考绕米纠神舞	19. 赫地窝拍神舞(乙)	20. 大鹏鸟舞(乙)
21. 白狮子神舞(乙)	22. 赤虎神舞	23. 拉姆女神舞(乙)	24. 飞蟒神舞
25. 左提尤玛神舞	26. 飞龙神舞(乙)	27. 格称称布神舞(甲)	28. 胜忍米苟神舞(甲)
29. 纳生崇罗神舞(甲)	30. 古生肯巴神舞(甲)	31. 松余敬古神舞(甲)	32. 朗九敬久神舞(乙)
33. 金色蛙神舞	34. 萨利伍德神舞	35. 赫地窝拍神舞(丙)	36. 亨依格空神舞(乙)
37. 什罗学步舞(乙)	38. 什罗降生舞	39. 什罗脚被刺神舞(乙)	40. 胜生苟久神舞
41. 玛米巴罗神舞	42. 枚贝汝如神舞(乙)	43. 达拉米悲神舞(乙)	44. 朗九敬久神舞(丙)
45. 罗巴塔格神舞	46. 塔尤丁巴神舞	47. 余拍昭索神舞	48. 余吕昭索神舞
49. 余敬昭索神舞	50. 端格尤玛神舞	51. 巴哇优麻神舞	52. 考绕米纠神舞(乙)
53. 降魔杵舞	54. 格称称布神舞(乙)	55. 胜忍米苟神舞(乙)	56. 纳生崇罗神舞(乙)
57. 古生肯巴神舞(乙)	58. 松余敬古神舞(乙)	59. 白鹿神舞	60. 白山羊神舞

表4-2(续)

61. 白额黑犏牛神舞（甲）	62. 白牦牛神舞（乙）	63. 金孔雀神舞	64. 达依拉姆女神舞
65. 楚里拉姆女神舞	66. 祭什罗仪式过程	—	—

表 4-3 《神寿岁与东巴舞谱》中的东巴跳名称

1. 舞蹈起源	2. 金色蛙神舞	3. 萨利伍登大神舞	4. 欧潘大神舞
5. 亨依格空九头大神舞	6. 丁巴什罗祖师诞辰舞	7. 丁巴什罗学步舞	8. 丁巴什罗镇压舞
9. 什罗脚后跟被荆棘挂舞	10. 胜生珂炯神舞	11. 玛米巴罗神舞	12. 孟贝汝荣战神舞
13. 达拉明陂神舞	14. 郎究敬究战神舞	15. 罗巴涛构大神舞	16. 塔尤迪巴神舞
17. 余培昭松十三个大神舞	18. 余吕昭松十三个大神舞	19. 余敬昭松的十三个大神舞	20. 东格雷神舞
21. 巴乌尤麻护法神舞	22. 考绕明炯神舞	23. 降魔杵法器舞	24. 格称称补东方神舞
25. 塞忍明公南方神舞	26. 那生崇鲁西方神舞	27. 古生肯巴北方神舞	28. 松余敬古中央神舞
29. 杀楚命固斯麻鹿神舞	30. 白羊山神舞	31. 白额里犏牛神舞（甲）	32. 白牦牛神舞（乙）
33. 金黄色孔雀神舞	34. 达依拉姆女神舞	35. 楚里拉姆女神舞	—

表 4-4 《舞蹈的出处和来历》中的东巴跳名称

1. 舞蹈的来历	2. 金色蛙神舞	3. 大鹏鸟神舞	4. 狮子神舞
5. 龙舞（绿松石青龙舞）	6. 格称称补神舞	7. 胜忍米苟神舞	8. 古生肯巴神舞
9. 纳生崇罗神舞	10. 松余敬古神舞	11. 什罗舞（学步舞）	12. 什罗脚被刺戳舞
13. 祭吊东巴死者之舞	14. 巴哇尤麻神舞	15. 吐齿优麻神舞	16. 枚贝汝如神舞
17. 朗九敬久神舞	18. 亨依格空神舞	19. 玛米巴罗神舞	—

表4-5 《大祭风请神保佑舞谱》中的东巴跳名称

1. 青龙神舞	2. 大鹏神舞	3. 狮子神舞	4. 老虎神舞
5. 白牦神舞	6. 白山羊神舞	7. 金孔雀神舞	8. 沙英威登神舞
9. 恒丁欧潘神舞	10. 英古阿格神舞	11. 丁巴什罗神舞	12. 恒英给空神舞
13. 赛森抠久神舞	14. 玛米巴罗神舞	15. 朗九敬久神舞	16. 劳巴涛钩神舞
17. 拓幽本当神舞	18. 枚崩津汝神舞	19. 枚排恩浩神舞	20. 余培昭松神舞
21. 余吕昭松神舞	22. 余敬昭松神舞	23. 大鹏神舞	24. 刀拉米布神舞
25. 喀忍扭久神舞	26. 突扯优麻神舞	27. 扭牛优麻神舞	28. 巴鸟优麻神舞
29. 米左优麻神舞	30. 尤尼敬公神舞	31. 依世补若神舞	32. 左边右边舞
33. 利古东巴神舞			

（二）东巴跳法器

东巴跳所用的法器也是东巴跳文化符号中重要的物质文化体现。重要的法器主要包含东巴法杖、板铃、手摇鼓、大鼓、海螺法号、牦千角法号、海贝等。

▲东巴法杖。纳西人称之为"拉和木通"，它是在开丧、超荐之道场等重要仪式中跳东巴舞的专用法器，法杖头上是雕刻的神塔，上面有大鹏鸟、金狮等各种神灵，法村顶端还挂有红、黄、蓝、白、绿五条彩带，下节为竹杖（见图4-2）。

图4-2 法杖头

图4-3 板铃

▲板铃。纳西人称之为"寨勒"，它主要是由黄铜制作而成，上面雕刻着八宝图案，凹槽处拴着岩羊角，另一端为红、黄、蓝、白、绿五彩布，五彩象征了阴阳五行，岩羊角则象征将人鬼分开。板铃是东巴跳中必不可少的法器，东巴在做法跳舞时左手持板铃，象征着太阳和诸神的威严（见图4-3）。

▲手摇鼓。纳西人称之为"达可"，鼓身由竹片或木片制作而成，鼓的双

面用羊皮制作而成，鼓身两侧面各有一条羊皮条，末端打着结。手摇鼓也是东巴跳中必不可少的法器，东巴在做法跳舞时右手持手摇鼓，象征着月亮和神灵的威严，通过鼓声能够沟通天神和镇压妖魔（见图4-4）。

▲大鼓。大鼓是进行东巴跳时使用的伴奏法器。大鼓为圆形，主要由牛皮制作而成，鼓边拴着黑牦牛尾巴，鼓身直径约60厘米。大鼓主要用于东巴祭祀鬼神仪式。演奏者敲击大鼓，声音震耳欲聋，能够营造仪式的庄重氛围（见图4-5）。

图4-4　手摇鼓　　　　　　　　　　　图4-5　大鼓

▲海螺法号。纳西人称之为"福仁木可"，制作法号的海螺通常有白海螺、花斑海螺和普通海螺等，海螺的长度为15～17厘米。用白海螺制作的海螺法号声音洪亮，主要用于请神和迎神等重要仪式；而用花斑海螺制作的海螺法号主要在祭祀死者的仪式上使用（见图4-6）。

▲牦牛角法号。牦牛角法号一般是用黑色的牦牛角制作而成，长度为20～30厘米，通常是在东巴跳开始之前吹的重要法号。纳西人认为黑色牦牛角能够镇压鬼魅，当鬼魅听到牛角法号的声音时会被吓跑（见图4-7）。

图4-6　海螺法号　　　　　　　　　　图4-7　牦牛角法号

（三）东巴跳服饰

▲五神冠。五神冠又叫五福冠，是东巴进行法事活动时所戴的头冠，主要由五块尖顶硬板制作而成，每片上端用线连接，五块硬板中，正中硬板为"丁巴什罗"，左边两块硬板分别为"萨尔威登"和"尤玛"，右边两块硬板分别为"多曲各布"和"恒英各孔"。纳西人认为五神冠可以驱鬼魔，五神冠还代表了水、金、火、木、土五行，其颜色有青、蓝、红、绿、黄五色（见图4-8）。

▲东巴法帽。纳西人称之为"诺比古木"，只有什罗东巴才能佩戴，正中插有铁角，用来镇鬼。铁角上有两个圆点，分别代表太阳和月亮；铁角的两边有一把刀，意为保护东巴，刀两侧有两根刺猬毛，用来镇魔；铁角中间有一把大剑和一把小剑，用于保护诸神；帽子两侧插有鸡毛，代表着神圣；戴法帽的时候东巴必须诵念《法帽的来历》经书（见图4-9）。

图4-8 五神冠

图4-9 东巴法帽

▲挂珠。纳西人称之为"本等"，这是东巴在做法时戴在颈部的珠链，主要是由动物的骨头打磨而成，现在也有用塑料及玻璃制作的。相传在仪式中所佩戴的念珠是由神圣的高山湖泊中的白色海螺制作而成，佩戴着它时神灵能够附体（见图4-10）。

▲法衣。东巴仪式中的法衣皆由绸缎制作而成，主要分为长袍和对襟马褂。法衣的颜色主要有五种，分别为暗红色、深蓝色、黑色、绿色和黄色，仪式不同，穿的法衣的颜色也不同。例如，"打是非"仪式中主要穿绿色和红色法衣，丧葬仪式中穿红色、黄色和黑色法衣。在东巴典籍中也有不同色彩法衣蕴含不同意义的记载（见图4-11）。

▲法靴。纳西人称之为"者那"，法靴一般由牛皮、猪皮、山羊皮等制作而成，颜色为黑色，其颜色代表了大地和母亲。在东巴经典《延寿仪式》中记载：丁巴什罗在降临人间的时候，其母亲赐予了一双能够踩压鬼的黑靴子，这是专门用来对付地狱恶鬼的法力神靴（见图4-12）。

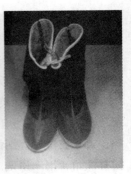

图 4-10　挂珠　　　　　　图 4-11　法衣　　　　图 4-12　法靴

（四）东巴跳舞谱

东巴跳舞谱是记载东巴跳历史的重要文字，是东巴跳文化符号追溯的源头，是展现纳西人全部物质和精神文化生活的凝聚物，也是东巴跳物质文化的重要展现（见图 4-13）。纳西族东巴跳舞谱是祭祀仪式中舞蹈的重要规程，是东巴文化的结晶。

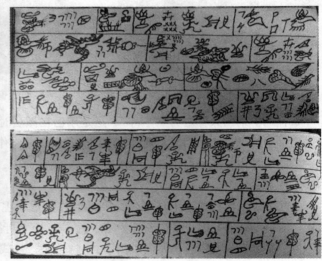

图 4-13　东巴跳舞谱

二、东巴跳的制度文化层

东巴跳的制度文化层是指纳西人在东巴跳实践中形成的各种规范。东巴跳制度文化层是东巴跳文化符号的保障层，它是保障东巴跳文化符号得以正常开展和运行的前提，是东巴跳文化符号运行的逻辑性凝聚物，并使东巴跳文化符号的有序运行成为可能。东巴跳的制度文化主要展现为东巴跳舞谱规程、仪式性东巴跳的程式、东巴跳的跳法与规则等。

众所周知，东巴跳舞谱是跳东巴舞的重要指导，纳西族东巴在撰写东巴跳舞谱过程中，也有一套约定俗成的书写记载规范，舞谱的象形文字采用一形一音的形式，大都组合成接近韵文体的三、五、七、九音节句型。同时，舞谱在记载舞蹈动作过程中运用了易于识别的动作词汇。舞谱作为宗教仪式的重要典籍，其记载的每一段动作都有固定的程式，东巴必须按照舞谱有序展开，而不是随意跳。

东巴跳具有仪式性特征，并不是随意跳的，正是这一特征，决定了东巴跳操演具有一定的程式性。关于仪式性东巴跳的程式，我们以东巴教延寿仪式（见图4-14）为例进行展现①。

延寿仪式是一种大规模的东巴教综合性仪式，该仪式由系列大中小仪式穿插组合而成，基本包含了东巴教的祈福仪式和驱鬼仪式。按传统，该仪式一般为年长的东巴大师或长者而举行，东巴们祈求神灵护佑尊师或长者长寿如意，延寿仪式过程中会多次跳起东巴跳，场面多彩壮观。

图4-14　东巴教延寿仪式

▲祭坛设置

大神坛：设于正殿正位，供"拉指多米""萨依威德""恒迪窝盘""依古窝格""丁巴什罗"画轴，供"夸独般主景"（骑青龙）、"拉朗敦主崩"（骑白马）、"米利东主"（坐像）、"公拉构布"（骑凤凰）、"公拉构姆"（骑仙鹤）纸扎，设祖先牌位，设神灯树（1株）、花树（2株）。

① 鲍江. 象征的来历：叶青村纳西族东巴教仪式研究［M］. 北京：民族出版社，2008.

优麻神坛：设于大神坛北侧，供"纽牛优麻""巴伍优麻""佐吐优麻"画轴，设战神刀架。

高拉神与本神坛：设于大神坛南侧，供"许冉高拉""麻米巴罗""朗究敬纠"画轴，用竹箩供战神纸牌、木牌、武器。

东巴法座：在求威灵仪式时设置。

署神寨：设于正殿走廊南部。

胜利神寨：设于正殿前第二层广场，寨前设火塘。

三多神祭坛：三多神像前置方桌，铺松毛，置一升米，插甲马纸。供香火、酒茶、米一盆、芝麻一盘、五谷各一碗、金纸、银纸。用一个猪头和一只公鸡作牺牲。

▲仪式日程

第一天：

①布置主祭场，设神座，烧天香；

②大规模祭秽鬼除秽仪式；

③退送口舌是非鬼并附祭凶死鬼仪式。

第二天：

①大规模祭祀署神（自然神）仪式；

②祭祀祖先神仪式；

③祭嘎神仪式；

④祭星神仪式。

第三天：

①祭风仪式；

②祭景神（雷神）、本神（电神）仪式。

第四天：

①吟诵求寿经卷；

②请华神等大神赐福，举行求寿仪式；

③祭景神、崩神。

第五天：

①开署门，招魂，送署；

②建纳扎神幡，祭祖；

③烧大天香，送神；

④诵忏悔经；

⑤大祭素神，祭三多神。

东巴跳的跳法与规则方面，不同的东巴跳形式具有不同的跳法，并且配合不同的乐器，同时适用于不同的仪式。不同的东巴跳形式代表了不同的内涵与寓意，有的是用以"祭风"，有的则用以"祭署"，等等。以下列举了八种东巴跳形式，展现了跳法、配合的乐器以及适用仪式（见表4-6）。

表4-6　东巴跳的跳法、配合的乐器以及适用仪式

东巴跳名称	跳法	配合的乐器	适用仪式
弓箭舞	舞者左手持弓，右手持箭，先出左脚，后左右轮转，身体左旋右转	鼓、单钹	祭风、驱鬼、超度仪式等
黄金神蛙舞	左右持钹，右手持手摇鼓，同时两声鼓、一声铃响，先出左脚，接着左右轮转，身体左旋右转，做模仿蛙跳动作	单钹、手摇鼓	东巴跳开场舞
尤玛镇鬼舞	左手持钹，右手持刀，旁有击鼓者，鼓二声响时起步，先出左脚，左右轮转，身体右旋，并用刀砍祭祀的鬼树及木牌	单钹、大鼓	驱鬼仪式、丧葬仪式等
大鹏神舞	左手持钹，右手持手摇鼓或刀。旁有击鼓者，鼓响两声，先出左脚，后左右轮转，身体左旋右转，模仿大鹏单腿站	单钹、手摇鼓等	驱鬼仪式、丧葬仪式等
什罗出生舞	左手持单钹，右手持手摇鼓或长刀，起步先出左脚，后左右轮换，身体左旋右转，表现出其从左腋下出生	单钹、手摇鼓等	超度东巴祭师等
牦牛舞	左手持钹，右手持长刀，旁有击鼓者，单钹响一声停一声，鼓每拍都响，动作模仿牦牛卧倒和晃动头角状	单钹、长刀、鼓等	祭祀及超度丁巴什罗亡灵
东方大神舞	左手持单钹，右手持手摇鼓，同时两声鼓一声铃，先出左脚，后左右轮转，身体左旋右转，模仿虎的形态	单钹、手摇鼓等	开丧、超度、驱鬼仪式

表4-6(续)

东巴跳名称	跳法	配合的乐器	适用仪式
达拉明布舞	左手持单钹,右手持手摇鼓,单钹响一声停一次,动作上模仿神灵下界镇鬼,有抖背转身动作	单钹、手摇鼓等	祭祀和超度丁巴什罗亡灵仪式、请神镇鬼仪式等

三、东巴跳的行为文化层

纳西人在社会实践,尤其是人际交往、人与自然融合过程中形成的习惯性定势构成了纳西文化的行为文化层。而纳西族东巴跳文化的行为文化层是一种以民俗、风俗形态出现的见之于身体行为动作的呈现模式。纳西社会的文化集中体现在纳西人的思想理论体系中,同时广泛地活跃于各种社会行为文化中。东巴跳行为文化层是东巴跳文化符号的实践运行层,它是东巴跳文化符号的重要行为展现,实现着东巴跳文化符号的空间行为表达,代表了东巴跳文化在现实中的实践总和。

东巴跳行为文化层的内容主要包括东巴跳仪式操演、东巴跳行为、东巴跳组织等。仪式操演方面,东巴跳作为祭祀仪式的一项重要内容,主要在祭祀神灵、祖先、战争时进行,祭祀的时间以重要事件发生的时间为准,而随着时代的变迁,这种仪式性的祭祀舞蹈逐渐向文化表演方向发展,其仪式举行的程式也发生了一定变化;东巴跳行为方面,东巴跳作为一项宗教色彩较浓的舞蹈,其舞蹈行为的内容具有浓厚的指代性,个人舞蹈行为较少,主要是在集体场合下进行,而随着社会发展,东巴跳行为正在发生变化,在历史变迁中实现着自身的蜕变;东巴跳组织方面,作为一项宗教性的舞蹈,其组织具有群众自发性特点,东巴是这一祭祀与仪式中的主持者,具有绝对的权威性,在这种约定俗成的管理组织中东巴跳作为一项宗教舞蹈,实现着对纳西人的教化。

我们选取东巴跳其中的一项舞蹈,对其具体的行为文化进行剖析,能够展现东巴跳文化的空间行为表达方式,呈现东巴跳文化符号在现实中的实践情况。以大鹏舞为例,其身体动作是左手持钹,右手持手摇鼓或刀;旁有击鼓者,鼓响两声,先出左脚,后左右轮转,然后下蹲一次起身,两脚踢腿后,身体左旋右转,模仿大鹏单腿站姿态。这一身体行为背后蕴含着深刻的文化内涵:栖息在"含依巴达"神树上的大鹏神鸟"都盘修曲"是重要的护法神,在丽江东北部和中甸三坝等地的东巴当中,"都盘修曲"被称为"朵曲构布",

是神通最广大的神灵，曾为人类战胜导致各种灾害的自然神灵"署"①，图4-15中，大鹏鸟喙中咬着的长蛇就是"署"，当"都盘修曲"看到妖魔鬼怪时，会展开双翅，翅膀左拍一次，右拍一次，而后抓住"署"头。这一身体行为文化一般在进行东巴超度仪式中展开《神路图》开场时跳的，大鹏抓蛇的行为起到驱邪、镇鬼的作用，而所被抓的"署"代表一些不吉利的事情。

图4-15　大鹏鸟

四、东巴跳的精神文化层

人类社会在社会实践和意识活动中长期培育出来的价值观念、审美情趣、思维方式等主体因素构成了精神文化层，这是文化的核心所在②。所以说，东巴跳精神文化层是东巴跳文化符号的内涵层，它是东巴跳文化符号的精神意蕴的重要展现与表达，代表了东巴跳文化符号运行过程中所体现的精神文化内涵，实现着对东巴跳文化符号的文化解读和文化弘扬。东巴跳经历了漫长的历史岁月，塑造了一代代纳西人的性格与智慧，成为纳西人精神文化体系的重要

---

① 颜霁琪，刘卫平. 浅论《神路图》的审美意识及其与苯教的联系 [J]. 民族艺术研究，2008（1）：10-14.

② 冯天瑜，何晓明，周积明. 中华文化史 [M]. 上海：上海人民出版社，2015.

支撑，并持续实现着东巴文化的活态传承。东巴跳是纳西文化基因库的重要精神文化因子，是纳西人精神文化层的最高反映，是纳西人价值观和态度的重要支撑。

东巴跳的身体行为在精神文化层上展现了纳西人的宇宙观和空间观。纳西人的宇宙观可以概括为三界五方，即人界、神界和鬼界三界，东、西、南、北、中五个方位。东巴跳仪式同样体现了纳西人古老的宇宙观：东巴跳模仿神灵降魔杀鬼的动作，夸张的下肢动作展现了同妖魔鬼怪斗争的精神文化。例如，各孔、罗巴塔哥和塔以塔巴等舞段中，多重的抬腿和大幅度踩踏动作展现出镇鬼杀鬼的动作；而上肢动作舒缓，展现了神灵的精神文化层次。又如，尤玛、丁巴什罗、朗九敬久等神灵的相关舞段，上肢的板铃和手摇鼓动作展现出神灵的气质和威严，在舞动中表达着循环往复、阴阳交替含义，进而实现了"三界"的合理秩序。针对东、西、南、北、中五个方位，纳西族东巴跳中，专门有东方大神舞、西方大神舞、南方大神舞、北方大神舞和中央大神舞。相关的法器方面法铃上有象征五方的红、黄、蓝、白、绿彩带；五神冠上有青、蓝、红、绿、黄五色，代表了水、金、火、木、土五行，并对应着五个方位①。

纳西人认为神灵在北方，鬼魅在南方，而人类居住在中央。纳西族的《神路图》清晰地展现出了这种空间方位观念。从《神路图》中我们可以看出，东北方向有诸神，意味着美好与光明；而西南方向以鬼魅居多，意味着邪恶与黑暗。在舞蹈中东巴以自身为中心，左手持板铃象征了东方，右手持手摇鼓象征着西方，以此展现日月交替、阴阳循环。舞蹈的动作大多数是顺时针绕圈而舞，这种绕圈而舞也展现出纳西人古老的宇宙观，呈现着他们朴素而深刻的精神文化层。纳西先民认为天是圆的，太阳和月亮是旋转着的，在旋转过程中产生了昼夜，产生了阴阳往复，绕圈而舞的东巴跳能够呈现纳西人对生命规律的深刻认识，纳西人也在这个过程中感受到了自然的力量，以及族群之间的认同力、凝聚力。

东巴跳的精神文化还展现着纳西人对自然和图腾的崇拜。纳西族先民"南出赐支河曲西数千里，与众羌绝远，不复交通，其后子孙分别……"②，沿江南迁入雅砻江流域，进而西迁至金沙江地区，迁徙过程艰难困苦，在这个历史进程中，他们将与族群生存息息相关的自然力和自然物都视为有生命的，进

---

① 冯莉. 东巴舞蹈传人：习阿牛 阿明东奇 [M]. 北京：民族出版社，2007.
② 范晔. 后汉书 [M]. 北京：中华书局，2012.

行崇拜，并认为这些具有神力和神性，在东巴经诸多经典中都证实了这一点，如祭地神、祭山神、祭水神、祭风神等，《神路图》的右边部分也描绘了诸多的神灵。同时东巴跳的精神文化还展现着对图腾的崇拜，如大鹏神舞、狮子舞、牦牛舞、老虎舞、孔雀舞等，这些舞蹈中有很多栩栩如生的动物动作，从而呈现出这些图腾的神灵特征，这也说明了东巴跳保留着先民对动物的崇拜之情。弗洛伊德在其著作《图腾与禁忌》中指出：在某些重要的场合里，原始民族们常会特别强调它们与图腾间的相似性……，在具有传奇和宗教的场合里所有的族民都必须装扮成图腾的模样，同时模仿着它的行为①。在纳西族诸多仪式中，东巴跳则扮演了纳西人图腾崇拜与模仿的载体，舞蹈中模仿动物的动作和行为，呈现着纳西人对图腾的崇拜。他们认为这些动物具有神力，模仿这些动物的动作能够使其神力附体，进而实现人神之间的沟通，最终达到更深层次的族群自我认同。

在仪式进行的过程中，舞者通过身体的语言，以身体为媒介，完成了精神世界的具象化展现，在跳动的过程中，身体是受舞者的意识控制的，所展现的内涵是所在社会影响下精神状态的呈现。东巴跳展现出的精神文化汲取和存留了纳西先民所经历的社会文化生活，是纳西先民的集体文化记忆，是族群生产生活的集中缩影与升华。漫长的迁徙生活、部落间的战争，使纳西族族群形成了尚武崇武的民族性格，这也是纳西人能够在不同民族间周旋求存的民族精神支柱。东巴跳也展现出了雄武善战的舞风，诸多动作中都勾勒出对抗、打击动作线条。在描述英勇神武时经常使用老虎的凶猛动作来表达，东巴跳中也有专门的"老虎舞"，里面充满了矫健彪悍风格的动作。东巴跳以身体为媒介，身体动作的展现呈现出历史记忆中的战争，并且以具象的动作和角色使身体回到了精神世界的原点，这不仅展现出了宗教舞蹈的深沉内涵，也呈现出了人类生命意义的内核。东巴跳虚拟了与鬼神斗争的动作以及神灵动作，呈现出了一场生动形象的仪式场景，而在这场景的背后也隐喻了历史记忆中的部落之争、生存之战的意境，在这里角色和动作都在舞蹈中得到了形象而生动的表现。

---

① 弗洛伊德. 图腾与禁忌 [M]. 车文博，译. 北京：九州出版社，2014.

第二节　仪式中的东巴跳文化符号

消弭前的纳西族东巴跳文化符号是宗教仪式的重要身体承载，在仪式中它展现出的是一种超常态的表现，当程式性的身体动作反复操演，并赋予这些动作以深刻含义之时，它成了与天地、诸神交流的手段，仪式中的东巴跳文化符号超越了日常生活而成为非常态行为，并且表述着某种情感和内涵。同时，仪式中的东巴跳文化符号营造着一种虚拟的情境，舞蹈的地点、空间、器物等都消失了，取而代之的是一个由一系列象征符号构建的神圣场域，面对的是虚幻的诸神及鬼魅，所有的感知、关照、思考都在"虚幻力量构成的王国"中运行。仪式中的东巴跳文化符号还是一种象征，身体构筑着一个超凡空间并表述着深层意义，舞蹈中身体的动作表述着内心的情感，东巴跳已经超出了其本身，成为一个重要的象征体。

一、仪式中东巴跳文化符号表现的超常态

当原始社会的先祖因兴奋而舞时，我们不会将其看成一种仪式，当远古的族人跳跃攀爬时，我们也不会将其看成一种仪式。但是，当他们口中念念有词、跪拜天地并进行舞蹈时，那么，这种行为方式便超出了日常生活，成了一种不寻常的仪式行为，并具有了宗教色彩。东巴跳文化符号作为纳西人的重要仪式性舞蹈，打破了肉体和精神的界限，打破了社会生活和个人特性的界限，使古老的族群因情感而被征服，从而遗忘了一切，变成了只是灵魂上超越人的力量的承受器，仪式中的东巴跳文化符号成为超常态表现。

仪式中东巴跳文化符号的超常态主要展现在仪式行为上。关于仪式行为的研究方面，加拿大人类学家格兰姆斯基于发生学的视角解析了仪式行为的起源，认为仪式来自生物的和自然现象。基于此，我们认为东巴跳文化符号的仪式行为亦来源于生物和自然现象。例如，东巴跳中黄金神蛙舞、大鹏神舞、牦牛舞等都是来源于图腾崇拜；五方大神舞、尤玛舞等是基于自然现象，因对自然界敬畏而产生的舞蹈，诸多的祭风、祭署、祭亡灵等都是与自然现象密切相关。当纳西人反复操演这种程式性的身体动作，并赋予这些动作以深刻的含义之时，它变成为了与天地、与诸神交流的手段，进而使这些身体动作的实用价值退居次要地位，而其内涵价值逐渐居于首要地位。例如，尤玛镇鬼舞中，东巴左手持单钹，右手持长刀，左脚上步，接着右脚上步，反复轮转，并用刀砍

祭祀的树，这些动作都属于超常态的表现，脚步的有力起落以及用刀砍树都具有镇鬼与杀鬼的内涵，这种身体动作与姿势是仪式化的，是纳西人内心的心理状态与外在身体反映。这些动作不在于具有实际的锻炼或防御等实用价值，也不是日常生活中具有实际效用的动作方式，而是超越了锻炼与防御，超越了日常生活实效性的非常态行为，仪式中的东巴跳动作在于表达某种情感，表达某种内涵。

从以上分析我们可以认为，仪式中的东巴跳文化符号不同于日常生活中的常态行为，是一种超常态行为，与日常生活状态相比，首先，这种超常态行为表现在目的上，它主要为了表达情感和内涵。其次，还表现在频率上，日常生活中的身体行为可能每天都在发生，例如，我们目睹了丽江古城旅游区、云南昆明民族村每天都在上演的东巴跳表演，但是，作为一种仪式的东巴跳文化符号，是偶然或定期举行的，从目的上讲，前者是为了生活实用之需，而后者是为了表达情感与内涵之需，并展现了宗教与信仰的精神价值，是一种呈现仪式的重要载体。

仪式中东巴跳文化符号的超常态表现在不同的仪式中跳不同的舞蹈，跳舞的顺序有先后，法器有变化，对舞者有要求，等等。纳西社会有不同的仪式，不同的仪式需要跳不同的东巴跳。例如，弓箭舞主要在祭风仪式及超度丁巴什罗时跳，五方大神舞主要在开丧和驱鬼等仪式时跳，丁巴什罗舞主要在超度东巴祭师时跳，大神舞主要在于祭祀丁巴什罗或请神镇鬼时跳。舞谱对舞蹈动作的顺序有规定，跳不同的舞也需要持不同的法器。例如，在跳东巴什罗舞时，先跳他母亲分娩时的动作，然后依次跳《丁巴什罗学走路》《丁巴什罗压鬼》《找丁巴什罗尸体》《丁巴什罗脚刺戳》等，左手板铃，右手持手摇鼓或者长刀，头上戴五福冠，身穿法衣，脚穿法靴，而在祭天仪式中头上不戴五福冠。对于充当舞者的东巴而言，必须能够背诵重要的东巴经文，能写东巴经书，能绘画，并且能够做相应的仪式。以上这些超常态舞蹈形式区别于常态的舞蹈形式。

仪式中东巴跳文化符号的超常态还表现在行为本身的情态方面。仪式中不同的东巴跳形式运用于不同的情境，进而表达出的是不同的情绪、情感和姿态。例如，朗九敬久舞中镇鬼除魔时，抬腿大力压鬼等动作展现出大神镇鬼时的威严，其舞蹈情态方面也具有威风凛凛的气势，在这个过程中抬头向天看的眼神也展现出朗九敬久大神镇鬼除魔的威严情态。又如，金孔雀舞呈现的是一种吉祥美好的情态，舞动过程中展现出了孔雀的飞翔、抖动羽毛、戏水、漫步等舒缓动作，节奏也较为舒缓，所以舞者在这个情境中的情态也较为舒缓。以上这些情态可能是我们日常生活中常见的表达。但是，当这些情态在特定的仪式中进行表达时，便具有了非常态的特性，并且，当这些情态固化成为一种程式时，便成为仪式中东巴跳文化符号超常态的行为表现。

仪式中东巴跳文化符号的超常态还集中表现在行为本身的心态方面。在这里"心态"是指心理定势，这种心理模式是舞者在仪式情境中展现的超常态心态。法国社会化学家涂尔干认为，宗教是由信仰和仪式构成，信仰是属于思想层面的，而仪式是思想层面信仰的具体现实展现。在仪式展现过程中所有事物都被认定为神圣的，而仪式之外属于凡俗阈。当仪式开始时，东巴跳所展现的集体欢腾将一切都改变了，仪式的参与者"相信自己已经有了一个人所能有的最奇特的让人深深满足的体验"。这一特殊的阶段被称为"阈限期"，这个阶段将人类社会关系分为具有"位置结构"的日常状态和具有"反结构"的超常态。仪式性的东巴跳文化符号基于"反结构"的超常态在心态上实现着神圣的交流，能够唤起族群或集体的记忆，在这个过程中通过文化的组合与分解实现了异于常态的表达，给参与的群体带来了心态上的神秘感与满足感，并实现着共同的情感表达。在此以祭祀风仪式上半段为例，展现仪式中跳东巴舞者的心态的超常态表现[①]：

祭风仪式一般以家庭为单位，在仪式前一天的晚上提前准备，该仪式分为上下两个阶段，上半段在家里进行，下半段在村外固定的祭风点进行。

▲首先，进行仪式象征的制作与空间的布置（常态心态）。

□制作面偶，面偶用大麦面加水制作，包括则偶、吡偶、勾多。

□制作象征树，包括则树、吡树。

□制作稻秸偶，用稻杆编鹿象征迪鬼。

□制作武器偶，包括木开仨、奇偶。

□在仪式空间摆放牺牲及贡品，包括公鸡、母鸡、种子、木牌等。

▲其次，进行祭祀仪式，以上半段仪式为例（超常态心态）。

□祭祀粮食神。东巴让主人触摸供养，并将供养放到神龛前条凳上，手持燃烧的松明在主屋跳东巴舞除秽，并诵经，请十八路神仙降临。

□开坛。东巴诵《开坛经》，烧一份跨沽，从鬼偶空间跳舞而过，走出主屋并丢弃到家外，将其撒到火炭上。

□星宿·云风·度与则（1）。东巴诵《饶的来历》，说度与则、恒与饶的来历，烧跨沽，随后手捧亨勒哺请主人家摸，跳东巴舞，进行偿粮赎魂的仪

---

① 鲍江. 象征的来历：叶青村纳西族东巴教仪式研究［M］. 北京：民族出版社，2008.

式，展示人与星宿、风云等鬼魅化的自然进行交流的场景。

□迪。东巴诵《迪的来历·偿迪债》经书，助手朝象征迪的鹿偶撒种子，并取麻布包裹鹿偶并系好，取长刀，跳东巴舞，把鹿偶放倒，表演迪被东巴征服的过程，在这里的迪象征亡灵。

□星宿·云风·度与则（2）。东巴诵《木牌的来历·旗的来历》，撒亨勒哺给象征偶，诵经结束后手烧一份跨沽，把则偶和则树作为补偿献给则的木牌和旗。

□呲与尤。东巴诵《呲谷再》，安慰呲与尤，通过跳舞陈说主人已经给予丰富的供养，诵经结束后手持干净的刀，将主人脖子上挂着的白麻线割断，一边割一边诵经说灾难已经被消除。然后进行解庚尼纠缠的程序，象征灾难被消除。

□移象征。东巴诵经，跳东巴舞，助手烧一份跨沽，将呲树、呲偶、鹿偶、木牌等以及相关法器全部移出主屋。

▲至此，上半段祭风仪式结束（常态心态）。

在祭风仪式中东巴跳是基于族群的信仰，在仪式空间借助于身体展开的一项宗教活动，由仪式开始前的"凡俗阈"，过渡到仪式开始中的"超凡阈"。东巴跳文化符号在仪式中产生了行为效应，这种行为效应必然也体现在心态方面，在仪式准备布置时及仪式结束的"结构"阶段，心态处于常态，而仪式进行时的祭祀粮起神、开坛、星宿·云风·度与则、迪、呲与尤、移象征环节中，舞者的心态处于超常态（见图4-16）。

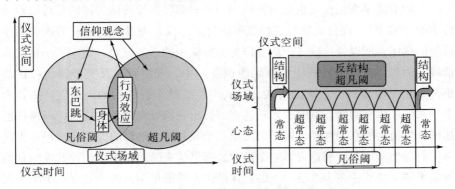

图4-16　仪式中跳东巴舞的心态变化

二、仪式中东巴跳文化符号营造的虚拟情境

当东巴宗教文化孕育出诸神概念时，舞蹈则用符号表示了这些概念。在想

象的最初阶段，纳西先人周围这些可怕的鬼神并没有这样明确的形式，最初对它们的认识是人的力量和意志作用于人身上的感觉得到的，这些鬼神是通过身体活动得到再现的，纳西先人通过舞蹈动作表述了对鬼神的挑战及祈求。舞蹈动作表现出的生命力是虚拟的，跳东巴者所做的一切就是为了在仪式中通过舞蹈创造出一个能够使观者或跳东巴者能够看到的真实东西，而实际上这种所谓的"能看到的真实东西"是一种虚拟事物。虽然，这个仪式中有具体的地点、有具体的人、有具体的物，但是，在东巴跳中这一切都消失了，取而代之的是象征的符号，所见和所感的是虚拟的实体。实际上，对于东巴教而言，其本质是虚幻的，在宗教仪式中，舞者超越了肉体生命存在而走向精神世界，在身体操演过程中，面对的是虚幻的诸神或鬼魅。在神性背景下，来感知自己已置身其中那些集体的时候，我们才有能力在真正的真实之光照耀下来观照与思考这些集体，所有的"感知""观照""思考""超越"等全是在"虚幻力量构成的王国"中运行的。

从仪式的角度讲，一个完整的仪式情境包含在特定的时间、特定的环境、特定的场景布置中进行的一系列行为。仪式情境是一个综合的展现，格尔兹将仪式称作一种文化表演，这在仪式的非实用、非常态性中能够深刻表现出来。纳西族的诸多的仪式，如超度什罗仪式、祭风仪式、延寿仪式等都具有表演成分，一个仪式中有系列的表演内容，包含东巴跳的表演，正是这些系列的表演填充了仪式空间，并成就了仪式本身，所以说，表演构成了仪式情境的行为基础，仪式情境就是表演的情境。

实际上诸多祭祀仪式也是对神话的一种表演，加斯特认为神话是对原始神行为的"叙事"，而仪式是对这种叙事的扮演，仪式中身体行为成为这种叙事扮演的载体，所以说，仪式中的身体行为扮演了神话的理想，虚构了一个仪式情境。例如，在《祭什罗法仪跳舞的规程》中，开篇就提及关于舞的神话故事① （见图4-17）："古老的时候，在人类生长的丰饶辽阔的大地上，三百六十个东巴还不会跳舞。这时，米利达吉海长出一株叶细如发的树苗，叫赫依巴达树，树梢上栖息着大鹏、狮子、飞龙三个胜利神。跳舞的方法和本领首先是由它们三个从住在米利达吉海的金色神蛙那里学来的。至于金色神蛙呢？它的舞蹈本领又是从住在十八层天上的盘珠萨美女神那里学来的。三百六十个东巴跳的舞蹈就是来源于这里。"

---

① 杨德鋆，和发源，和彩云. 纳西族古代舞蹈和舞谱［M］. 北京：文化艺术出版社，1990.

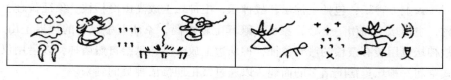

图 4-17　东巴跳舞谱中的讲述的神话

　　基于以上神话故事的起源，便有了神话故事扮演的身体行为，东巴跳中从大鹏舞开始便虚构了这个神话仪式情境（见图 4-18）："最先学到跳舞本领的是大鹏鸟，因此，跳白海螺大鹏鸟时，要先跳它栖息在树上的舞姿。左脚吸腿一次，右脚吸腿一次，做一次端掌深蹲，旋即起身，端掌，双脚朝后钩跳一次，原地自转一次，转后走三步。"

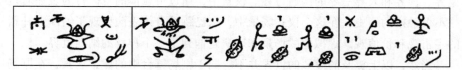

图 4-18　东巴跳舞谱中的大鹏舞

　　当我们将东巴跳仪式中的主要行为作为一种表演的时候，其实就已经认定了其虚拟的属性，无论是东巴跳仪式中的神话表演还是舞台节目中的文化表演，表演本身就是虚拟的行为。其实，这种虚拟性除了表现在前文提及的表演之外，也体现在仪式场景之中。例如，超度英武仪式中，布置仪式空间包括上方神坛、下方鬼域、中央人文镜①。

---

①　鲍江. 象征的来历：叶青村纳西族东巴教仪式研究 [M]. 北京：民族出版社，2008.

▲上方神坛：包括主神坛和战神坛，主神坛上放高山冷杉枝，象征黄金圣树，主神坛空间用一个簸箕象征，簸箕上置木偶，象征上中二境的边界圣山；战神坛也用装有祭粮的簸箕象征，神坛边上放一碗，献给自然诸神，以借用仪式空间。神坛里摆上诸多的面偶，以通过祭祀迎接诸神灵的到来。

▲下方鬼域：有五组象征构成，即撒受达梓、冷凑、赠箍、茹翁、史支。撒受达梓是用木条构成的象征树，仪式中东巴将在舞蹈过程中将其砍倒；冷凑是一类长动物头的鬼魅，亡灵回归路上将受到其阻拦，其象征组合包括面偶、荨麻等，这些被放在一块木片上；赠箍，其用一个反扣的带把平板锅象征，锅下放一手镯来象征亡灵，仪式中通过东巴跳舞蹈用法杖撬起锅三次，最后打开；茹翁，用平木头牌象征，一片仇鬼木牌外加用木条制作的刀、斧和矛各一件组成一组，合计五组，象征五方仇鬼寨；史支，类似牛头偶，高约13厘米，并单独放在一锅里，这是一个浓缩的符号。

▲中央人文镜：一块长约一米的麻布条幅，麻布上缘插一枝花、一根香、一枝茅竹，共计三组，麻布下缘摆放三盏油灯，茅竹是固定象征，花是引领亡灵象征，香和油灯是供养。引导亡灵从下方鬼域前往上方神境时，经过这个中央桥梁（麻布做成的桥）。

东巴在以上布置的这个神圣场景空间进行虚拟表演，通过身体的舞蹈显示鬼界、神界和人界三界的沟通过程。仪式中，通过可触摸的身体行为表述着过往不可触摸的历史，在这个仪式场景中，东巴跳的身体表演呈现了纳西人朴素的宇宙观和价值观，虚拟化的场景和表演延伸到了一个神秘的纳西世界。

当然，以上提及的虚拟的世界并不等同于剧场舞台中的虚拟场景，在剧场舞台中，东巴跳形式是虚拟的，感受也是虚拟的；而在东巴跳仪式中，形式是虚拟的，但感受却是真实的。通过仪式的设置和东巴跳舞蹈，舞者将其自身置于"神圣"场景中，并且自己已全然融入其中，舞者成了阈限中的人。当仪式扮演者将仪式"神话化"的同时，自己也成了"神圣"的一部分。

三、仪式中东巴跳文化符号表述的象征性

纳西人之所以创造了诸多的祭祀仪式，是因为仪式对于纳西人而言具有意义，并且此"意义"并非指日常生活中的实用价值，而是指更深层次的精神价值。仪式中，纳西人以身体的行为构筑了一个超凡的空间，并且在这个空间中给参与者带来了心灵的慰藉。而仪式中的身体舞蹈、实物都成了表意的手段，仪式中所有内容都构成一个充满表意的内涵世界，成为一个象征的体系。在这里"象征"具有两方面的特征：首先，它具有形象的实物；其次，它具

有代表的作用，其本身代表另一种事物。

东巴跳通过舞蹈展现了舞者的喜怒哀乐，通过身体实践陈述着纳西人内心深处的情感。舞者是用肢体动作作为物质媒介来完成语言诉说的，并且人的肢体不同于其他物质，这是有生命意识控制的有机体，舞蹈中的各种动作都是舞者有意识控制的活动，所以说，舞蹈中身体的动作是主动的、受仪式控制的运动。东巴跳舞蹈中保存和融入了纳西先民的历史生产生活片段，是民族历史生活的缩影与升华，当在仪式空间进行舞蹈之时便隐约流露出其深刻的象征内涵，舞姿的刚劲有力象征着先民在克服自然环境、进行部落战争时的英勇。显然，东巴跳舞蹈中的身体已经超出其本身，成了一个重要的象征体。

仪式中东巴跳文化符号所表述着一个象征的体系。之所以称之为"象征的体系"，是因为仪式是由象征符号、象征意义和象征方式共同组成（见图4-19）。三方面有机结合，相互联系，密不可分。以下将对三者进行分析。

图4-19　东巴跳文化符号表述的象征体系

象征符号。东巴跳舞者是仪式中重要的象征符号，同时，与东巴跳相关的法器、服饰以及其他用品也是重要的象征符号。东巴跳中一个手臂的摇铃动作、一个腿上的蹬踏动作，都蕴含着纳西社会约定俗成的"文化代码"，这种"文化代码"经过代代相传已经沉淀在纳西人血脉中，成为族群共享的经验，在外界看来，很难理解舞蹈动作所象征的意义。例如，仪式中的法器法铃、服饰五福帽等都有五种颜色，这种"文化代码"只有纳西人能够深度解码其中所蕴含的象征意义。

象征意义。"符号是这样的东西，它除了本义以外还可在思想中表示其他的东西"①。在纳西族诸多仪式中，任何可感知的东西都被赋予了象征的意义而成为符号，我们只有掌握了这种符号，才能够解析其象征意义。在东巴跳仪式中这些符号大都是非语言符号。仪式符号的象征通常具有曲折性、惑然性、超长性、神秘性等特征，符号及其意指的代码隐约封闭于仪式参与者意念中。例如，格孔舞中，开始是三个上步吸腿动作，然后转身，做两个吸腿动作，并做上前走步的过渡动作，再做吸腿动作，以上这段动作在舞段中重复两次，实际上这个动作的象征意义是跳东巴者要表现格孔杀鬼的动作，重复的动作就是要强调杀鬼的状态、与鬼做斗争的过程，这些象征是内隐于舞者意念之中，并通过具体的身体动作展现象征的意义。

象征方式。符号的使用者包括使用的人和接收的人。仪式中跳东巴者以身体为媒介将情感与思想呈现出来，这是符号的"表现过程"；当一组组的符号经过"传达"传送到接收的人之时，这是一个传达的过程；当接收人接收到信息后，经过解析，了解了对该组符号的含义。所以，只有当符号使用者与符号接收者同在一个代码规约范围内，才能实现符号代码的有效传输与解析。纳西族祭祀仪式的东巴跳行为中，舞者不是与观者交流，而是直接与诸神和鬼魅交流，那么在这个仪式场景中，实际上跳东巴者既是信息的发出者，又是信息的接收者。这些信息符号在传递过程中实现了符号的体验和意义，东巴跳文化符号的象征方式的特殊性正在于此。

第三节　记忆与认同的东巴跳文化符号

东巴跳文化符号是纳西人重要的仪式性体化实践活动，在仪式中他们以具象的外观，借助于操演，实现了对过往的保存。东巴跳体化的实践在纳西族族群历史发展过程中形成了一个独具特色的文化内聚体，并成为这个地域文化记忆的承载体。通过持续性的身体操演，东巴跳所构建的族群记忆深植于群体之中，并且通过持续性的身体操演不断提取记忆，以重温族群过往的历史。同时，东巴跳文化符号还是一条连接纳西族族群的无形精神纽带，它实现着族群内的文化共享，并构建了一个完整的族群认同符号体系，从而构筑了族群的文化认同，强化着集体根深蒂固的、广泛认可的宇宙观和价值观，进而加强了纳

---

① 霍阿俊，马宝珍. 从"符号"上把关：从符号学角度看科技编辑的把关作用 [J]. 编辑学刊，2005（4）：71-74.

西族群的集体情感和凝聚力。

一、仪式中的东巴跳文化符号

（一）族群记忆的表述

人总是在讲述故事，不同的时代、不同的地域、不同的社会中都存在叙事。哈布瓦赫在其《论集体记忆》中提出①：在特定的社会群体成员之间，大家共享往事的过程保障了记忆的传承，族群集体意识的提取使记忆得以延续。那么大家如何共享往事？通过什么方式实现记忆的提取呢？哈氏给出的回答是：群体成员一起参加纪念性的集会，就能重演过去，将集体记忆置入社会的框架下进行思考。康纳顿在《社会如何记忆》中指出记忆的第三种形式——操演，他指出："我们有再现某种操演的能力，我们不经常去回忆我们在何时何地掌握了正在讨论的这种知识，我们常常仅通过现场操演，就能够认可并向他人演示，我们确实记得。"② 康纳顿将身体的操演看作记忆与呈现的重要方式，身体将过往与现在凝聚在了一起。我们再进一步对身体操演进行分析：身体的操演需要通过一定的仪式实现，当仪式被身体操演出来的时候，首先，实现了记忆在身体中的储存；其次，实现了过往记忆在当下的提取，通过身体的叙事就知道什么时候发生过什么事，当仪式的展演者与观看者观看到仪式中的身体叙事时也就了解到所发生的事情。纳西族东巴跳文化符号承载了纳西族族群的记忆，当成员们一起参加重要的仪式时，以身体的操演重演过去，东巴跳文化符号以身体实践将过去与现在连接在一起，实现着记忆的提取，仪式中的身体操演展现了纳西人的身体叙事。

仪式与神话有着密不可分的关系。利奇认为仪式和神话是针对同一种信息的不同交流方式，实际上诸多祭祀仪式也是对神话的表演，加斯特认为神话是对原始神行为的"叙事"，而仪式是对这种叙事的扮演，仪式中身体行为则成为这种叙事扮演的载体。诸多的神话故事记载了纳西族族群历史生活的重要内容，呈现着族群的久远记忆。我们在关于东巴文化的舞蹈资料收集与调研中发现了几个与之相关的重要神话故事，这些神话故事生动地展现了这个族群的记忆③。

---

① 莫里斯·哈布瓦赫. 论集体记忆 [M]. 毕然，郭金华，译. 上海：上海人民出版社，2002.

② 保罗·康纳顿. 社会如何记忆 [M]. 纳日碧力戈，译. 上海：上海人民出版社，2000.

③ 冯莉. 东巴舞蹈传人：习阿牛 阿明东奇 [M]. 北京：民族出版社，2007.

▲ 东巴跳中法帽与法杖的传说

在很久以前，有一种叫"西宗"的神鸟，它在如意神树上搭建窝并生下了神蛋，后来，有一个哈什总正的人偷了西宗神鸟下的蛋，并找其他地方藏了起来，于是，西宗神鸟到处找自己下的蛋。东巴对西宗神鸟说：你的神蛋被海底下的树门那布偷走了，每个月的初一到十五，她会梳妆好并浮出海面，你要从西边观望她，如果从东面观望，你的影子会倒影到海面上，最后会被她发现，她就不会再上来了。她浮上来的时候你从东面抓住她的头发，把她的农布谷苯帽子和金法杖拿到手，然后把这些交给丁巴什罗的父亲阿斯拉布图格。于是，从这以后这两件物品就成了丁巴什罗的法器。

▲ 阿明什罗的传说

传说，阿明曾经在青海放马，和马一起居住在马棚里，当附近寺庙的和尚在念经的时候，阿明就去寺庙中生火，在这个过程中阿明跟着这些和尚学会了诵经。阿明平时放的马一共有十二匹，其中有十一匹一到河边就被阿明赶回去了，剩下的一匹阿明让它过河。在一个风和日丽的日子里，阿明就骑着这匹训练有素的马把寺庙里的法鼓和经书都偷了出来，当寺庙的人骑着其他的十一匹马追赶的时候，到了河边，这些马就不走了并返了回去。阿明从青海到四川，过西昌、永宁、木里和宁蒗，最后到了丽江的"尼促化促"水洞，在那里住了三年，最后到了白地，由于那里没有亲戚和朋友，他只好躲在洞里，在那里他将所有丁巴什罗的咒语泽成纳西话，后来就慢慢地传承下来了。

从以上这些神话中，我们知晓了东巴跳法帽与法杖的来历，也知晓了经书是如何获得的，还了解了族群经历了如何的艰辛才到达了这片土地，实际上阿明什罗骑马历经的"青海—四川—西昌—永宁—木里—宁蒗—丽江"这一路线，就是古老的纳西族族群迁徙路线。

通过纳西族诸多的仪式及神话，我们不仅能够了解纳西人传统的宇宙观念，而且能够理解这个古老族群的价值体系。对于纳西传统文化的保存，我们必须重视各种程序、象征和习俗，以及以身体动作不断重演过往记忆的东巴跳仪式，正是基于此，才能够使社会发展进程不断向前推进，因为"社会总是从总体出发来进行思考的，它把一个观念与另一个观念联系起来，并把它们聚合在一起，成为人物和事件更为复杂的特征，而这些人物和事件的表征本身也是由更为复杂的观念构成"①。纳西人通过仪式中身体行为的再现、族群神话

---

① 莫里斯·哈布瓦赫. 论集体记忆 [M]. 毕然，郭金华，译. 上海：上海人民出版社，2002.

的身体表达，让后人意识到"我们从哪里来""我们是谁""我们要到哪里去"。通过这种方式，我们这些"局外人"也有了进一步了解纳西社会的机会。

（二）生活记忆的表述

在历史记忆长河中，个体在参加重大的纪念活动时，集体事件才能够被激发和回忆，涂尔干在《宗教生活的基本形式》中提出了"集体欢腾"的概念，他认为，集体集聚是人类文化创造力的温床，部落成员在庆祝仪式、身体操演中，会考虑诸如共同的信仰、共同的传统、对族群生活的记忆等社会事物①。哈布瓦赫在其著作《论集体记忆》中也指出：存在于欢腾时间和日常生活期间的空白是由集体记忆填充和维持的，这种集体记忆以仪式性的、典礼性的形式出现，它能够使记忆在单调和乏味的生活中保持鲜活②。

纳西族是一个具有悠久历史的迁徙民族，他们信仰灵魂不灭。当年迈的老东巴静静地躺在床上安详离去后，人们认为这是一位生命之神已经厌倦了人间的生活，渴望与先辈的灵魂相处，即将踏上远征的道路，去见他早已逝去的父母、远古的祖先，死亡只是灵魂离开了原有的躯体，而灵魂却不死。当老东巴去世后，家人请本家东巴进行超度仪式③：

▲首先，进行仪式空间的布置。

□布置上方神坛：布置主神坛和战神坛，相应地神坛上祭祀不同的内容予以象征。

□布置下方神坛：设置四组象征，即象征树、面偶锅、鬼偶、铁锅，并摆上供养。

▲其次，进行祭祀仪式的系列流程。

□除秽·祭·引神·引亡灵·烧天香：除秽，净化仪式空间；背诵祭词，向诸神借仪式空间；在鼓乐声中东巴跳东巴舞，将亡灵引至神坛；亡灵归位后，诵经，烧天香。

□烧天香祭神·伏仇鬼：诵烧天香祭神经辞；之后东巴在神坛和鬼域之间跳东巴舞五个来回；接着为亡灵解除罪责；诵经完毕，东巴在上下方之间舞九个来回，并且左手持金刚杵，右手拿斧头，每舞到下方就用斧头砸碎骨头串里

---

① 爱弥儿·涂尔干. 宗教生活的基本形式 [M]. 渠东, 汲喆, 译. 北京: 商务印书馆, 2011.

② 莫里斯·哈布瓦赫. 论集体记忆 [M]. 毕然, 郭金华, 译. 上海: 上海人民出版社, 2002.

③ 鲍江. 象征的来历: 叶青村纳西族东巴教仪式研究 [M]. 北京: 民族出版社, 2008.

的一块骨头。

□献牺牲：牵一只绵羊到仪式空间，献给亡灵。

□砍·杀·开门·招引亡灵·赎亡灵·除秽·亡灵归位：东巴拿着刀对着偶砍杀，打开锅上的铁索，跳东巴舞招引亡灵，长刀压倒鬼牌，取象征亡灵的珠串，清洗污秽并放入神坛，意为亡灵归位。

□给亡灵献饭：从牺牲绵羊各部位取少许，并诵经。

□引火·分享酒：把一碗白酒放于神坛象征亡灵的珠串旁，给亡灵引火，随后分享酒。

□伏·弃·解木牌纠缠并招引亡灵：东巴诵招引亡灵经书，然后在上下方之间跳东巴舞九个来回，舞完后将象征物弃出家门，将木牌上的麻线解开，然后将木牌烧掉。

□弃象征偶·小东巴献油灯祈福·改名·烧天香送神·降下福泽·迎回下方：在下方空间除偶，助手将这些象征收拾了，东巴诵经，东巴将象征弃到村外，并一路跳东巴舞；小东巴回家取油灯并献到主屋灵前，主祭东巴用相关方位的东巴命名死者，然后诵经和烧天香，进而降福泽，东巴再次跳起东巴舞，将亡灵从神坛引入主屋。

▲最后，超度丁巴什罗仪式结束。

在以上的超度仪式中，无论是作为仪式的重要承载的东巴跳文化符号，还是其他的象征，都展现了纳西人的生活记忆和生命观。首先，纳西人认为人死后灵魂不愿立刻离去，因为他们在这里生活了一世，对自己建立的家园、对自己的儿女都有不舍之情，因此，在仪式中，祭祀需要几天，要反复引亡灵、赎亡灵。其次，在所诵的经中有一本叫《买寿岁》，它以故事方式告慰人们，生死是不可回转的自然规律，当人们看到自己鬓角慢慢长出白发之时，才知道自己已经开始衰老，但是，世间并没有卖寿岁的，在人生的路上，回来的景色跟去时的景色已经大有不同，去时翠柳成荫、繁花似锦，而回来时是枯藤老树、繁花凋落，世间万物皆有老时，人生亦是如此。最后，仪式中以身体行为所展现的东巴跳具有了保存族群生活记忆的功能。仪式中东巴以身体重演过去，借助于身体动作的操演保存了过去，族群迁徙的艰难、族群奋勇的抗争、族群朴素的信仰都保存在仪式身体之中，所以，在仪式中我们需要回忆时，并不需要去追溯它的来源，因为过往生活及习俗已经刻录在纳西人的脑海中，他们可以瞬间完全发挥出来，招引亡灵、赎亡灵、除秽、亡灵归位等行为动作就像是已经储存在身体容器中，身体成为表述生活记忆的工具。身体发挥了能动性，把过往的生活内容还原为当下形象而具象的仪式。

（三）记忆的构建

身体的属性规定了它必须在实践中获得意义。纳西人以身体的实践行动获得了意义的构建。当个体以身体为承载进行东巴跳之时，这不能算作社会身体的展现，但是，当一个族群进行东巴跳时，我们就要关注其行动背后的意义，关注其以身体构建记忆的意义。

在探讨东巴跳文化符号记忆构建时，我们首先应对社会实践的类型进行解释。不同的社会实践具有不同的特征，康纳顿将社会实践分为体化实践和刻写实践，刻写实践主要是通过现代存储手段进行保存。在这里我们主要关注的是体化实践，这是以身体的举动传达信息，人们通过参与活动，实现信息的传递。体化实践是仪式中经常见到的社会实践形式。东巴跳就属于体化实践的一种，身体利用其记忆功能进行记忆，并且在仪式场景中实现了体化的表现，针对不同的仪式进行不同的实践，从而完成实践动作。族群慢慢地就会掌握这些信息，当现实需要的时候，就可以通过身体实践完成活动。

不管是体化实践还是刻写实践，所有的活动都离不开身体的参与，在身体参与下一切得以实现。纳西人的东巴跳习俗，无论是对于舞者还是对于观者而言，都已经成为他们生活的重要组成部分。在进行东巴跳的时候，舞者不用去想应该先做什么动作，再做什么动作，而是顺其自然地就能将其跳出来。就像是手臂的一个手摇铃动作和腿上的一个蹬踏动作，这些看似简单的身体行为，其实对于记忆构建来讲却是至关重要的。例如，在东巴跳的狮子舞动作中，起舞时双腿弯曲半蹲，头部向身体右侧看并做微小上抖动作，类似于狮子由卧到起的动作，臂部弯曲，手呈爪状，下肢并腿半蹲，双臂交叉在髋部正前方；退步交叉，臂部交叉，东巴环顾四周，做出类似于寻找猎物的动作；然后向其他几个方向反复做同样动作。这些模仿动物的动作对于整个舞蹈或文化记忆的构建起着很重要的作用，并为东巴跳的操演提供了身体的辅助记忆方法，同时，正是这种身体的模仿体现，为我们提供了隐喻理解社会生活的方式和可能。

在仪式中，一些东巴跳实践看似日常化的、较为普通的身体行为操演，但是，如果我们进一步深挖其内涵，可能会发现这是非常复杂的。对于我们这些"局外人"来讲，有可能以自己的身体去主动实践，感受东巴跳带来的身体愉悦，但我们对于其所承载的族群记忆建构、对于族群的内涵意义却缺乏足够的感受与体验。这些仪式性的东巴跳文化符号都是在参演中被事先规定的，并有着详细的流程，很少有变通的可能。看似普通的身体行为，实则展现了复杂的内涵，下文以祭风仪式的东巴舞流程进行说明①。

祭风仪式也叫"大风祭"或"赫拉里克"，这个仪式主要用于祭祀非正常死亡的人，以此能够使死者灵魂有所皈依。

▲ 仪式的准备。

祭祀东巴在死者庭院里摆放祭坛，准备面偶、牺牲以及水果和酒等，并且在周围插上用于祭祀的祭牌、竹剑等，并准备好天香与蜡烛。然后东巴诵经开坛，准备迎接什罗招亡魂。

▲仪式的过程。

东巴开始跳东巴舞，安抚灵魂，同时对不听劝告的鬼魅进行镇压、驱赶。东巴跳按照舞谱进行，首先，必须要跳的是丁巴什罗舞，以此来迎接神灵的到来，然后必须要跳的是恒英格孔舞、达拉米悲神舞、朗九敬久神舞、罗巴塔哥神舞、尤玛神舞、松余敬古神舞，这些都代表本领高强的专门治鬼的神灵。在东巴进行舞蹈的时候，面部表情是严肃而威严的，腿部和脚上力量刚劲有力，大力劈砍刺杀的动作形象生动。

祭风驱鬼法仪中，有一块代表九头鬼的木牌，木牌旁边插着刀剑，旁边还有一株象征吊人树的树枝，以此象征死者死于不祥，东巴在舞蹈过程中不断地做出将其根除的姿态，直至东巴舞跳到最后，东巴将其拉到门外，用火烧尽，以此象征死于非命的祸根已经被清除。

正是这些看似较为普通的身体行为实践，使得群体成员共同记忆的认知内容更具说服力和持久力，身体的实践在仪式场域中不断地活动记忆，为我们提供了基本的资料和知识，实现了记忆的构建与保存。通过持续性和连贯性的仪式参与，所构建的族群记忆深植于群体之中，并不断地重温和建构纳西人的社会记忆或集体记忆。在纳西人的仪式中，我们也可以发现族群的边界在记忆与叙事中被构建、被加强，进而强化了纳西族族群的群体凝聚力。

二、东巴跳文化符号承载的认同

（一）东巴跳文化符号承载的文化认同是一个长期的过程

从人类形成到今天的信息化社会，我们的社会经历了翻天覆地的变化，在变化过程中，人类对于自然界和自身的认识也在不断变化。在人类文化变化的过程中，作为文化主位因素的文化认同，也处于一个动态变化之中，不同时期的文化认同反映了不同的社会背景。文化认同本身也是一个文化过程，在人类

---

① 高峰. 纳西族三大祭祀：祭风 [M]. 昆明：云南民族出版社，2001.

社会发展进程中，作为文化的主位因素，认同什么，不认同什么，通过什么途径认同，都是一个较为复杂的文化过程。根据人类社会发展的一般规律，我们可以将纳西人的东巴跳文化符号认同划分为以下三个阶段。

1. 东巴跳文化符号认同前期

在人类社会初期，纳西人的社会还没有形成文化纽带，纳西人仅仅是以血缘关系为基础聚群而居，在这个阶段他们的认识能力还是有限的，同时也不能针对一定的文化现象达成共识，纳西先祖的生存依赖于自然并在自然界中探寻生存的方式，逐步地积累了采集与狩猎的基本常识。在进一步发展过程中，他们开始使用简单的工具，并能够进行种植和有计划的狩猎、采集。纳西先祖在与自然界的共存过程中，积累起来的生活经验促使文化认同产生。纳西先人在与自然界的接触过程中，会遇到闪电、暴雨、山洪等一系列自然现象，由于认识的局限性，他们认为这是自然界的超能力在支配一切，纳西先民在迷惑与惶恐中创造了"诸神"，由于不同的族群对自然有不同的认识，所以不同族群所塑造的神灵不同，神灵的名字也有差异。但是，将自然现象都归咎于神的存在，当整个族群都开始为"诸神"舞蹈、祈福的时候，纳西族族群开始由血缘群体走向文化群体，同样，在这个过程中也逐步认同超能力，并以舞蹈的形式展现这种认同，而此时的东巴跳文化符号认同还处于萌芽期。由于对自然界的认识还处于早期阶段，所以纳西先民的各种文化认同，包括东巴跳文化符号认同还处于前期认同。

2. 东巴跳文化符号认同形成阶段

纳西人的文化认同逐步形成稳定的体系表征着东巴跳文化符号认同形成阶段到来。在这一阶段纳西先民对自然界有了深刻认识与理解，开始有组织有目的地开展祭署、祭风等活动，祭祀中跳东巴舞的舞者所持的法器象征许多自然之物。例如，皮制的手摇鼓象征月亮，法铃代表太阳，而五福冠和五色彩带的使用意味着纳西先民形成了原始的宇宙观。纳西族《神路图》也证明了纳西先民对自然界有深刻的认识，并逐步形成了东巴跳文化认同。《神路图》中提及自然界中居住着山神，而纳西人的祭祀中有一项跳东巴舞"祭署"的仪式。《神路图》中还提及一些神灵跳东巴舞，也展现出了纳西族族群开始对东巴跳文化符号形成了认同，认为通过东巴跳能够取悦诸神，能够镇压鬼魅。

东巴跳文化符号认同形成阶段还体现在纳西先民对自然界动物的细致观察与理解上。在漫长的实践与生活中，纳西先祖对动物有了深入的了解，并将一些动物如老虎、狮子、牦牛、孔雀等作为其图腾，纳西人认为这些动物有灵性，在东巴跳中也融入了这些动物的动作与特征，并形成了老虎神舞、狮子神舞、牦牛神舞等，在舞蹈中实现人与图腾的融合，实现了以人为载体的动物神灵能够像人一样挥舞刀枪、镇压鬼魅。例如，在智兹尤玛舞中，舞者所扮演的角色形象就是虎头人身外加一对翅膀，舞蹈中用智兹尤玛杀鬼时的舞步、上肢爪子的动作，体现了战神的威武。东巴跳文化符号认同形成阶段实现了舞蹈中主体对图腾的扮演，展现了纳西先民对动物图腾的崇拜。

3. 东巴跳文化符号认同融合阶段

随着时代的发展和社会的进步，纳西人必然要与外界有更多的接触，并且纳西先祖在历史迁徙中也在不断与其他族群交流，随着交往与交流日益增多，纳西文化必然进入一个文化融合期。在文化大融合过程中，文化认同也同样进入一个融合期，由此，东巴跳文化符号进入认同融合阶段是必然的。当两种文化发生融合的时候，仪式性的身体行为文化认同是文化认同中较为活跃的因素，外部的冲突与融合首先反映在人的思想中，而后必然在其身体行为文化中有外在的展现。

纳西族东巴跳文化符号受藏族文化影响较大，其认同中融入了藏族文化的因素。例如，一些东巴跳的法铃、手摇鼓等法器深受藏传佛教的影响，其中法铃上的八宝图与藏传佛教上的八宝有很大的相似性，东巴跳仪式中一些教义、神话、神灵都与藏传佛教有一定的关联性。再如，东巴跳中的尤玛、格孔等都来源于藏语读音，东巴跳中还有拉姆女神舞等。同时，藏族诸多的仪式活动都有右旋的习俗，比如藏族的转山、跳锅庄以及转经等，而纳西族东巴跳动作路线图也是右转。这些都说明了其深受藏族文化影响。之所以具有这种文化的融合认同，原因可能在于纳西族与藏族具有共同的原始祖先，再就是在地理空间上纳西族与藏族的居住地毗邻，族群文化可能会相互借鉴。此外，东巴跳中舞蹈的动作空间方位象征主要来源于苯教和藏传佛教，甚至还融入了道教文化的色彩。最早形成的东巴跳中并没有所谓的五色代表五方之说，后来受苯教等的影响，东巴跳接受了五方习俗，并形成了五方东巴神舞，在元朝以后东巴跳又将五色和五方解析为五行说，所以，老东巴去世后，舞者要跳东、西、南、北、中五方神舞，并配以五神冠、五彩带等象征。

（二）东巴跳文化符号承载的族群认同

诸多的东巴跳仪式与神话构建起的认同作为纳西族族群的文化边界，通过共同的仪式行为与神话承载实现着族群内的文化共享，并将其作为区别"自己"与"他者"的标识。东巴跳仪式与神话所构建的族群认同，是东巴文化构建的基础。

1. 东巴跳仪式与族群认同

彭兆荣在《人类学仪式的理论与实践》中指出：族群与仪式存在着发生学上的关联性[1]，纳西族族群的形成也与仪式有着密不可分的关联，当纳西先民在共同的神灵信仰指导下，通过身体的践行实现着祭祀仪式，进而彰显了纳西族族群的血缘纽带，实现着族群内的认同感。以东巴跳文化符号所组建而成的重要仪式不仅仅是一面旗帜，更是族群所共同认同的一种价值符号。这种方式方法能够凝聚族群内部力量，并成为纳西族人内部的行为准则，也成为纳西人区别于其他族群的重要标识。

当纳西人参与到东巴跳仪式中时，才能更深刻地感受到族群对自然界的理解，才能感受到先祖在迁徙中的艰辛，才能感受到先祖在部落战争中的骁勇；也只有参与到集体的东巴跳仪式中来，在集体的欢腾中才能认识到自身，通过和集体的沟通，最终证明了自我的存在，东巴跳仪式成为一条连接纳西族族群的精神纽带，从出生之日起的跳舞为婴儿接生，到成人时期的东巴跳仪式，以至到去世后用东巴跳仪式将亡灵送回到祖先居住的地方，东巴跳文化符号展现了这个族群深厚的文化底蕴，它将人的一生由始至终连接在一起。在纳西人的族群认同中，东巴跳仪式充当了一个很完整的族群认同符号体系形式，并通过一系列的符号加强了族群的认同，首先，是仪式得到了纳西人的共同认同；其次，是在祭祀中具有了共同的身体行为标准，怎样跳、跳什么都具有一致性；第三，东巴跳祭祀遵循了族群共有的文化传统。

2. 东巴跳神话与族群认同

族群的认同在对仪式的认同中得到了加强，同样仪式中神话对族群认同也起到非常重要的作用。神话登场的任务超越了纳西社会的存在，确立了远古时代的基础，即族群的神灵、上古的英雄、系列的鬼魅，将世间万物在行为和意念上人格化，这些都伴随着仪式社会建构并促进了族群的认同。并且，这不仅仅是普通意义上的伴随，神话还在不断参与和制约着这个过程，并构成了此过程中最重要和最活跃的因素。

在纳西族经典《普称乌路兆作》中有一则有关东巴跳神话的记载[2]：

纳西先民对病因的解释为：普称乌路得罪东巴祭司丁巴什罗，丁巴什罗怀恨在心，在人与术间挑拨离间。术美那布作祟，让乌路的坐骑受惊骇，让他跌昏在山里，术就趁机拔下了乌路的三根头发并带

① 彭兆荣. 人类学仪式的理论与实践 [M]. 北京：民族出版社，2010.
② 木丽春. 东巴文化解密 [M]. 昆明：云南人民出版社，2005.

走，而三根头发代表着乌路的灵魂，灵魂被带走后，乌路就生了病。

　　纳西先民治病的方法：普称乌路请东巴祭司招魂治病，而祭司叫一只蝙蝠背着一篮彩羽，骑一只大雕，让它们在术美那布的面前舞蹈。蝙蝠和大雕狂舞，跳得彩羽满天飞舞，术美那布乐得张嘴大笑。这一大笑笑掉了乌路的一根头发，病也好了一分。祭司又叫一只红猴手抓一条青蛇，骑一只黑璋。又让一童奴背一篮白灰，骑一头黄猪。仿着第一次的样子，在术美那布面前狂舞，两次舞蹈，也引得术美那布大笑了两次，两次的狂笑弄得他嘴里的两根头发都笑掉了。普称乌路的灵魂从术家放出来了，祭司招到了魂，普称乌路的病也治好了。

　　在纳西人原始思维观念中，认为人生病是灵魂被"术"捉拿而引起的，后通过东巴跳并配以草药而痊愈，当这个神话与族群联系在一起的时候，便成为族群的共同认同。这些纳西神话带着千年不变的模式，在纳西族族群空间流动，并凝聚成为纳西社会运行的动力。这些神话及仪式呈现了纳西族族群的思维方式及思考世界的模式，通过神话在身体行为中的呈现，唤醒了过去沉淀的文化记忆，并引发人们去关注和思考。同时，伴随着东巴跳的神话传说，仪式深刻地展示了纳西人在愿望与现实之间的身体践行，通过进行神话与仪式行为，纳西人的社会价值被表现出来，族群的认同感也得到了彰显。

（三）集体记忆与族群认同

　　认同是人们意义与经验的来源，意义与经验只有在社会行动者将之内化，并围绕这种内化过程构建意义的时候，才能成为认同。构建一种认同可以强化一个集体根深蒂固的、广泛认可的大众价值观念。纳西族族群认同的构建强化了纳西人自身的文化内涵，并区分了他者与自己。生活在不同环境和地域中的集体会有不同的文化记忆，纳西人从湟水迁徙以来便不断地构建着族群的集体记忆，这些集体记忆不断地在祭祀、庆典、神话传说中呈现着，不断地强化了纳西族族群内的情感与凝聚力。

　　东巴跳文化符号作为一项以身体行为具象展现的仪式性舞蹈，在仪式中能够创造一种"神圣"的情境，因而能够唤醒纳西人千年来所积淀的文化传统，这种身体的表演不仅仅在族群内产生着重要的凝聚作用，而且，也能够给"他者"展现"我们"的历史。纳西族东巴跳已经融入纳西人的生产生活之中，如传统节日庆典、出生祭祀、成人祭祀、超度祭祀等，这些定时或不定时的祭祀在不断地加强着纳西人的集体记忆，并通过这些方式实现着集体记忆的一代代传承，仿佛已经成为纳西人约定俗成的制度。

　　仪式作为一种历史与族群记忆，可以被认为是一种社会机能和能力，它建立在另一个必要的逻辑前提——族群认同之上，纳西人共同的东巴跳仪式习俗对这个族群具有文化延续的作用，可以让共享这个身体行为文化的群体建构共同的社会记忆或集体记忆。哈布瓦赫认为：仪式可能是宗教中最稳定的要素，因为在很大程度上，仪式是建立在物质性操作基础之上的，这些物质性操作不断地再现，可以重新呼唤仪式群体对往昔历史进行不断重演，通过重演的过程，群体的记忆不断被重温和加强①。纳西人定时或不定时进行的东巴跳仪式，正是通过神话和传说加强与巩固了族群共同的传统观念，并通过伴随神话传说的东巴跳行为唤起了族群的认同。

---

① 莫里斯·哈布瓦赫. 论集体记忆 [M]. 毕然，郭金华，译. 上海：上海人民出版社，2002.

第五章 世俗的呈现：消弭中的纳西族东巴跳文化符号

第一节 历史发展中的东巴跳文化符号

传统社会是东巴跳文化符号繁荣发展的重要阶段。改革开放以来东巴跳文化符号经历了两次大规模的复兴与建构：第一次复兴与建构发生于 20 世纪 80 年代初，这是自下而上的文化复兴，因为东巴跳契合当时纳西人的生活秩序需求；第二次复兴与建构发生于 20 世纪 90 年代，这是自上而下、由外在力量引导的文化复兴，外在力量对东巴跳传统文化符号进行征用，并进行一系列改造与生产，以符合旅游产业的需求，而这种复兴实际上是传统的消弭。

一、传统社会的东巴跳文化符号

传统的乡土社会是纳西族东巴跳文化符号形成的土壤，传统社会时期也是东巴跳文化符号繁荣的重要阶段，因为在传统社会纳西族族群具有浓郁的血缘关系和紧密的地缘关系，虽然在这一时期有"以夷治夷"的政策、流官的治理活动，但是，国家力量的操控并未直接深入东巴跳文化符号生成的村落环境中，现代化运动基本没有涉及东巴跳文化符号生成的广大村落。

在纳西族族群的记忆中，族群经历了千辛万苦迁徙至此，并过上了稳定而幸福的生活，东巴跳身体行为文化表述了先祖在艰难开拓历程、迁徙过程中的奋勇抗争，在共同的回忆中强化了族群成员的集体记忆，增强了纳西人的认同感和凝聚力。当然，传统社会东巴跳文化符号的传承发展也并不是一帆风顺的，官方对传统文化的治理也导致传统文化与官方产生冲突。以改土归流时期为例，雍正元年丽江实行改土归流，在"以夏变夷"政策的指导下，强制性执行土葬，以东巴跳为代表的纳西传统文化被视作与礼教相悖的愚昧文化，与丧葬文化有着密切联系的东巴跳文化符号离开了葬仪民俗的载体，这对其发展与传承影响深远，关于改土归流前后纳西族丧葬文化的改变，流官吴大勋在其《滇南见闻录·刀把》有记载："丽人之夷风，人死殡于野，越几日之火，先用刀把念诵。刀把者，合师巫、仵作为一者也。"① 随后他记载了限制东巴活动的过程，在《光绪丽江府志·风俗》中记载："改设后，屡经禁谕，土人尚惑刀巴祸福之说。"② 这一时期传统文化与官方的冲突，虽对东巴跳文化符号传承发展产生了系列影响，但是，该文化并没有因此而完全被废除，在斗争与冲突中以东巴跳文化符号为代表的民间传统文化不自觉地建立起了一套新的身体与口头表达叙事规则。

传统社会时期，社会生产力水平相对较低，人们怀着崇敬的心态接触自然界，对一些不可知的超自然神秘力量既依赖又敬畏，纳西先民认为只要严格遵从传统的生活秩序，遵循相应的禁忌，就能够获得神灵的庇护，诸多的祭祀仪式如祭风、祭天、祭署等成为纳西人生活的重要组成部分。如果这些秩序与禁忌一旦被打破，可能会带来神灵的惩罚，使族群及个人遭到厄运。所以说，纳西先民形成了原始的信仰，认为自己的命运不可控，也不会贸然打破这些禁忌与秩序。这些禁忌与秩序在严密的仪式中也不断强化了族群的认同，某些"真实"的显灵神话也促进了他们遵循生活秩序，进而获得了更多的心理满足，以原始宗教为重要内核的东巴跳文化符号成为纳西族民间社会重要的精神依托，维护着族群传统的生活秩序。

从一定意义上讲，纳西人对构建的传统生活秩序认同与遵循是与他们对传统生活世界的想象与构建同步的。在纳西人历史记忆中，正是由于他们世世代代恪守传统的生活秩序，如固定的祭风仪式、固定的祭署仪式、固定的祭天仪式等，在祭祀仪式中以程式化的身体行为取悦神灵、镇压鬼魅，才得以使纳西人风调雨顺、吉祥安康。所以，纳西人一直以来都将这些以东巴跳为代表的传统文化作为生活的重要内容，并通过隆重而程式化的祭祀仪式建构起了一套神圣与世俗泾渭分明的世界。由此形成了纳西族族群共同的民间信仰，并在村民日常生活世界中建构出一个充满神圣感的时空场域，定期举行的东巴跳祭祀仪式则反复强化着神圣与世俗的边界，规范着群体的日常行为，使纳西人的生活更加秩序化③。由此，纳西人在长期的共

---

① 马银行. 清代士人视野下的丽江纳西族葬俗变迁研究 [J]. 大理学院学报，2015，14（5）：24-30.

② 和丽东. 论丽江纳西族丧葬方式的变迁 [J]. 云南师范大学学报（哲学社会科学版），2007（5）：73-77.

③ 杨娟. 村落生活中文化空间的建构和发展 [D]. 昆明：云南大学，2009.

同生活中，逐渐形成了以神圣时空为场域，以特定祭祀象征为对象，以集体性东巴跳仪式为载体，以严格禁忌习俗为规约的神圣信仰中心。

民国时期，新兴的国家行政权力逐渐突破了县一级别的界限而开始下沉，乡镇成为较为基本的行政组织。为了加强基层社会的管理，国家开始对社会实施"保甲制"。杜赞奇在论述华北传统乡土社会统治时提出了官方统治地方乡村社会的中介分为"保护型经纪人"和"营利型经纪人"，"保护型经纪人"是指代表传统村落社会的利益，保护自己村落社会免遭国家政权的侵犯；而另一种经纪人是利用职权捞取个人最大利益①。具有经纪人性质的保长、甲长是国家权力和村寨共同体之间的中介，由于他们是自下而上产生的，所以决定了其影响力较强，他们在官方与民间充当了"保护型经纪人"的角色。从某种意义上讲，正是由于这种"保护型经纪人"角色的存在，早期现代化进程的启动和传统国家权力的下沉未能从根本上改变纳西族传统文化赖以生存的社会结构基础。

20世纪初期，国家权力向基层社会下渗，其主要目的是提高国家掌握社会资源的能力，以此维持其统治的需要，政权的急剧更替使国家迫切需要从乡土社会汲取社会资源，以满足战争和统治的需要。首先，沉重的苛捐杂税使纳西人生活困苦，"抽壮丁"任务使青壮年劳动力减少；其次，在文化、教育等各个方面也进行了干预，以提升应对民族危机的能力。但实际上看，长期的战乱动荡使国家缺乏足够的精力来加强西南边陲少数民族村落的管理控制，在这种宏观社会背景下，国家对纳西族传统文化的整合与管理并未触及其深层的结构，这也为纳西族东巴跳文化符号的延续发展提供了很大的生存空间。并且，这一时期纳西人也一致认为东巴跳文化符号是纳西族东巴文化的重要展现，作为族群的重要传统文化的东巴文化是纳西人共同的生活积淀，是纳西人精神文化的结晶，所以，东巴跳文化符号必然是族群共同遵循和认同的身体行为模式和共同的心理机制。而且，东巴跳的重要操演者——东巴，在纳西族中具有较高的威望，在传统社会中具有较高的地位，也是最有学问的民间精英，因此，在这一时期，纳西族东巴跳文化符号也得到了很好的保留。

二、社会改造时期的东巴跳文化符号

实际上，在过去的转型过程中各种政治力量没有从根本上改变传统的纳西

---

① 杜赞奇. 文化、权利与国家：1900—1942 年的华北农村［M］. 王福明，译. 南京：江苏人民出版社，1995.

社会结构，对纳西乡土社会深层传统文化的触动是有限的。但是，土地改革、"大跃进""人民公社化运动"等政治举措的实施，改变了传统的纳西社会结构：首先，纳西社会传统的血缘观念被新兴的阶级意识超越；其次，集体所有制打破了传统的小农生产方式，并不断强化个体对新形成的集体关系的认同和依附；第三，生产队的建立削弱了原来的家族形式；第四，以东巴为代表的传统权威逐渐被消解，取而代之的是国家象征的基层代理人。社会结构的改变为随后进行的文化领域的改造提供了前提准备和权利保障。

三、改革开放时期的东巴跳文化符号

1978 年 12 月，中共中央召开了具有深远历史意义的十一届三中全会，党的工作重心也转移到社会主义现代化建设上来，家庭联产承包责任制开始全面推行。随着农村经济体制改革在纳西族地区的全面启动和实施，第一，家庭被赋予了主要的生产职能，成为真正的经济单位实体，打破了过去大集体时代的表面团结，而农业生产的季节性特征又使亲属之间相互帮助的关系得到维系和提升，曾经被强制压抑的血缘关系重新得到重视；第二，村落正式组织的经济功能明显被弱化；第三，对宗教信仰的政策拨乱反正，《关于我国社会主义时期宗教问题的基本观点和基本政策》中强调了宗教信仰的自由；第四，群体中个体的差异化和阶层的多极化日益明显，随着市场经济的进一步推进、农业科技的深入推广、交通通信及大众传媒的普及，传统的纳西社会封闭、孤立的状态被彻底打破，个体化差异逐渐增大，阶层多极化日渐明显。

改革开放以来，纳西族东巴跳文化符号经历了两次大规模的复兴与建构：首先，在 20 世纪 80 年代发生的是纳西族族群内自下而上自发的东巴跳文化符号复兴；其次，在 20 世纪 90 年代发生的是外在力量介入后自上而下的引导性东巴跳文化符号建构。

20 世纪 80 年代初进行的农村体制改革是国家对过去过分否定传统的种种政策进行的修正与策略调整。反映在纳西族传统的东巴跳文化符号上，则是作为东巴跳文化符号主体的纳西族族群重新获得进行文化表达的资源、权利和空间。一方面，家庭联产承包责任制的实施使纳西族人民的温饱问题得到了基本解决，其家庭收入有了一定提高并开始有所积累，纳西人有条件去表达他们日益增长的传统文化需求，这就为东巴跳文化符号回归与复兴提供了一定的经济前提；其次，国家对民族地区政策的宽松和对意识形态干预的减弱，使纳西人获得了相对自由的文化表达空间，同时纳西族家庭和个人自主性不断凸显，长期被压抑的传统文化仪式便开始了复苏，东巴跳文化符号由此获得了复兴的契

机。正是在这一背景下，在纳西社会中曾一度消失的东巴跳文化符号仪式等传统习俗又重新出现在纳西社会生活中。

基于结构—功能的视角审视 20 世纪 80 年代纳西族族群内自下而上自发的东巴跳文化符号复兴，这些再现的传统文化符号不同程度地契合了当时纳西人民间生活秩序的需要。改革开放以来，家庭联产承包责任制实施，对于纳西人来说，实现了经济上的自主，但是也意味着家庭需要承担风险，在生产过程中气候、自然灾害等可能造成农业歉收，小本经营的家庭作坊也面临着不可估量的竞争风险。所以说，在处于社会转型时期的纳西人获得更多自主权的同时，也面临着更多的挑战和不确定性因素，当纳西人无法完全依靠自己的力量或者是借助于他人的帮助实现自己的预期或期望的时候，对现实生活愿景的诉求使纳西人再次复兴了族群过去的传统，东巴跳文化符号在这一背景下再次成为纳西人关注并实践的焦点，纳西人通过以身体实践参与的仪式，希望获得神灵的庇护，实现世俗空间的愿望，通过东巴跳仪式过程，纳西人在现实生活中产生的焦虑、担忧、矛盾等心理状态得到了慰藉和安抚，提升了其精神力量和面对艰难生活的信心。

可以说，20 世纪 80 年代纳西族东巴跳文化符号的复兴是纳西人长期被压抑的传统文化需求的释放，从纳西人对传统文化的需求出发，通过族群内自下而上展开的传统文化复兴，其产生于纳西人的自主意识并依靠纳西民众自主完成。20 世纪 80 年代东巴跳文化符号的复兴很少有非纳西族群体的"他者"真正参与和干涉，并且这种复兴的传统文化仅仅作用于纳西人的生活层面，并未用于其他商业性开发。进入 20 世纪 80 年代后期，由于现代化浪潮对纳西族地区产生影响，以及少数民族地区进行商品经济发展和旅游开发，纳西人的思想受到了巨大影响，随着电视等现代传媒的普及，现代科学技术广泛运用于生产生活，青壮年打工潮的兴起，纳西人在"东巴跳传统文化符号复兴"与"家庭经济发展"之间难以找到一个平衡点，于是，东巴跳文化符号在经历了 20 世纪 80 年代初期的繁荣发展后，进入了一个受"经济浪潮""现代技术浪潮"冲击的阶段，纳西人对以东巴跳为代表的传统文化符号的热情开始出现回落。

20 世纪 90 年代以来，我国的经济体制改革取得了一定的成就，纳西族地区人民的经济收入和生活水平有了显著的提高，各级政府针对少数民族地区制定倾斜和扶持的政策，以旅游业和文化产业为对象的特色产业开始起步。1992年后该地区重新走上了经济高速发展的轨道。在这一阶段，无论是作为纳西族的东巴跳文化符号还是其他少数民族的传统文化符号，都成为新一轮促进地方经济发展的重要文化资源，因为这些传统文化具有形态的独特性、内涵的丰富性、地域的特有性等特点，成为当地独有的文化特色。纳西族地区以东巴跳等传统文化符号资源为优势，吸引更多的资本投资本地，以促进文化旅游产业发展，实现"文化搭台、经济唱戏"的目标。所以说，20世纪90年代以来地方政府加大了对当地传统文化符号资源的挖掘与整理力度，在恢复民间习俗、发展民族工艺、塑造特色村寨等方面表现出极大的热情，并不遗余力地支持、引导传统文化的复归。在这一过程中，诸多关注纳西族传统文化发展的知识精英、配合宣传的报纸、期刊、电视等媒介，都不同程度地介入东巴跳文化符号的现代构建中，而对于纳西人或者是东巴而言，他们都不同程度地对此予以配合，或者是更加灵活地应对此情形。总之，在这一时期纳西族东巴跳文化符号的复兴有别于20世纪80年代初东巴跳文化符号的复兴，因为20世纪90年代以来的东巴跳文化符号复兴是自上而下的，是在"他者"介入之下的复兴。

通常情况下，受到政府或他者特别关注的民族传统文化事项，其文化在自身内源式的建构过程中都会表现出一定的典型性和代表性。然而，一旦这些外部力量将其作为"模板"或"典型"之时，各种政治资本、文化资本或其他资本形式都会进入传统文化圈层中，影响传统文化的发展进程，最终导致传统文化的内源式建构被打破，呈现出外源式规划性再造。20世纪90年代，云南省把旅游业作为该省重点发展的产业，并把发展的重点定位在滇西北地区，将丽江作为重点旅游城市"典型"进行打造；1994年10月，云南省政府召开滇西北旅游规划会议，旅游业成为丽江的支柱产业；1998年年初云南省提出建设"民族文化大省"的发展战略，并出台了《云南民族文化大省建设纲要》，而丽江相关领导响应此号召，在《丽江日报》发表了关于民族文化与经济建设之间的关系的文章，并对如何建设提出设想与思路。东巴跳传统文化符号作为纳西族重要的文化资源，受到了特别的关注（见图5-1），通过各级管理部门、知识精英与当地群众的参与，东巴跳文化符号在短时间内实现了从传统文化到文化资本的转换，并产生了明显的社会效益和经济效益。

图5-1　作为文化资源与文化资本的东巴跳

在各方力量的干预下，受经济因素与市场因素影响的纳西族东巴跳，虽能够为当地经济发展带来一定的成效，但是，这种发展是暂时的，是不持续的。典型的例子就是：基于经济目的考虑，一些地方管理部门在对以东巴跳为代表的传统文化符号或仪式进行征用的过程中，将原有的传统文化符号形态进行再创造，以符合旅游者、投资者、宣传者等不同群体的需求，进而引起"他者"群体的兴趣与认同。一些地方管理部门在征用纳西族东巴跳文化符号时，一方面，尽量保持其与民间纳西社会举行东巴跳的时间大致同步，以制造一种时间上的神圣感；另一方面，将传统的东巴跳从其生存环境中剥离出来，并不断地将其与其他民俗事项融合，进而打造成一台内容丰富、规模巨大的舞台演出，东巴跳文化符号也由原来的仪式活动变为承载娱乐、表演、商贸、交流等为一体的综合庆典。审视被征用的东巴跳文化符号自身，我们发现其传统的文化内涵被逐渐抽离，身体行为脱离了原本特定的时空坐标体系，其结构功能也发生了很大的变异，很少再执行过去严格的仪式规程，东巴跳神圣的祭祀功能被娱乐、经济、交流等功能所替代。这种所谓的"发展"使曾经作为纳西人文化记忆及重要仪式的东巴跳逐渐发生了变化，逐渐背离了传统的生成环境，去神圣化的东巴跳可以在旅游景区被观赏，可以在观者需要的时间上演，与其说这是传统"复兴"，倒不如说是传统的"消弭"。

第二节　作为视觉文化符号的东巴跳

当下，一个崭新的视觉文化时代已经来临，纳西族传统社会生活的方方面面都面临着图像化趋势。东巴跳也日渐成为一种视觉文化符号，作为视觉文化符号的东巴跳与传统相比具有了自指性、形式性、复制性等特征，它和传统的意象越来越疏远，当东巴跳文化符号成为再造的、可流通的文化产品时，传统的意蕴已经离我们远去，进而转变为世俗的文化。作为视觉文化符号的东巴跳缩减了传统的表意内涵，那些关于天地、神灵与鬼魅的"气质"与"神韵"被打破，意义被挤压成一个平面；现代科技手段实现了时空的分离，人们并不再需要"本地生活的有效在场"就可以实现东巴跳文化符号观摩，媒介的远距离传播和图像的可复制性打破了传统文化固有的藩篱和界限，并加速了东巴跳文化符号的消弭。

一、视觉文化的兴起与本质

(一) 视觉文化的兴起

本雅明曾感慨，讲故事的这种古老表达方式如今已经是日薄西山，那种延续了千年的边织布边听故事的情景已不再。并且他认为电影这一机械复制时代的艺术出现，将导致传统的大动荡。海德格尔曾言："世界图像并非指关于世界的一幅图像，而是指世界被把握为图像了。"[①] 如果说本雅明、海德格尔提出的视觉文化转变是一个具有寓言性论断的话，那么，今天这个论断已经被我们深刻地感悟到。

当下，一个崭新的视觉文化时代已经到来，我们处在一个图像生产、流通和消费的急剧膨胀时期，我们身边的图像越来越丰富，甚至自身都被湮没在图像的海洋中，大量的图像使人们应接不暇，人们面临着各种诱惑或刺激，我们的眼球从来没有像以往那样疲劳。一方面，人们越来越不能满足自己的视觉欲望，看到的越多，就越有更想看的欲望；另一方面，当代文化的视觉化和媒介化程度越来越高，而这些高度视觉化和媒介化的文化又为我们提供了更多的选择。

随着社会高度发展，纳西族传统社会日常生活的方方面面都被视觉文化影响着。作为视觉文化符号的东巴跳与传统社会时期的东巴跳文化符号在形态上有本质的区别，传统社会中的东巴跳是纳西族族群深刻的身体认知，是纳西人深刻的文化记忆，东巴跳中所保留的神圣、严肃、深沉的内涵使其成为纳西传统文化标志，集中体现了纳西传统文化的精髓。所以说，传统社会纳西族东巴跳是一种区别于当下视觉文化的"意象"，东巴跳中的每一项舞蹈，如大鹏神舞、丁巴什罗舞、五方神舞等都蕴含着表意的内容，并且每一项舞蹈中的动作，如手臂的动作、腿部的动作、头上的动作等都具有深刻的表征，身体集聚了所有的符号表征，进而形成了一个符号象征体系，因此，传统的东巴跳成了一个"象外之象、意外之意、韵外之致"的意象身体。而作为视觉文化符号的东巴跳是以现代复制技术为手段，打破了过去传统文化所具有的唯一性和独特韵味，进而成了一种供大众娱乐消费的文化。作为视觉文化符号的东巴跳借助于文化产业，试图借用强大的技术逻辑和标准化生产构建一种虚假的现实，以此消解人们对东巴跳视觉文化的批判，最终造成东巴跳文化符号成为文化产

---

① 赵炎秋. 理解与把握世界中的图像与语言 [J]. 中国中外文艺理论学会年刊，2008：192-193.

业的商品，成为经济社会的一个标本。

东巴跳文化符号在传统社会是纳西人生产与生活的现实反映，身体所呈现的神圣性是依据纳西人传统生活进行的升华，而现代社会所制造的与东巴跳相关的视觉文化符号，如东巴跳演出、东巴跳电视节目等，是与现实关联性不大的图像生产，传统的纳西人身体行为文化在这里被消解为一种模拟。所模拟出的东巴跳视觉文化符号为了力图展现其真实性，充分利用了一系列高科技手段及现代影像制作方式，将东巴跳视觉效果做得更为逼真，最终呈现出一种比真实显得更加真实的"超现实"感。但是，这种"超现实"的东巴跳视觉文化符号从本质上来说就是一种"仿像"，它遮盖了现实生活中东巴跳文化符号真实的面貌，并逐渐取代了现实的东巴跳文化符号。

（二）视觉文化的本质

视觉文化是以技术理性和逻辑为基础，它区别于传统社会东巴跳文化符号形式，是建立在人的主体性基础之上的。传统的东巴跳文化符号向视觉文化符号的转变主要体现在：传统的东巴跳文化符号生成是在比较意义上显示出主体原则和人的尺度的。例如，在仪式场域中，东巴跳的进行是以在场的人为承载，而仪式场域中所指向的诸神、鬼魅等也是拟人化的；在仪式中所呈现的神圣场景也是主体对对象的发现过程，在主体能动性及主体与客体的互动中建立了以东巴跳为承载的仪式场域。然而，视觉文化制造的图像化东巴跳却是另一番景象，文化生成的过程和行为都是以技术规定性为原则，并且生产的产品都是经过"裁剪""粘贴"等手段实现的。

视觉文化的制作主要是生产原则在先，根据生产原则制作相应的视觉文化产品。在这里生产的过程是被提前预设的，这是影像自身逻辑所规定的。甚至，很多影像生产是影像在先，创造了地域社会中不存在的形象。例如，2005年，张艺谋到云南丽江拍摄影片《千里走单骑》，影片围绕一位父亲在云南丽江寻找李加民和民间戏曲的曲折经历，上演了一出现代版的"千里走单骑"的感人故事。根据剧情需要，张艺谋导演四处寻找合适的民间戏曲表演队，最后选了安顺市詹家屯三国地戏队，在《千里走单骑》电影中，三国地戏队演出的《千里走单骑》不叫地戏，是一种"面具戏"表演。在虚构的故事情节中，所谓的"面具戏"在丽江当地是不存在的，在丽江东巴跳舞蹈中舞者是不戴面具的，而是戴着五福冠。所以说，视觉文化都是依据生产原则进行制造，有时创造了地域社会中不存在的形象也不是奇怪的事情。

纳西族东巴跳文化符号是纳西族族群集体智慧的结晶，纳西人是东巴跳文化符号的创造者，所以，东巴跳文化符号中也必然蕴含着纳西人的文化标记。

但是，遗憾的是当下所制造的图像化东巴跳成为影像工业制造的产物，在这些产物中我们很难再看到纳西人智慧，很难看到东巴文化的烙印，其风格已经被一种同质化的、无内在差别的"图像产品"代替，即便是在不同的节目中看到的图像千差万别，但是这些图像的生产、构成逻辑以及内在本质都是一致的。

从东巴跳文化符号的图像化进程看，东巴跳文化符号的发展历程大致经历了符号与现实的对应、符号与现实的背离两大过程，当然，在这个过程中可能有诸多的阶段。将东巴跳文化符号"与现实对应"和"与现实背离"进行对立分析时，我们有理由认为传统的东巴跳文化符号与现代视觉文化的东巴跳文化符号是对立的。实际上，传统的东巴跳文化符号本质上是形象和实在的基本对应，而在急剧膨胀的视觉文化领域，这种基本的对应关系被彻底打破，影像的形成成为一种独立的符号，并按照自己的逻辑进行生产，它和实际的联系变得越来越疏远，并且在逐渐掩盖现实，最关键的是这些图像化的东巴跳文化符号生产又在塑造着现实世界，改变了人们对东巴跳意蕴和内涵的理解，改变了人关于传统的思维方式，人们越来越难以分辨传统与现实、真实与虚构。

二、作为视觉文化符号的东巴跳呈现的特点

（一）可见性

传统的东巴跳文化符号呈现的是一种"意象"，我们需要感悟和解码意象，才能熟知身体行为所蕴含的真谛。而这些需要被感悟和解码的内容是不可见的，内隐于东巴跳实践行为之中。开展作为视觉文化符号的东巴跳表演的目的在于改变意义的表意符号模式，取消东巴跳文化符号能指与所指之间的张力，蕴含在身体行为中的"意"被消解和打破，并直接以感官的视觉刺激达到传递与接收效果。

电视机等现代化手段推动了传统社会东巴跳文化符号由"不可见"向"可见"转变。对少数民族传统文化事项的关注上，电视观众远远超过亲历现场的人，以电视所构建的东巴跳视觉文化符号正在受到越来越多人的关注（见图5-2）。电视以不同的方式在表征着现实，当足够多的人认为电视画面呈现的就是对现场的真实反映时，东巴跳文化符号的"不可见"性就已经被消解，原本真实的身体行为文化已经被改写而不再存在，取而代之的是能够成为多数人观赏的娱乐节目。当数字传媒代替电视传媒时，东巴跳文化符号被肢解为一串串的数字，在互联网上传播（见图5-3），隐喻的身体文化成为一条可视化的链接，在跳跃性思维的操控下，东巴跳文化数字流不断地被打断，而在这些数字流操控下传统的社区村落也在被逐渐瓦解，取而代之的是一个虚拟的互联网空间。

图 5-2　云南电视台的《纳西族传统文化体验》

图 5-3　腾讯视频的《揭秘神秘东巴文化》

（二）自指性

传统社会的东巴跳文化符号并不在于其舞蹈本身，而在于舞蹈表现出的族群与自然、神灵、鬼魅的关系相似性。例如，丁巴什罗神舞展示的是丁巴什罗出生、成长、压鬼等，在舞蹈中展现的是神灵的威严。而当下我们所面对的东巴跳实践文化符号却是具有自指性，舞蹈中由于缺少"所指"，造成了意义的"平面化"，仅仅是为了凸显"自身"，所以，也不难发现，编排的东巴跳舞为了能够吸引更多的观者，千方百计地编排各种花样，设计夸张的动作，用各种颜色的灯光辅助，等等，最终的目的就是展现美轮美奂的舞蹈本身。

波德里亚认为，古典时期主导范式是模仿，而当代的主导范式是模拟。东巴跳在生成过程中就具有模仿的痕迹。例如，模仿动物类的有：模仿青蛙的黄金神蛙舞，模仿牦牛的牦牛舞，模仿羊的白山羊舞；模仿神灵类的有：模仿丁巴什罗的丁巴什罗杀敌舞，模仿达拉明布的达拉明布神舞。以上这些有模仿痕迹的东巴跳，正是依据动物或神灵之间的关联相似性，塑造了东巴跳的原始身体形象，而这些原始的身体形象是较为自然的，其意义具有指向性和稳定性。但是，在经历文化生产后，模拟却导致了传统的消弭，取而代之的是一种被复制的模型，过去那种传统的意指、象征的"相似性"被抹平，取而代之的是一种"无差异"的自我指涉。

东巴跳文化符号作为仪式中重要的身体操演，其表现具有隐蔽性特征，在举行一些仪式时，是不允许外族人参与的，因而设置了一些禁忌，一方面，区分了族群间的边界；另一方面，保持了仪式的神秘性。但是，当东巴跳仪式被摄像机、电视机、互联网等现代化媒介侵袭的时候，纳西人传统的身体行为在"图像"面前祛魅和消弭了：运用这些现代化的设备，仪式被完整地记录，身体行为被聚焦拍摄，东巴跳文化的图像生产进入了一个全新的领域，大批量的内容被复制，并且这些图像被不断地裁剪与制作，进而形成了一种新景象。图像技术的应用改变了东巴跳传统的文化底蕴，虚拟的影像代替了具象的身体行为，图像本身与现实的关系变得越来越疏远，符号的自指性越来越显著。

（三）形式性

韦伯认为，在传统的宗教——形而上学世界观支配下，艺术必须服从于表现内容，特别是宗教伦理内容。纳西族传统的东巴跳文化符号是寓于仪式之中的，进行东巴跳仪式的目的是祭祀。进行东巴跳身体实践的目的是取悦诸神与鞭笞鬼魅等，进行舞蹈的主要目的是凸显这些内容，重视内容的表达和表述。而作为视觉文化符号的东巴跳丢掉需要表达的深刻内涵，传统的意象日渐式微与消弭，取而代之的是浮华艳丽甚至庸俗的重彩展演，变得越来越具有形式性（见图5-4）。

图5-4 东巴跳的形式性表演

诸多的纳西族东巴跳文化表演为了满足并取悦观者，通过精心的舞台设计、艳丽的服饰包装、炫目的灯光映衬，辅之震耳的声音，实现了现代化东巴跳大型文艺表演。实际上这还不能被称作高雅艺术，充其量算是一种艳俗的表演，是一种格调不高的庸俗趣味，用浮华的形式达到强烈的视觉效果，这些都是大众的、暂时的、消费的、廉价的、批量的形式性表现。这在很大程度上导致了东巴跳文化符号的内涵消弭，并致使观者的视觉感悟能力逐渐钝化。

（四）复制性

传统的纳西族东巴跳是一项具有地域特色的文化符号，它是纳西先民生产生活的文化积淀。而视觉文化符号的东巴跳所展现的图像与发源地的关系不再那么密切，观者也不必聚集在东巴跳文化符号生成地进行观看，东巴跳文化符号的展现也可以脱离其生成地进行表演。借助于电视、互联网等，东巴跳展演甚至可以从社会关系彼此互动的地域中、从不确定的时间无限穿越而被重构的关联中"脱离出来"，当下，作为视觉文化符号的东巴跳呈现可复制性特征（见图5-5、图5-6）。

图 5-5　彩云飞歌演出中复制的东巴跳形象

图 5-6　云南民族村中复制的东巴跳形象

工业化的快速发展和信息化的不断推进导致了碎片化和空间范围的延伸，我们的时间在不断地割裂过去与未来的联系。当东巴跳文化符号被机械地复制并被"虚空化"和"抽象化"，被抽去了意象之中的特定主体及文化"在场的有效性"，这必然使以东巴跳为代表的传统文化符号不可能是一种完整的原创文化形态，而只能是一种复制与拼接的文化，是一种不分地域文化差异而可以远距离传播的图像符号。经过复制和拼贴的文化是对不确定的、零碎世界特质的感觉反映，这最终要归结于现代社会过快的变化、过度的刺激和过多的要求。生活节奏的加快使人们越来越匆忙，人们只能以无深度感、丧失历时性联系的碎片化文化作为回复，高层次的、深刻的思考已经不复存在，人们的心理状态往往是单调乏味和空虚的，剩下的仅仅是对真实的模糊复制，将现实转换为图像。

（三）视觉文化对传统文化符号的消解

当前对少数民族传统文化稍加注意的人便能感受到，各种影像、舞台化的传统文化形态充斥在我们日常生活之中，对"异文化"的影像化包装进而推向市场已成为文化产业化的基本逻辑。所以，今天我们不难看到电视等媒介对传统文化符号的宣传播出，不难看到少数民族旅游景区的影像制品，不难看到互联网中传统文化符号的即时直播。这些视觉文化无论是标榜"原生态""原汁原味"，还是声称遵循"古老的"传统，从本质上讲视觉文化塑造的文化形态是再造的、流通的，它和传统的、意象的文化有着本质的区别。视觉文化从开始那一刻起就已经在不断消解传统，当视觉文化被建构起来的时候，传统的内涵与意蕴已经离我们远去。概括来讲，视觉文化对纳西族东巴跳传统文化符号的消解主要从以下方面展开：

第一，图像化的东巴跳文化符号缩减了传统的东巴跳文化符号意义。图像文化的一个重要特征就是缩减意义，它是以建构性的仿像为核心，内在地含有缩减意义的倾向，而传统的东巴跳文化符号蕴含对天地、神灵、鬼魅的情感化表达，这种情感化表达所具备的意义是东巴跳文化符号的灵魂所在。当东巴跳被图像化后，这种所谓的"气韵""神韵"被打破，意义被挤压成一个平面，平面化的身体表演取代了深度化的身体表达。另外，我们也可以从符号学的角度理解图像化的东巴跳文化符号缩减传统东巴跳文化符号意义：特纳认为，应将象征性的符号置于具体的社会行动场域中来理解，而影像化的东巴跳则脱离了传统的社会场域，符号所含有的所指在碎片化的图像中逐渐被消解而变得越来越模糊，我们能看到的仅仅是图像本身。

第二，在不断复制的图像中，东巴跳文化符号慢慢消解。上文中提及视觉文化的东巴跳有可复制性特点，实际上，在传统社会中构成日常生活的时间与空间都是联系在一起的，人们社会生活的空间维度都是受"在场"的支配，呈现的是一种地域生活的景象。而当下，随着现代科技的高速发展，电视、互联网、移动终端等的技术不断进步，日益将空间从地点中分离出来，图像视频等视觉文化的形成使人们不需要"在场"就可以互动参与到某一传统庆典或仪式中来，图像化的东巴跳可以通过鼠标轻轻点击就完成复制，并传递到世界各个角落。而且这种复制的图像显得极为逼真，并能够按照模拟的逻辑进行生产，最终导致的结果可能是"真实的影像"取代了现实之物，文化图像的生产不再需要以原形为依据，东巴跳文化符号的现实和影像之间的界限在消解。当人们不再需要现实的东巴跳来理解东巴文化而仅仅依靠复制的图像来理解纳西社会时，传统文化也将慢慢失去其生机，而人们的思想和生活也将会被图像所控制。

第三，视觉文化的技术化生产逻辑对东巴跳文化符号的消解。传统社会东巴跳文化符号的生产者是纳西族族群，长期的历史涤荡中积淀的文化因子经纳西人身体行为实践，构筑成东巴跳文化符号的外在形态，这是不可重复的、尚未被抽象化和虚空化的文化形态。如果说传统社会时期的东巴跳文化符号是依据主体性原则创造的，那么图像化的东巴跳文化符号则是基于技术化原则进行生产的，并且生成的产品表现出技术的工具理性特征。以技术为生产逻辑的视觉文化消解了以东巴跳为代表的传统文化固有的藩篱和界限，并且，许多不应该呈现在公共视觉领域的神秘仪式、隐匿的传统都被一览无余地暴露出来，过去东巴跳仪式中那些禁忌在实际文化技术化生产逻辑面前已不复存在，制作的图像文化以暴露和窥隐吸引了更多的观者、获取了更大的商业价值，并以特有的视觉冲击力摧毁了内隐的、神圣的、象征的传统意象文化。由于技术的可能性，传统的东巴跳文化符号受到本质性威胁，一旦传统的东巴跳形式法则和外在表现理性与技术逻辑发生冲突时，后者就会以自身的力量来消解前者的规则，并使之就范于技术的工具理性，并最终服务于既定的目标。

第四，视觉文化的图像冲击对东巴跳文化符号的消解。传统的东巴跳文化符号是本地生活"在场"的一种"静观"，我们需要对这一身体行为文化进行解码、思考、沉思，这一过程是对传统文化的体验过程，只有在此状态下才能感悟到东巴跳承载的意蕴。而视觉文化下的东巴跳是一种直接的即兴反映，海量的图像对视觉主体进行冲击与刺激，直接进入图像的强烈诱惑之中。在这个过程中观者很难进行思考与沉思，而是产生直接的情绪反应，那种原本存在于主体与对象间的距离感也消解了。图像的冲击使碎片化的东巴跳失去了传统的象征内涵，取而代之的是一种"欲望"，是一种吸引主体的欲望，它压制了主体的能动性，把人变成被动的受欲望制约的观者。

第三节　作为消费文化符号的东巴跳

当东巴跳文化符号被炮制成商品并按照商品的逻辑运作时，这给传统文化带来的变化和冲击是巨大的。东巴跳文化符号产品的批量生产典型地反映了符号意义的贬值，进而导致东巴跳不再是一种信仰和传统，世俗化的日常意义取代了曾经仰慕的神圣。诸多的东巴跳文化表演和东巴跳文化消费，不仅反映着业已存在的商业态度和情绪，并且为这些情绪和态度提供了实施载体。于是，人们不断地将东巴跳从其原生背景中剥离出来，不断地破坏着东巴跳文化符号的完整结构，粗制滥造出适合于商业和旅游的文化产品。当东巴跳成为消费文化符号时，其神圣感便慢慢褪去，神圣的内涵也被抽离，文化符号的象征与叙事功能也逐渐流失，最后，造成了东巴跳文化符号的消弭与式微。

一、消费时代的到来

在传统社会，消费是人们维持和满足基本生活需要的重要手段，而在当下，消费在某种意义上成为个性、文化品位和经济实力的重要表现，这种消费不仅仅是为了满足生活的基本需要，更是为了满足个人展现社会、象征和心理认同的需要。当前的社会成为一个被商品包围并以商品大规模消费为特征的消费社会，它所呈现的是一个有计划、有组织、有规模、有欲求的时代，人们更多地关注价值与意义的建构与消耗。消费者作为商品的最终归宿，他们在消费文化主导的时代，相当程度上是以购买表现自己能力和展现自己的存在，并以此与社会交流①。

消费已成为这个时代的风尚，全球化进程的加快使人们不由自主地进入消费社会的浪潮之中，在这一过程中消费逐渐成为文化再生产、社会和个人调整等方面的关键话语。许多年前，如果我们心里难受，可能会去教堂祈祷、去外面走走，但是，今天如果你心里不舒服，最好的办法是什么？是去消费，去购买！显然，消费成为超越宗教、政治而获得自我感、获得自我认同的重要手段，成为社会活动中的重要内容。

---

① 洪念德. 论大众文化的消费及其规范与引导 [D]. 金华：浙江师范大学，2006.

自 20 世纪 80 年代以来，我们的市场经济发展取得了巨大的成绩，同时，我们也跨入大众消费时代，传统的生产型社会也转变成为具有消费主义倾向的消费社会，特别是在一些发达的地区，商品消费成为人们重要的生活方式之一。人们对提供的商品符号系统予以积极的认同，诸多消费目的不仅是满足实际需要，而是不断追求被刺激起来的欲望。今天，社会物质财富已经有了极大的提升，但是人们却普遍感到精神比以往更为贫困匮乏，我们越是不断地追求着新的产品、新的装扮、新的感官刺激，就越发现有更多的东西需要去买，消费不是为了真实需求，而是为了一种代替性满足①。

消费时代的到来与广告制造密不可分。具体而言，在电视及互联网等传媒工具中，广告的不断插播令人产生了焦虑并感到不满，人们的视线开始更多地关注自我，并将个体的自我满足作为实现个人理想的重要参考，因此，这在很大程度上激发了人的消费与购买欲望。制作的广告俨然成为一种宣传：广告制造商首先提出了罪恶的概念，接着指出如何进行赎罪，进而预示天堂与圣洁的美好远景。广告总是让人感到美好：远离城市的嘈杂，远离工作的繁琐，广告所传达的信息也成为消费者信仰的对象，消费者在消费行为的实施中得到了自我精神上的满足。

现代社会中，无论是生产还是消费，都已经被打上深刻的"物化"烙印，过去那种以生产为基础的社会已被消费社会所代替。过去的消费是为了生存而进行的生活手段，而当下的消费已成为目的，为了消费而去消费，消费过程是满足人的欲望的过程，人们感觉到消费品越来越好，并不断地膨胀自己的欲望，将消费活动本身作为自己的力量和主动性的表现，这使人们沉浸在消费的过程中。消费成为一项至关重要的社会活动，甚至成为实现人生价值的重要手段，也成为一种信仰。当消费成为人们的信仰时，所购买的商品使用价值就显得越来越不重要，真正购买的是其消费的过程及满足感。

二、东巴跳生成环境及文化本身的商业化

（一）丽江古城的商业化开发

丽江古城兴建于宋末元初，距今已有 700 多年的历史，历史上对古城的保护是以民间保护为主。1958 年，丽江县（现丽江市）第一次编制城市总体规划，做出了"保护古城，另辟新城"的决定，很大程度上保存了古城的原貌。丽江古城于 1986 年获得国家历史文化名城的称号。在这期间，云南省及丽江

---

① 洪念德. 论大众文化的消费及其规范与引导 [D]. 金华：浙江师范大学，2006.

多次出台相关的文件，以此促进古城面貌的保护。1995 年 6 月，丽江古城被国家列入申报世界文化遗产的首选预备清单，1997 年 12 月，丽江古城被正式列入世界文化遗产名录。

20 世纪 90 年代中期以来，为了适应遗产保护和旅游开发需要，当地政府投入了大量资金实施了古城的系列保护工作，人居环境获得了很大的改善。但是，旅游开发是一把双刃剑，在促进了古城外貌改善的同时也致使古城外部环境、居民生活方式等方面发生变化。随着游客的增多，古城居民一直在向外迁出，当作为古城文化主体的纳西人开始大批外迁时，也是族群文化转移与衰弱的时候，古城是纳西人传统历史文化和民俗文化的汇聚点，是传统文化"在场"的原点，纳西居民的外迁是传统文化消弭和社区结构瓦解的起点，由此可能导致纳西文化的消亡，并将湮没在外来文化的同化之中①。根据古城居民回忆，在古城被列入世界文化遗产名录之前，古城内的游客服务商店数量还比较少，但是随着被列入世界文化遗产名录，丽江声名鹊起，短短的几年间古城店铺数量和旅游设施大幅增加。在迅速发展的现代化商业压力之下，古城纳西族传统的文化正在慢慢弱化，今天的丽江古城内大部分居民都是外地做生意者，古城内充斥着与当地传统文化价值背离的气息，四处都是毫无纳西族文化特色的旅游商品。

记忆中的文化古城形象已不在，取而代之的是一个巨大的旅游纪念品批发市场，各地的商品都在这里汇集并被出售。城市在商业化发展中出现了系列问题：传统文化特色逐渐消弭，服务质量逐渐下降。2017 年，全国旅游资源规划开发质量评定委员会对丽江市丽江古城景区进行严重警告处分，据了解，这已经不是丽江古城第一次被严重警告，早在 2015 年 10 月，丽江古城景区就曾经被国家旅游局严重警告过，如商户存在欺客行为，餐饮场所等价格虚高，多数商铺未明码标价，环境卫生脏乱差，卫生设施及人员不足，垃圾清理不及时，安全提示不到位等问题，这些问题严重损害了古城的文化形象。

商业化的发展致使丽江古城改变了街道古朴风貌，各种夸张的商业化广告使古城建筑街道特色逐渐弱化，琳琅满目的商品暗示着压迫与不安，整条的街道都成为购物街，并充满了现代商业化的躁动，传统的古城文化已经难寻踪迹。2003 年，当地提出了"经营丽江"思路与理念，为了凸显古城的文化特色，当地政府移植并制造了体现古城文化风貌的小桥、流水、垂柳等，虽然这些能够映衬出古城的美，但是，很难增添古城的文化底蕴，文化底蕴是长期的

---

① 宗晓莲. 旅游开发与文化变迁 [M]. 北京：中国旅游出版社，2006.

历史积淀，这需适应纳西人的生活需要并能体现族群历史文化，而移植及制造的设施只能算是景观，其发展脉络不是源自社会的发展与环境的协调，而是受市场逻辑的驱使。

今天的古城不仅仅是一个商业化的古城，更是一个旅游化和休闲化的古城。丽江在城市规划和古城保护等各种规章条例中都将旅游业摆在了首要地位，城内的各项基础设施、环境改造、卫生治理等都围绕着旅游开发展开，古城已经不再是纳西人的古城，已经成为游客的古城。在消费时代，丽江古城被宣传为一个休闲、娱乐的地方，"繁忙的工作、嘈杂的城市，你是否需要静下来？好好享受最美的风景、遇到对的人？"这俨然成为城市快节奏生活群体的世外桃源。他们到这里来不是为了感受传统文化的内涵，而是为了忘却自我，寻求精神避难，在喝酒、唱歌、观光中实现自己心中的"神仙梦"。

（二）古城东巴（跳）文化符号的商业化开发

在 20 世纪 90 年代，丽江古城发展旅游业以来就注重东巴文化的资源价值，当地政府从省内外旅游业发展经验中认识到深厚的传统文化底蕴对于旅游开发的重要性。早在 1994 年，丽江旅游业开始之初提出的宣传口号就明确打造"一山、一江、一城、一文化"的品牌。从 1990 年起，东巴文化就在北京等地进行了宣传活动，近年来，以东巴文化为主题宣传丽江、宣传纳西文化的活动多次在全国各地举行，有力地配合了丽江的旅游宣传。1999 年及 2003 年丽江市举行了两届国际东巴文化艺术节（见图 5-7），开幕式通过电视台向全世界转播，纳西族三大祭祀仪式、东巴跳展演、木府剪裁等民俗，全方位展现了纳西民众文化风情，在世界范围内宣传了丽江，并为此创造了巨大的社会效益和经济价值。在东巴文化节开始的同时，当地还组织了地方民族旅游商品展销会，展出了丽江民间传统手工制品、东巴文化工艺品等，这也为旅游业的开展提供了前提。近年来当地举办的各种东巴文化节、大型表演以及东巴文化旅游研讨会都集中指向了旅游业发展，并且已经取得了较好的效果。现在，在丽江古城我们不难看到被冠以"东巴"命名的各种商品，如东巴服饰、东巴工艺、东巴梦幻体验、东巴书画等（见图 5-8），甚至以东巴文化神灵形象和神话故事内容做装饰的旅馆、饭店、景点也随处可见，东巴文化品牌已经得到了很好的推广。

图 5-7　国际东巴文化艺术节中的法铃和舞者①

图 5-8　丽江古城中的东巴商品形象

　　以东巴文化为基础的东巴书画等工艺品在古城得到了游客的青睐。最早的东巴书画等工艺品由专业的人进行创作，它们既具有民族特色又具有收藏价值，但是，随着旅游业的发展，一方面，传统的手工艺制作已经不能满足需求；另一方面，传统的书画等工艺品价格较贵。为满足"平均大众"的需求，机器化的生产代替了传统的工艺制作，作为商品的东巴书画及工艺品不再像以

---

① 第二届国际东巴文化艺术节［EB/OL］.（2003-09-28）［2020-12-30］.http://www.people.com.cn/GB/tupian/1099/2111305.html.

前那样具有深刻的意蕴，在商业化浪潮中已经沦为粗糙的工业品。例如，东巴跳舞谱及经文喜用色彩，而当下制造的书画为吸引人的关注，这些文字往往被处理得鲜艳夺目、绚丽多彩，完全失去了其原有的质朴和素雅；一些商品中的图案也与东巴图案有着很大区别，甚至一些东巴图案名称被错误标记。另外，为了给人以美感，一些严肃而庄重的鬼神形象被运用到旅游纪念品之中时其形象与神态被加工与改造，原来所具有的形象已经很难再见到。

东巴跳是纳西人传统的文化记忆，展现着群体的认同。而在旅游业发展浪潮中，东巴跳也在不断地被世俗化，作为一种宗教性的身体行为文化，在丽江旅游业发展起来后也被推上了表演的舞台。1998年丽江古城在一处传统院落建立了一个面向游客、与旅游业紧密结合的舞蹈表演团体，取名为"东巴宫"，表演以东巴跳为主要特色，并杂糅了丽江洞经音乐、民间歌舞等很多内容。东巴宫聘请了一些东巴进行东巴跳表演、东巴文字撰写等，具体表演的节目有东巴诵经、东巴神舞、吹奏牛角号等。这些活动每天晚上在古城东巴宫上演，只要买了门票就可以观看。作为重要祭祀活动的东巴跳及其仪式是具有一定的周期性，需要在特定地点，由固定的人参与的重要仪式，而在旅游区进行的这些表演可以每天上演，并且举行的地点已经脱离了其生成背景，参与的群体也具有了流动性特点。东巴宫举行的东巴跳不再是人神沟通的祭祀活动，而是一场表演，所进行的东巴跳也不再是娱神，而是娱人，传统文化符号本身的意蕴已经消失殆尽。对于游客而言，汇集至此，花几十元钱仅仅是为了获得这方面的知识或获得一种新奇的体验而已。所以，这种"文化商品"式的表演注定也不会长久，曾经的"东巴宫"现今已经消失了，往日的喧嚣与嘈杂已不再（见图5-9）。

图5-9 东巴宫的过去和现在

在丽江古城向北15千米有一处叫玉水寨的地方，它地处闻名遐迩的玉龙雪山脚下，山寨自然纯朴、山水相依、风景秀丽，这里被认为是东巴文化的传承圣地。过去，每年祭署时或干旱洪涝时，村民都在此进行相应的祭祀，如今这里打造成玉水寨风景区，并根据旅游的需要专门聘请了东巴进行祭祀活动（见图5-10）。众所周知，传统社会的东巴都是兼职的，平时东巴要进行家庭劳作，仅仅是在重大节庆或红白事时才进行祭祀，而景区聘请的一些东巴成为"专职"的"演员"，专门负责景区祭祀表演。为了景区规划需要，也为了展现深厚的传统文化，景区修建了东巴寺庙（见图5-11），并供着丁巴什罗和尤玛战神，但是，从历史资料中我们并未发现东巴教有专门的寺庙，这不知是不是为了旅游而专门制造的"传统"。

图 5-10　玉水寨风景区及其祭祀

图 5-11　东巴寺庙

2001年，在白沙乡的一处传统院落里，成立了丽江东巴文化园，东巴文化园也是以展示东巴文化、纳西古文物等为主。按照传统的纳西族格局布置，文化园展示了一些古老的东巴法器和书画等，为了让游客能亲身感受东巴文化的内容，文化园还聘请了专门的东巴进行东巴跳表演、东巴书画写作、东巴仪式等。另外，玉水寨附近还建立有东巴万神园，那里有东巴每天为游客表演东巴跳（见图5-12），为满足观者对东巴文化的了解需求，园内沿中轴线依次排列分布着三个巨型法杖，神图路遍布于长道之上，旁边有三个东巴至尊神。轴线两边左侧为神域，右侧为鬼域，分别雕有三百多个自然神、护法神、家畜神及各类鬼魅等巨型木雕。

图5-12　东巴万神园中的东巴跳表演

东巴文化的重要载体东巴跳、东巴工艺等都具有较强的视听效果，这些体系庞大、内容广博、古老神秘的文化给旅游市场提供了很好的文化资源。东巴文化资源的商业化运作确实带来了丰厚的经济回报，但是也给东巴文化带来了系列问题：首先，东巴文化产品的市场化开发缺乏切实的文化保护规则和有效的市场管理条例，造成了许多东巴文化在表达时不规范、不真实；其次，当地的旅游开发存在一种急功近利、浮躁浅薄的风气，在很大程度上影响了东巴文化的传承发展；第三，东巴文化作为一种民族传统文化资源在被商业化过程中，获得最大利益的往往不是当地的民众，而是外来的商业经营者，他们攫取了最大的利益。

2005年10月12日，新华网以《神秘的纳西东巴文化在商业浪潮中艰难传承》为题对当下东巴文化在商业化发展中面临的问题做了报道①（摘录）：

作为世界上唯一保留完整的活着的象形文字，云南丽江的东巴文化正日益成为一种热潮——商家趋之若鹜，而真正严肃的学术研究和民间传承工作也在势不可挡的商业浪潮中艰难前行。

东巴文化是以东巴教为轴心的原始宗教文化，东巴教的祭司东巴

---

① 伍皓，周雷，王长山. 神秘的纳西东巴文化在商业浪潮中艰难传承[EB/OL].（2005-10-12）[2020-12-30].http://news.sohu.com/20051012/n227181923.shtml.

（纳西语音译）集巫、医、学、艺、匠于一身，是纳西族传统文化的主要传承者，东巴教受苯教、佛教、道教的影响，呈现出多元文化特质。

随着丽江旅游业的兴盛，东巴文化被彻头彻尾地商业化。但是专家提出警言，在商业成功的同时，目前的学术界却存在不少虚浮气象，具体表现为研究不深入、不少人只是附庸风雅，研究成果为敷衍了事文章，却假充内行。

在十一黄金周期间，位于丽江黑龙潭公园的东巴文化博物馆客人盈门，人们徘徊于场馆内观赏东巴经、学读东巴文字、参观东巴纸制作；数步之遥，丽江东巴文化研究院门庭冷清，该机构自1981年成立，一直"蜷缩"在从当时生产大队手中买下的狭窄院落里。

在研究院中，记者看见大量珍贵发黄的东巴经书就码放在旧式的铁质档案柜里，没有防火、防盗、防虫、防霉等设备，没有环境监测系统，完全不符合古籍文献科学管理的技术要求。

东巴（跳）文化符号的商业化开发，导致人们很难在现实生活中找到古老而又神秘的东巴（跳）文化，也很难再回到传统的精神文化家园。随着老一辈东巴远离社会生产生活核心及年老逝去，新一代成长起来的群体很少知晓东巴（跳）文化的深刻内涵，甚至不知道东巴（跳）文化是何物。随着外界对东巴（跳）文化的关注，让很多已经与东巴（跳）文化渐行渐远的纳西人重新回头审视这些宝贵的遗产，重新思考传统文化的传承。但是，现在我们看到"复兴"的东巴文化不再是过去传统的模样。首先，它们的地位已经大不如从前，过去的东巴跳及传统的东巴文化是纳西族民间精神生活的重要组成部分，贯穿东巴文化主线的是群体的虔诚与认同，这是当下难以做到的，并且，在当下东巴（跳）文化不再是为了解决民众精神生活的需要，而仅仅是为了满足游客的好奇心理，缺少了那种宗教信仰的情感基础。所以，现在看到的东巴（跳）文化的恢复实际上是文化产业的兴起、旅游业的兴起。在商业化运作过程中，东巴（跳）文化符号被揭开了神秘的面纱，变成了可被运作的文化产业并成为可被游客观摩的舞台表演节目。

三、作为文化商品的东巴跳

经济发展使人们的物质生活水平不断提升，人们逐渐告别了过去那种理想主义制约的禁欲和清教徒式的生活观念，消费成为社会必然的意识形态并不断蔓延，传统文化也进入一个世俗化阶段。基于前文的分析，我们认为纳西族传统文化的世俗化包含了其市场化和商品化的转向过程，这个过程也是经济活动对传统文化的压力造成的：经济活动的游戏规则逐渐转化为纳西族传统文化的运作规则，这不但影响了传统文化的生产，也影响了传统文化的消费。当以东巴跳文化符号为代表的文化产品进入市场后，消费者接受的过程就是商品的消费行为，而消费又必须有市场交换，于是，交换逻辑就成为文化的基本逻辑，无论是生产还是消费都有一个投资、效益、产出的功利关系①。生产者把东巴跳文化符号作为产品进行投资，进而生产出文化产品；同理，消费者在市场上进行消费，其实这个过程就是以金钱换取文化产品的体验与感受，当东巴跳文化符号产品被当作一般商品进行运作时，这给传统文化带来的变化和冲击是巨大的。在丽江古城内外，我们看到的是以东巴跳为代表的文化符号产品越来越多，但是其蕴含的意义却越来越平庸。文化产品的批量生产以及产品质量不精、粗制滥造典型地反映了意义的"贬值"，其深刻的寓意消弭，身体的舞蹈实践不再是一种信仰和传统，世俗化的日常意义取代了曾经仰慕的神圣。

洛文塔尔认为"消费的胜利标志着文化的全线溃败"，旅游业的兴起将传统文化打造成为大众的文化，致使传统消弭。在被打造的丽江旅游消费社会中，市场化的推进对纳西族东巴跳文化符号领域的影响已经显现出来。原本属于神圣而神秘的祭祀性舞蹈，在商业化助推下成为暴露于大众面前的表演，由此吸引更多的观者并产生了诱人的经济回报。在这一过程中，神圣的文化传统成为大众化的文化商品，在充满商业气息和娱乐性的东巴宫和玉水寨的东巴跳表演，不仅反映着业已存在的商业态度和情绪，并且舞蹈还为这些态度和情绪提供了实施的载体，传统的东巴跳正在不断地从其完整的结构和原生的背景中脱离出来，被商业与旅游策划者所滥用。

东巴跳仪式具有严肃、庄重、神秘等特征，宗教仪式与现实保持一定的距离，这些使人具有思考的空间，而商业化的东巴跳通过设计与排练，让更多的观者接触并获得更近距离的体验，在聚光灯和闪光灯下的舞蹈褪去了原有的神圣感，神秘性被揭开，东巴跳原有的深刻内涵被抽离，东巴跳文化符号在不同场合为不同人所观赏，这必然导致文化符号的消解和其叙事功能的流失，进而致使东巴文化消弭。但是，观者似乎没有深刻的理解，他们仅关注于"大众文化"的消费，关心购买文化商品的乐趣，能够从消费与购买中体验到乐趣。当下，大众化的东巴跳文化符号正在被置于传统文化之上，并占据着优势地位而受到观者的青睐，它的影响力越来越大，并致使后者屈从于消费主义需要。

---

① 韩英姬. 市场经济下朝鲜族戏剧运作 [J]. 大舞台，2011（12）：20-21.

被剥离了传统文化内涵的东巴跳表演在旅游与商业市场上被批量化地生产，当人们在消费这些文化商品时并没有得到来自内心深处的愉悦和满足，仅仅是弗洛伊德所说的"替代性满足"，人们消费得越多，就越感到空虚。

实际上，商品化的逻辑不仅仅适用于改造文化产品，同时，它也在塑造着人们的观念。在人们的眼里，东巴跳以及其他传统文化都在强调其使用价值，这些活动都是一件件的"商品"，过去传统东巴跳文化符号所蕴含的深刻文化记忆、群体的文化认同逐渐淡出了人们的视线范围。具有深刻内涵的传统文化正在被人造的商业主义所覆盖，人们沉浸于自己所制造的"文化商品市场"，并在感受其中的娱乐体验。我们不难看到丽江古城熙熙攘攘的游客，也不难看到他们排队感受东巴文化的愉悦之情，但是，他们身处的是一个被刻意打造的"市场"，一个商业化的市场。这正如同霍加特所寓言的：商业正在逐渐变成一种崭新的、更为强大的征服形式，这种征服是文化的征服，它比以往的经济征服更容易被人接受，并且难以抗拒。

以东巴跳为代表的纳西族传统文化商品，可以使一切东巴文化都变成消费品。当将一切东巴文化符号都被商品化时，便是文化商品吞噬消费者的心灵、助长商业巨鳄生成之时。当前，当代文化所表现出来的不仅仅是在不断地复制和批量生产，以体现商业资本主义的逻辑及其意识形态，而且文化本身已经变成一种经济行为，甚至是所有经济行为中最重要的一种。呈现在我们面前的也不仅仅是纳西族传统文化与大众文化之间界限的消解，而是文化领域与经济行为领域之间壁垒的坍塌。以东巴跳为代表的商品文化不可能制造成完整的文化形态，所以，最后只能导致传统文化的瓦解，在商业化面前，这种制造的文化商品是一种"无所谓"的文化、一种"松弛懈怠"的文化，对于制造的这种文化品位是无足轻重的，经济利益及价值的实现才是唯一体现。所以说，商品化的纳西族东巴跳文化符号变得越来越陌生，具有深刻内涵的传统文化形态离我们渐行渐远。

第四节　作为遗产文化符号的东巴跳

当前，以东巴跳非物质文化遗产为代表的申报面临着严重的表格化、数据化、符码化问题，论述的文本是否完美能够在很大程度上决定申报能否成功。作为非物质文化遗产的东巴跳在诸多利益裹挟下成为重要的"文化资源"，在成为非物质文化遗产的过程中，面临的是一系列标准化、模式化和技术化的流水线作业，最终形成的是失语的、倒置的、被阉割的文化商品。神圣的东巴跳文化符号在被过度包装、阐释和变形中，变得越来越世俗化，并成为背负诸多利益群体的工具。而作为东巴跳文化符号的创造者和传承者，在很大程度上并没有成为非物质文化遗产的主体，因为在这个过程中众多利益群体的参与及运作，文化主体丧失了发言权。所以说，当前作为遗产文化符号的东巴跳呈现，是世俗化的呈现，是传统文化消弭的呈现。

一、东巴跳非物质文化遗产概述

（一）非物质文化遗产概况

2003 年 10 月 17 日，联合国教科文组织通过了《保护非物质文化遗产公约》（以下简称《公约》），《公约》将"非物质文化遗产"定义为被各群体、团体、有时为个人所视为其文化遗产的各种实践、表演、表现形式、知识体系和技能及其有关的工具、实物、工艺品和文化场所。我国非物质文化遗产的保护工作，从此被纳入联合国教科文组织《公约》的框架和理念之下。2011 年 2 月 25 日，第十一届全国人民代表大会常务委员会第十九次会议通过《中华人民共和国非物质文化遗产法》，将非物质文化遗产界定为：各族人民世代相传并视为其文化遗产组成部分的各种传统文化表现形式，以及与传统文化表现形式相关的实物和场所。其包括：①传统口头文学以及作为其载体的语言；②传统美术、书法、音乐、舞蹈、戏剧、曲艺和杂技；③传统技艺、医药和历法；④传统礼仪、节庆等民俗；⑤传统体育和游艺；⑥其他非物质文化遗产。

2007 年，丽江市申报的东巴跳项目获得云南省省级非物质文化遗产；2009 年，丽江市非遗保护中心成立并挂靠于市文化馆，成功申报了一批非遗项目，其中热美蹉、东巴画、白沙细乐成为丽江市第一批国家级非遗项目；2016 年 2 月，丽江市非遗中心设立独立机构后，非遗工作全面铺开。截至 2017 年 10 月，当地共列入四级"非遗"保护名录 309 项（保护项目 283 项、保护区 26 个），代表性传承人 459 人。其中列入国家级"非遗"保护名录 4 项，传承人 2 人（均已故）；列入省级保护名录 53 项（保护项目 43 项、保护区 10 个），传承人 45 人。

作为纳西族东巴跳文化符号重要生成地的丽江市，近年来，随着世界文化遗产称号的获得，丽江市的旅游业开始高速发展。为使其旅游凸显文化特色，当地对传统文化提出了更高的要求。以东巴跳为代表的"非物质文化遗产"成为包装旅游形象的重要文化标识，这也与丽江的世界文化遗产称号相匹配。于是，以原生态、非物质文化遗产为代表的东巴跳及其传统文化符号被包装和消费。不同级别的非物质文化遗产频频被审批并公布很值得反思，这固然能使人们知道有许多值得关注和保护的传统文化，但是也呈现出了媒体和精英策划者的浮躁。

（二）东巴跳非物质文化遗产的图像呈现

为进一步提升丽江古城文化内涵，开展传统文化展示体验点建设，丽江市古城保护管理局和丽江纳西文化传习会联合打造了古城文化院落——天地院，并在古城开放时间内定时循环上演纳西族特有的东巴跳、"热美蹉""呀哈哩""阿丽哩"、羌笛、纳西古乐等一系列文化节目，展现纳西族的非物质文化遗产（见图5-13）。

图5-13　天地院中的东巴跳表演

玉水寨文化建设曾是纳西族东巴文化的核心，现已建成融山水自然生态之美为一体的国家AAAA级旅游景区。景区内的东巴主要为专职人员，主要负责相关祭祀仪式的演出，图5-14为景区举行的一次祭风仪式，祭风仪式是东巴教重要的三大祭祀之一，是纳西族重要的非物质文化遗产，在玉水寨举行的此仪式成为游客观看的重要内容。

图5-14　玉水寨的祭风仪式

位于丽江古城民主路的纳西创世纪文化体验中心，对纳西民族文化进行创新性转化，以东巴文化为载体，依托现代科技手段，用科技+文化打造旅游卖点。在东巴文化展演体验中，该中心将东巴跳文化符号搬上展演的舞台，舞台化的表演实现了传统文化向文化产品的转换，是丽江文化产业发展的一个缩影（见图5-15）。

图5-15　纳西创世纪文化体验中心的东巴跳表演

东巴跳这一非遗近年来还被搬上了表演的舞台，2016年，丽江市举办青少年纪念建党95周年民族传统歌舞乐展演活动中，古城区黄山完小表演了纳西族舞蹈《东巴舞》（见图5-16）。作为非物质文化遗产的东巴跳是一个民族有别于其他民族的特质所在，它因其"在场"和"特有"性特征，成为纳西族得以自我认定的历史文化凭证，如今，东巴跳脱离了其生成地域空间并登上表演舞台。

图5-16　纳西族原生态舞蹈《东巴舞》①

---

①　图片来源于：云南青年信息网。

作为非物质文化遗产的东巴跳在丽江古城商业化、旅游化的背景中，也成为获取经济价值的工具，东巴跳每天在东巴宫按时"上演"，舞台化的东巴跳已致使其神圣性、隐秘性的内涵褪去，成为纯粹的文化商品（见图5-17）。

图5-17　东巴宫中的东巴跳表演

东巴谷生态民族村位于丽江坝子北端、玉龙雪山主峰东侧。景区占地面积2 600亩（1亩约等于666.67平方米，下同），由丽江东巴谷生态文化旅游公司开发。景区内分布着纳西东巴神院、傈僳山寨、普米金窝等民族庭院，其中在纳西东巴神园中有关于纳西族非物质文化遗产相关的展出，如东巴跳表演等，现在的东巴谷并非是少数民族的真实生活场所，而是一个文化民俗展示区，是一个文化旅游的场所（见图5-18）。

图5-18　东巴谷生态民族村

二、东巴跳非物质文化遗产申报与遗产工业

（一）东巴跳非物质文化遗产申报

目前，非物质文化遗产的申报都是通过自上而下进行的，这是一场声势浩大的传统文化清理与自救工作，并且这是通过层层申报、审查、评定的文化运

动。以东巴跳非物质文化遗产申报为例，该文化遗产所属区域为古城区玉龙纳西族自治县，经审核提至丽江市，再由丽江市提交云南省，完成省级非物质文化遗产的评定。表面上看，这是由底层开始，逐级进行申报的文化传统事项，但是，从本质上讲这是自上而下的，并未落实到民间东巴跳文化符号生成与传承的乡土社会中，由乡土社会发起的东巴跳文化符号非遗申报才能算是自下而上。

非物质文化遗产的申报必然涉及申报填写的相关材料（见图 5-19），这里涉及东巴跳文化符号的起源阐述、东巴跳文化符号的传承谱系、东巴跳文化符号产生的社会影响和产生的社会效益以及东巴跳文化符号传承人等内容，而且这种自上而下的申报必须要挂靠相关部门，必须提供相关的图片资料和提供相关的视频资料，以供专家进行评审时观看。东巴跳文化符号在传承过程中的部分片段不一定完整，一些处于草根状态下的身体行为文化可能很难有连续性的书面记载。例如，有一些老东巴通过口传的形式记录一些东巴跳仪式或技术动作，但是在实际传承过程中并没有完整的书面记载，只能进行片段性的回忆。但是，如果需要申报非物质文化遗产，按照申报制度，这些残缺的片段需要进行填补，重新进行梳理与建构，并且一些不符合要求的内容需要被删除。最终，我们所看到的东巴跳非物质文化遗产成为一张张工工整整的表格、一幅幅精美绝伦的相片、一段段精彩纷呈的视频，那种原本具有乡土性的东巴跳活态文化成为脱离了生活的、形式化的图文表述。

图 5-19　非物质文化遗产申报材料

由于非物质文化遗产是地方政府重要的"文化资源"，关系到当地文化产业的发展，所以，当地在申报高级别的非物质文化遗产时会较为重视。据悉，丽江市为优质、高效、精准地完成第四批省级非物质文化遗产项目的申报工作，提高丽江市非物质文化遗产项目的申报质量，当地非物质文化遗产保护中心还专门邀请了云南省非遗专家进行项目申报指导。

国内将非物质文化遗产分为国际级、省级、地市级等。目前，东巴跳属于云南省省级非物质文化遗产，那么，这是否意味着其文化价值没有达到国家级？严格地说，我们很难评价不同类型或来自不同地方、不同族群的非物质文化遗产的价值，非物质文化的价值评价不能因为政治、教派、族群等进行价值大小区分。

（二）遗产工业中的东巴跳

所谓遗产工业，是指以一套标准化、数量化、技术化、模式化、法规化、行政化的流水线作业，以操作程序相似或相同的手段对待遗产①。以东巴跳为代表的非物质文化遗产受到了遗产工业影响，而且在未来的时间里，这种影响将一直伴随，造成的后果是所存续的非物质文化遗产将留下遗产工业"标准化"的痕迹，以东巴跳为代表的非物质文化遗产在实践表述中可能出现"他者"的痕迹。这些被"装饰"过的非物质文化遗产，仿佛成为一个全能的演员，在变幻莫测的舞台上扮演着"他者"的需求。

从本质上讲，遗产工业是商业性的，它运用了非物质文化遗产本身的神秘性、吸引力、感召力等打造标准化的文化产品，而神秘性、吸引力、感召力等又是现代旅游的重要构成，于是，遗产工业、文化旅游等形成了共谋。在后现代生活中，一切的"意义"都被打上了时代烙印，后现代生活中以东巴跳为代表的非物质文化遗产被灌注了"遗产制造技术"的成分，现代技术已经超越了技术的藩篱，并在不断改变着现代人的生产、生活与认知，当现代技术与社会生产相结合的时候，以东巴跳为代表的非物质文化遗产便不可避免地面临消弭。

东巴跳文化符号是纳西族族群的传统文化标识，是纳西人重要的文化遗产。在"遗产工业"中，它成为被制造的"文化商品"，在加工过程中被赋予"附加的内容"，并对其进程过度阐释、过度解读与误读、包装与变形，进而，形成了所谓的以"传统怀旧"为主题的"遗产生产"，它背负的是诸多利益群体的期待。纳西族东巴跳在"遗产工业"中造成了自身的"祛神圣化""祛神秘化"，实现了与消费社会的对接，并形成了作为经济活动本体的非物质文化遗产，作为地方形象塑造的符号，作为社区复兴力量的非物质文化遗产。总之，在当下的"遗产工业"背景下，纳西族东巴跳文化符号被卷入一个"虚

---

① 彭兆荣.遗产政治学：现代语境中的表述与被表述关系 [J].云南民族大学学报（哲学社会科学版），2008（2）：5-14.

妄之岛",人们篡改着纳西人传统的记忆与历史,并沉湎于自己设计的以"怀旧"为主题的传统文化"生产工业"之中,辨别不清真实的历史与实际的建构之间的区别。

纳西族东巴跳文化符号本带有纳西乡土性,它蕴含了纳西族族群的精神文化内涵,与当地的社会环境、自然环境、文化习俗等紧密相连,并且这种传统文化事项是言传身教式的,带有仪式性和神秘性色彩,是"差序结构"的乡土社会知识和族群智慧的集中体现。但是,在当下文化产业化过程中,传统文化被批量地生产出来,各种东巴跳画册、东巴跳电子产品比比皆是,成为可以买卖的文化商品。东巴跳文化符号亦成为当地形象展示的工具,绘满东巴跳及东巴文字的墙壁、布满文化遗存的展览馆、雕刻文化形象的广场都打造成蔚为壮观的"非遗"景象。"遗产工业"中制造的东巴跳文化商品,成为一种传统文化异化体,从传统文化的本真性中游离出来,一定程度上丧失了价值理性和脱离了日常生活。

三、是谁的非物质文化遗产?

实际上,上文关于东巴跳非物质文化遗产图像呈现出的身体行为实践,并不是主体行为者真实的内心表达,作为东巴跳遗产创造者的纳西人在很大程度上并没有成为代表非物质文化遗产"发声"的主体,在商业化文化运作过程中,纳西人对自己的传统文化丧失了发言权。非物质文化遗产作为人们创造的文化存留应该属于族群集体,同时它又属于族群内的个体,所以,非物质文化遗产的所有权及处理权的应该属于代表族群而又能够表达个体意愿的人群共同体。然而,审视当下纳西族东巴跳非物质文化遗产的运作却发现,经营性的产业公司、代表管理权力的部门成了东巴跳非物质文化遗产的代言人。在商业化浪潮中,作为一种象征资本、名誉资本的东巴跳文化被各有所图的异质性群体进行着再造、利用和发明,上演着非物质文化的"舞台表演"。

美国人类学家罗伯特·雷德菲尔德在其著作《农民社会与文化》中提出了大传统和小传统之分,大传统是指以城市为中心,社会中少数上层人士、知识分子所代表的文化,这是主流社会制造和存续的社会价值;小传统是指在农村中多数农民所代表的文化,这是具有地方性小社会的社会价值①。诚然,以东巴跳文化符号为代表的非物质文化遗产离不开大传统注入的价值,但是,如

---

① 雷德菲尔德. 农民社会与文化:人类学对文明的一种诠释 [M]. 王莹, 译. 北京:中国社会科学出版社, 2013.

果没有这些小传统的支撑，也不会有大传统的存在。纳西族东巴跳是纳西传统社会中的具有代表性的民间小传统，其遗产的归属是较为关注的一个热点。由于遗产在现代社会意味着"财产"，非物质文化遗产级别越高，其象征的价值就越高，因此，在巨大利益的驱势下，一些个人、群体都参与到非物质文化遗产的争夺中来。非物质文化遗产在当下已经成为文化资源，人们能够将此资源转化为文化资本，所以说"是谁的非物质文化遗产"直接关系到不同层次的人的资源享有权，也直接关系到非物质文化资源通过交换所取得的利益分配权。

全球化背景下，面临经济发展及产业化发展的迫切需求，以东巴跳为代表的非物质文化遗产发展有被动或主动离开乡土、走向他者与外部世界的盲目行动，在非物质文化遗产申报的助推下，诸多的传统文化事项都有"一举成名天下闻"的发展冲动。实际上，以东巴跳为代表的非物质文化遗产来源于传统生活，是传统乡土社会族群共同的文化记忆，当传统文化脱离了生成环境与生成主体，去刻意地迎合他者，成为攫取经济利益的工具之时，传统也就意味着消弭了。作为民间的传统文化与技艺的非物质文化遗产，是以充分体现其乡土特性、体现其乡土生活气息为特色的，当将其拔苗助长式地硬生生搬到著名的旅游区，搬到展演的舞台，搬到电视及互联网上时，只能会导致传统文化的消解。使东巴跳等非物质文化遗产回归乡土社会，将传统文化还于创造文化的主体，使传统文化在乡土社会中汲取养分并充实与壮大，才是我们当前对待传统文化的正确方式。

第六章 世俗的背后：纳西族东巴跳文化消弭原因

第一节 全球化影响下的纳西族东巴跳文化符号

文化是一个民族、一个国家的灵魂。不同民族和国家在历史发展中形成了不同的思维方式、价值取向、风俗习惯，造就了多元文化。承认文化差异、实现文化共存，是各个民族和国家实现生存发展、开展国际合作的基础①。

当前，我们所面临的全球化趋势越来越强。全球化对于纳西族东巴跳文化符号而言，造成的直接影响是：冲击了纳西族既有传统文化模式的生产，打破了东巴跳文化符号生成及发展的闭合文化圈，对东巴跳文化符号的解释力造成巨大的挑战，正在吞噬着东巴跳文化符号赖以存在和建构的地方空间。在全球化影响下，东巴跳文化符号面临着被复制的风险，最富有内涵的身体实践面临着消弭。

每一个民族都有其价值传承和精神积淀。纳西族东巴跳文化是民族文化长期发展和积累起来的，其代表着不同的思维方式、价值取向、风俗习惯，并造就了多元文化，而且其具有无可替代性和不可复制性。否认这种差异，盲目推动趋同，不但会导致人们自我身份认同的弱化甚至消失，而且将导致民族文化衰落②。

基于对"文化全球化"问题的批判，反思全球化影响下的纳西族东巴跳文化符号消弭，尤为必要。

---

① 刘焕明. "文化全球化"是一个伪命题 [J]. 理论导报，2018（3）：61-62.
② 刘焕明. "文化全球化"是一个伪命题 [J]. 理论导报，2018（3）：61-62.

一、全球化与文化的全球化

（一）全球化概述

自20世纪以来，全球化席卷了世界的各个角落，并且深刻地影响人们生活的各个领域。全球化的形成是基于资本、高新技术等因素的向外扩张，致使世界规模的统一市场和跨国公司形成。金融资本的全球流动、经贸的自由化以及信息技术的广泛运用等都说明了全球化时代的到来。在这一过程中，资本的高效能运作作为一种示范效能必然引起社会其他领域的震荡，从而带动各个领域发生重大变化。在全球化浪潮席卷下，市场及各个领域逐渐不再受国家、城市等边界的控制，资本及文化等可以在国际间自由流动，再加上互联网等多媒体技术在各个领域广泛使用，给人们造成了强烈的时空压缩感，世界仿佛成为一个"地球村"。当下，市场的规模和范围不再局限于某个地区、某个城市，甚至某个国家，城市化的生活模式正在占据主导地位，个人取向化的行动方式正在兴起，在高科技压力下人们的需求越来越同质化。

当前，全球化趋势在世界社会经济发展中越来越强，全球化的宏观进程及其连带效应影响越来越广泛、越来越深刻，各领域的自由化得到了广阔的发展。全球化如同人类历史上发生过的工业化、现代化、都市化等社会现象，作为一种历史进程正在被人们所遭遇，它给不同发展程度的国家和地域带来的是不平等的机遇。西方发达国家拥有强大的综合实力，在资金和技术等方面具有很大的优势，再者，历史原因造成的现有国际政治经济秩序格局的不平衡，使西方国家在全球化进程中获得了先机，而发展中国家在这些方面的劣势决定了在全球化进程中处于被动地位。从不同程度上讲，全球化背景下，发展中国家带有迫于摆脱劣势地位而向西方学习的态势，发展中国家由于在经济和科技上处于弱势地位，所以不得不以牺牲一些局部利益而换取发展需求，我们一定要警惕这一点。

（二）文化的全球化

全球化作为当今时代最主要的特征，首先是经济的一体化，经济全球化必然带来文化的全球化。有学者指出文化全球化是伴随着经济全球化产生而产生的，所以说文化全球化是经济全球化的附属品。事实上，文化全球化绝不仅仅是一种"附属品"，其地位不容忽视，因为它不仅是全球化进程的重要组成部分，而且也是决定政治经济合作的内在因素之一。全球化进程中，随着产品、资本、技术的全球流动，新的风气与生活方式形成，这不仅对社会部分群体产生很大的影响，而且也会与整个地区性文化产生互动关系。著名社会学家、人类学家与民族学家费孝通先生在描述 20 世纪的局面时提及，"20 世纪是一个世界性的战国世纪""未来的 21 世纪将是一个个分裂的文化集团联合起来，形成一个文化共同体，一个多元一体的国际社会。而我们现在的文化就处在这种形成的过程中"①。

文化全球化是全球文化结构的转换和重建，其主要内涵表现为商品经济的文化和文化的产业化等。在当下社会，文化力量是受经济力量所支撑的，世界格局中的文化权利归根结底是经济权利，尤其是当今世界的经济艺术化、艺术经济化，使经济直接成为艺术文化的载体和依托。在全球化时代，商品的价值也不仅仅再取决于其实用价值和功能性，而且，商品的文化品位、审美价值、品牌形象也成为人们关注的焦点，所以说，企业的商品越来越重视文化因素，一件产品只有在满足人们的实用价值需要的同时，最大程度地满足人们文化的、审美的、心理的、娱乐的需要时，才能得到市场的青睐②。因此，当下商品经济逐渐表现出文化的特征，文化全球化面临着产业化发展挑战。文化全球化的产业化内涵主要表现为：产业化意味着文化的商品化，商品化的文化则意味着文化从精神价值、意识形态等抽象的、信仰的层次向世俗的、物质的领域开始扩张，越来越多地具有物质商品属性。文化的产业化过程意味着文化因素越来越多并且程度越来越深地参与到经济活动过程中来。在全球消费文化日益火热的今天，文化生产和消费促成文化产业化是必然的。当前，文化产业已经蔓延到全球经济的各个角落，我们无时无刻不被它所影响。

文化全球化的特征主要表现为文化的同质化和文化的多元化。国内知名全球化问题研究的学者蔡拓早在 2001 年就指出"文化全球化的内涵首先是文化的同质化"，文化同质化的本质是文化内容及其认同表现出一致性。例如，全球意识、网络文化、消费文化、大众文化等都是有着共同的一致性看法，因为这些问题成为全球性的问题，并成为全球化进程中共同关注的对象。当前，需要特别指出的是，以商业化和娱乐为主要内容的大众文化商业也是文化同质化的重要体现，大众文化对传统文化的消解成为关注的焦点，无论在报刊、电视还是互联网等传播媒介中，以商业化和娱乐化为主要形式的大众文化随处可见，大众文化的同质性通过现代化的传播媒介在全世界范围内传播与流通。当然，全球化进程中我们应该看到文化的多样性特征，不同地域、不同国家的各种特殊文化在全球化的舞台上也得到了应有的展示，文化的多样性成为人类共

---

① 费孝通. 从反思到文化自觉和交流 [J]. 读书，1998（11）：3-7.
② 张洪雷. 论经济文化的发展趋势及其影响 [D]. 南宁：广西大学，2005.

同的遗产，我们应当承认差异，有差异才会有发展。

　　另外，文化全球化过程中表现出的文化殖民化问题也不得不提及：在文化全球化进程中，强势文化形成了超时空、跨地域的传播态势，并且对发展中国家或落后的地域产生强有力的冲击，这在很大程度上造成了当地文化危机，如果说文化全球化中的文化同质性是不可见、隐蔽及非强制的，那么，文化殖民化的表现则是赤裸裸的、明显的和强制性的。在文化殖民化过程中，一些西方发达国家凭借在全球化进程中的政治与经济的主导地位，强制推销自己的文化形态与价值观念，以此对异文化思想进行干涉。这种文化殖民现象是文化全球化进程中文化主体间一种很不平等的文化交流现象，是国际旧秩序的重要展现。因此，针对这种文化殖民现象我们应当坚决反对，我们应该倡导在文化平等背景下进行文化交流，尊重文化发展的多样性。

二、全球化对纳西族东巴跳文化符号产生的压力

　　与全球化相对的是"地域性"。以东巴跳文化符号为代表的纳西族传统文化属于地域性文化，它产生并存在于纳西族世居地，是地方性的、偏远性的传统文化。东巴跳文化符号生成地地处我国西南地区，区域地理位置及与之相联系的各种自然条件，不仅对纳西族族群经济与社会发展有着极大的影响，而且对族群的民族文化、生存方式和价值观也有着深刻的影响。我们强调东巴跳文化符号的地方性，首先，是强调身处边远地区的纳西族东巴文化的本土性或在地化的内涵，本土是一个相对于全球的概念，它强调的就是当地、地方。一般来讲，一个地方的本土文化的经验独特性很容易在全球化进程统摄下被掩盖或忽视，抑或被外来文化所侵袭发生消解。其次，强调东巴跳文化符号的本土性，是强调边远地区纳西族文化的地域性特征，进而强调东巴跳文化符号类型的形成及其变迁与地域环境之间的联系，地域性特征对边远地区的纳西族传统文化的影响是整体性的，不仅是日常生活方式、工具使用等，还包含价值取向和心理取向。

　　纳西族东巴跳文化符号作为一种地方性知识，是一个包含知识体系、价值体系、规范体系和行为模式的综合性系统，是纳西族族群在其生存环境中创造出来并运用于生产生活，最终成为其生存方式的重要架构。其中，知识体系是纳西人对大自然、对鬼神、对群体之间的基本认知；价值体系是通过身体的行为实践能够达成的价值标准，是身体行为的意义阐释；社会规范是以身体规约达成一种在仪式框架及社会框架中的生活范式；行为模式是通过共同的行为认同、价值认同等形成共同的行为规范，进而使纳西族族群具有共同的文化品格、思维方式和生活方式等。东巴跳文化符号作为一种以价值观为内核的纳西族传统文化，是以纳西人特定行为方式为基础的，这就是所谓本土文化或地方性的知识。文化全球化对于纳西族本土性文化而言是一次触及根本的挑战，在文化全球化发展的大趋势下，随着市场经济的介入，以纳西族东巴跳为代表的地域性文化会在适应市场经济过程中不断修改自己固有的文化观点，导致东巴跳文化符号所具有的知识体系、价值体系、规范体系和行为模式逐渐消弭，最终的影响虽不至于使东巴跳文化符号消亡，但是对东巴跳文化符号造成的巨大压力确是实实在在的。

首先，全球化对纳西族东巴跳文化符号产生的压力，体现在全球化对纳西族既有的文化模式产生巨大冲击。全球化进程的加快使以资本为核心的经济要素得以自由流动，经济要素的自由流动进而影响到社会各要素的重组和社会结构的变迁，所以必然对纳西族地区既有的传统文化模式产生巨大的冲击。当全球化裹挟各种外部力量进入纳西族世居地之时，无论这种外部力量是出于善意的还是恶意的，它对纳西族东巴跳文化符号的影响必然是深刻的，并面临着被边缘化或消弭的挑战，因为全球化裹挟的各种外部力量进入都是以获取利益为目标的。在全球化席卷纳西族地区之时，当地群体或多或少都会参与到这个进程中，但需要说明的是并不是说参与到这一进程中就具有了一定地位，当地群体的参与可能处于失语地位。全球化在纳西族地区的上演致使原有社会组织结构、社会关系、生活方式以及价值取向都发生了深刻的变化，本土的文化价值和生存模式都受到了严重威胁。

全球化进程打破了纳西族东巴跳文化符号生成及发展的闭合文化圈结构，强势的外来文化乘虚而入，使得同一时空条件下多种文化并存及相互接触、交流与传播。多种文化并存的局面打破了过去传统文化的平衡，以东巴跳为代表的传统文化符号受外来强势文化的干预而不得不学习与模仿所接触到的强势文化。曾经作为纳西族东巴跳文化符号权威的东巴及有威望的长者，受经济压力及外部社会环境的影响，登上了展演舞台，进入旅游产业领域，将东巴跳传统的技艺以文化商品的形式展现，这些具有示范性力量的榜样，曾经是群体认同的重要标识，在传统生活中有着重要的示范作用，而当他们在全球化浪潮中成为一些文化投资人的牟利工具之时，必然导致当地人生活方式发生改变，甚至一些外来者成为当地社会生活的新主导，成为当地公共资源与公共政策的分配者，曾经是东巴跳文化符号创造者的纳西人则处于失语的状态。

其次，全球化对纳西族东巴跳文化符号产生的压力，体现在全球化对地方性知识进行重新解释。对于纳西族族群而言，东巴跳文化符号是他们理解并解释群体生活内涵及群体意义认同的工具，他们通过东巴跳身体行为文化能够实现对大自然、对先祖及对生活方式的解释和价值评判。同时，东巴跳文化符号也是族群内实现群体认同的重要方式，格尔兹认为人是悬挂在意义之网上的动物，对于不同的族群他们编织的意义之网解释是不同的，就如同纳西族人的东巴跳文化之网，其承载了纳西人原始的宇宙观与世界观，并有纳西人自己所信奉的价值。但是，随着文化全球化进程的加快，纳西族地方文化的意义解释的发展不可能像过去那样畅通无阻，强势文化的扩张使以东巴跳文化符号为代表的纳西族传统文化逐渐丧失了解释力，并面临着是否能继续存在的压力。自丽江成功申报世界文化遗产名录以来，走在古城的任何一个角落，我们都能感受到强势文化的存在，这里有着装时尚的青少年，有风靡的流行音乐，有现代化的电子通信，有丰富的娱乐手段，异质性文化充斥大街小巷，曾经的纳西族那种传统的生活正在离我们远去，那些与宗教密切相关及传统生活密切相关的东巴跳仪式已经消失在灯红酒绿的现代生活中，唯一剩下的就是"别人的"生活。

全球化形成的多元文化在纳西族传统社会中并存，还会给当地的传统文化带来另一种压力。以丽江为例，随着丽江市旅游业的繁荣发展，国内外观光者越来越多地来到丽江，这必然会使更多的外部力量进入传统纳西社会，观光者、记者、学者等不同的群体集聚到一起，使不同的文化接触更为频繁、更为深入，最终，必然使本土的传统文化与外部的多元文化交织在一起，造成复杂多元的文化局面。曾经作为纳西人重要族群认同的纳西族东巴跳文化符号空间面临着被压缩的窘境，取而代之的是纳西人也开始认同外来强势文化，最终使当地人，特别是年轻一代的纳西人出现了"混合认同"，即是既认同当地的传统文化，也认同外来的强势文化，在认知倾向和价值取向上出现多重化结构。纳西人的这种所谓的"混合认同"虽然也认同当地的传统文化，但是它使得原有的地方性意义系统的统一性和整合力受到很大冲击，当需要进行文化解释和做出选择时候，最终可能会无从选择而造成价值失落，这对于纳西传统文化来说具有很大的危机。

最后，全球化对纳西族东巴跳文化符号产生的压力，体现在全球化正在吞噬地方性知识赖以存在和建构的地方空间。全球化对地方社会的掠夺绝不仅仅是自然资源和社会资源，还包括对地方空间的掠夺。地方空间是纳西族东巴跳文化符号生成并发展的重要场域，当全球化携带现代化的因子进入地方空间后，必然会造成外界文化与地方文化的空间争夺，最后的结果可能是地方性文化消弭。那些原本是纳西族社会维持其文化传统的空间被剥夺，东巴跳文化符号失去了乡土性和聚合力，也失去了过往具有的认同感。曾经是东巴跳文化符号浓郁、纳西传统文化集聚的丽江，当下成为各种外来流行文化充斥的娱乐场，成为现代旅游与文化产业化发展的试验场。传统的地方性空间中，东巴及有威望的长者掌握着公共空间和公共权力，而现在外来文化充斥的地方空间中，公共权力也逐渐外在化，最终形成了"他者"的丽江。

全球化对纳西族东巴跳等地方文化符号产生的压力还体现在更为深刻的层次，即全球化使各个地域经济活动规则趋于一致。这意味着对具有不同价值取向的纳西族族群而言，要在赖以生存的经济活动中遵循统一规范，就需要在不同的文化价值上建立统一的经济活动准则，这对异质性很强的纳西族传统文化而言具有较大的压力，因为改变的跨度太大。当下，全球化时代经济活动的基本规则是市场经济体制，当然，不能说这种新的体制不适合于纳西族地区的社会文化，但是由于地处偏远及历史问题，当地现代市场主体不够强大，在资源占有、技术掌握等方面还处于较为弱势的地位，这些因素使得发展从开始就显得不平衡。所以，全球化必然会对当地经济、社会和环境产生冲击，给东巴跳等传统文化符号传承与发展造成较大的压力。

三、全球化塑造的纳西族东巴跳文化符号

今天，在文化展演舞台或是风景旅游区中，"卖家"极力展现的东巴跳文化商品，从本质上讲这是一种被夸大的文化差异，目的是形成卖点来提高其交换价值。例如，在丽江东巴宫及玉水寨旅游景区，商品的拥有者试图打造一种异质性的东巴跳"文化展演"，从而吸引更多的大众群体形成消费意识并进行消费，而如何将东巴跳文化符号打造成为统一的、大众化的消费文化是有效形成消费意识的关键。被打造的东巴跳文化符号最显著的特征就是非人格性和可复制性，今天，我们在丽江古城看到这种文化商品，明天我们也可能在其他地方看到，在大众化色彩表现的同质化框架内，这种文化商品可以随时在各地被复制。文化全球化背景下，以东巴跳为代表的纳西族传统文化逐渐祛语境化和祛地域化，它被剥离了最具特色的深刻内涵，成为可以在各地表演的"文化"。

马尔库斯曾指出"文化差异根植于情感之中，也根植于不同民族对个人和社会关系本质的思考之中"①。社会生产、生活方式、历史背景、地理环境

---

① 郭淑娟. 约哈里"窗口理论"在跨文化传播中的运用 [J]. 新闻爱好者，2010（8）：13-14.

等多元因素造成的文化差异决定人们的思维和行为模式，也形成了人类社会文化的多样性。但是，全球化导致的大众文化传播比历史上任何时候都影响深刻，大众文化挤压了纳西族东巴跳文化符号生存空间，东巴跳身体行为中那些曾经具有的神秘感逐渐隐去，取而代之的是形成了世俗化的大众文化，东巴跳文化符号面临被同质化的风险。在全球化进程中，东巴跳文化符号被塑造成了"麦当劳文化"特质，曾经具有的深刻意蕴正在遭受批量生产、同质化处理。

全球化进程中，文化复制不可避免。复制在文化领域的典型表现就是"本土全球化"。为了将东巴跳文化符号打造成为共享的大众文化，这就需要将东巴跳文化符号中难以理解的、深奥的因子予以剔除，并且按照一套大众能够理解的、标准化的程序进行展现，以此能够让更多的观者接受并感受到愉悦。这种可以复制的文化方式导致了东巴跳文化符号的"麦当劳化"。复制东巴跳文化符号，实现了成本的降低，以传统文化外壳为"卖点"降低了产品在消费市场上的失败概率，并且降低了复制品的生产成本。实际上，今天我们看到很多少数民族传统文化的复制方式具有相似性，其中，必然包括与传统文化相关的传统手工艺品的文化商品、与传统文化相关的文化表演、与传统文化相关的旅游景区等，并且很多地方将当地传统文化打造成为城市名片，进行名片式演出。

第二节　技术影响下的纳西族东巴跳文化符号

技术化时代的到来使技术从更为宽泛的角度和更为深刻的内涵上影响着社会生活，并且技术已成为自主的力量而逐渐渗入神圣的宗教生活中，由之前的手段或工具上升为终极目标。独立形态技术的出现改变了传统文化的发展状态，致使传统的东巴跳文化符号面临着技术构建，被技术构建的东巴跳形态必然导致传统东巴跳文化符号的技术化，进而造成了东巴跳文化符号的"祛魅"。在技术的干预和融入中，东巴跳文化符号附着的神话、仪式等神秘面纱被剥离，原生态诗意的内涵被消解，非理性的神圣遭排斥。当以技术手段剥离附着于东巴跳传统文化符号之上的"魅力"外衣时，被"祛魅"的东巴跳则成为纯客观的、理性的文化产品。

一、技术时代的来临

技术是人类生存与发展的基础，是文明构建与社会文化发展的基本元素之一。制造和使用工具是人类社会典型的技术活动，并且工具的使用真正将人类与猿类区分开，不同社会发展阶段和不同的时代产生了与之相适应的生活工具，如石器时代、青铜器时代、铁器时代、高分子合成时代，以及口传身授时代、鸿雁传书时代、有线通信时代、无线通信时代、数字通信时代、网络时代等。事实上，技术不仅体现在生产工具上，它还体现在社会文化生活的各个领域，人类社会不仅拥有生产技术，而且具有管理技术、军事技术、医疗技术等，可以说有多少种人类生活方式，就有多少种具体的技术形态。所以不难理解技术是人的生活方式与生存方式，人是生活在技术构建之中。同时，尽管众多社会文化活动都是以技术为基础的，但是我们不能都简单地将其统称为技术活动，进而导致其丰富的文化内涵与意蕴。而且，技术活动的发展也不是一成不变的，它经历了一个由本能活动向技术性活动演进的过程，按人类技术的发展阶段，技术活动可分为工具使用、技术统治和技术垄断三个阶段。在工具使用阶段，技术活动从属于文化和社会；在技术统治阶段，技术向文化发起攻击，并试图取而代之；在技术垄断阶段，技术造成了信息的泛滥，使传统的世界观消解。

当下，社会各领域有不同代表性的重大技术成就。例如，网络技术的高速发展代表着网络时代的到来，多媒体在不同领域的广泛运用代表着多媒体时代的到来，机器人应用于各行各业代表着智能时代的到来，对太空领域的深入探索代表着太空时代到来。然而，这些说法虽然从不同侧面反映了一个时代的技术特征，但是，这些都具有片面性、表面性和暂时性，并没有深刻地解释技术活动的深层内涵。"技术化时代"的称谓最能反映这个时代的发展特征，这是因为：

首先，技术展现出全面快速发展的态势。技术的全面、快速发展使更多的技术形态展现，技术更新的周期也在缩短，技术造就的生活节奏也在加快，这些都反映着技术化时代的来临。

其次，技术从更为宽泛的角度和更为深刻的内涵上影响着社会生活。社会的快速发展使新技术更快地应用于生活，促进了技术成果的快速转换和技术领域的变革。当一项技术成果的门槛越低、普适性越高、单元性越强，它所造成的技术影响就会越强烈。而随着现代社会生活与生产对技术创新要求越来越高，技术对社会生活的全面影响正在向更为深刻的内涵上迈进，并且由物质文化层向精神文化层上发展。例如，"90后"及"00后"对通信网络、现代交通等技术的依赖更为强烈，并且这种影响具有精神文化层上的指向。今天，我们的生活与生产都会受到技术的影响，不存在不受技术影响的社会文化生活。

最后，技术以不同的形式构建着世界。机械表的发明使人们不再依靠太阳与月亮确定时间，汽车的发明使人们脱离了传统地域并实现了长途旅行。每一种技术的使用都嵌入了相应的意识形态偏向。不同技术工具赋予了不同的价值，进而塑造和改变着人的观念。技术工具导致的时空扁平化和抽象化也在促使人们思维方式发生改变，并成为现代城市人理性化和冷漠化行为方式的依据。技术促使工具理性主义盛行，致使理性在功利与经济维度上集中展现。

即便是在偏远地区的纳西少数民族地区，也面临着"技术化"时代。这里有一个鲜明的例子：在丽江市拉市乡一些农村，当地居民已经开始使用沼气作为燃料，替代传统的用松毛和木柴做饭的习惯；当地的一些农村经常缺水，以前需要到较远的水塘挑水喝，在20世纪70年代初，村里有了水井，人们开始用柴油机抽水，后来村里通了电，可以用电机抽水喝；另外，据当地人介绍，现在种植的洋芋亩产二千多千克，这是因为洋芋种子是由当地农科站提供的，这些种子经过科技手段培育而成，能够提升当地粮食产量。通过以上可以看到，即便是在偏远的纳西族居住区，现代技术已经深入其中，并且为当地群众所欢迎。

当然以上所举的例子是技术对于纳西社会积极的一方面，我们也应该看到技术在当下显得越来越"无所不能"的一面：一切事物都被打上了技术的烙印，并且技术的发展速度让人想象不到，以至于使人感到技术正在对人类社会产生可怕的威胁。当技术正在变成全球性的力量并开始触及人类历史的根基时，当技术成为人类历史发展进程中极不稳定的力量时，不得不说，当下技术问题已经成为人们应对问题的一种万能钥匙，技术活动成为现代生活的动力源，这个世界变得越来越技术化、理性化，机器日益主宰了我们的生活。世界仿佛已经成为一套编好的程序，并在按部就班地发生着本该发生的事件。我们貌似已经进入技术垄断阶段，技术与人的关系逐渐开始本末倒置，人成为技术奴役的对象，所有的一切都必须给技术发展让路，社会世界和符号象征世界都服从于工具发展需要，人类社会的传统、社会习俗、仪式和宗教不得不退居幕后。

"技术化时代"中无处不在的技术绝非是中立的，波兹曼指出"只有那些对技术的历史一无所知的人，才会相信技术是完全中立的"①。传统社会中的技术是为物质和精神生活服务的，在仪式活动中工具从属于仪式活动进而表达仪式内涵。但是在技术垄断阶段技术变得越来越无所不能，它甚至将人类从自

---

① 尼尔·波兹曼. 技术垄断：文化向技术投降 [M]. 何道宽，译. 北京：北京大学出版社，2007.

然环境转入技术环境中生活，人们失去了对自己命运的控制权，甚至对技术的选择都不是由人做出的，而是由技术智能分析做出的。显然，技术已经超越了工具的地位，并且在创造着一个自成体系的系统，展示出其独立性特征。

技术俨然成为一种自主力量逐渐渗入神圣的宗教生活中，渗入人们的精神文化中，技术的发展已经从作为手段或工具上升为终极目标。似乎技术已经超越了仪式文化，技术使人们忘却了传统文化最根本的事情，即解码身体背后所隐喻的内涵，而不是去"观赏和展演"。在技术的操控下，以传统文化为代表的精神文化生活和现实物质文化生活都臣服于技术需求，人们变得越来越不能以身体行为表述自我和实现对过往的保存。现代技术成为一条控制自我情感、封闭自我展现、压抑精神生活的枷锁，它带来了非人性的身体行为和异化的生产生活状态。

二、东巴跳文化符号的技术构建

独立形态的技术文化的出现改变了传统文化的发展状态。现代文化形态的技术构建主义从两方面展开：首先，是在文化生活中不断嵌入超前发展的技术成果，继而塑造出新型的文化生活。例如，当下纳西族地区已经基本普及电视等各种移动终端，互联网技术也广泛运用于日常生活，并且越来越不可或缺；同时，现代化的交通工具越来越普遍，汽车、摩托车已经成为当地重要的交通工具，甚至现代高铁技术也日渐向偏远的少数民族地区推进。其次，工具理性日渐膨胀，技术精神进一步侵入，功利化的价值观产生深入影响，这些使人们通过技术途径追求文化活动的效果及效率逐步发展成为一种自觉行为。诸多的新技术、新工具在生活领域的运用越来越普遍，政治、经济、文化、艺术、宗教等各个领域无不充斥着新技术的背影。这种充斥于日常生活的技术系统所形成的现代性与传统是相对立的。

在以东巴跳为代表的传统文化符号中，技术是文化构成的一部分，无论是东巴跳文化符号展现中所使用的法器、服饰，还是东巴跳运行所遵循的东巴跳舞谱，这些工具抑或技术展现，都是服务于文化权威的，只有在以传统文化为内核的宗教仪式中、在传统所提供的价值体系框架内，技术才能体现其价值，在这里技术需要遵循传统文化的权威。然而，在技术高速发展的时代，技术俨然成为社会的主宰，当技术冲破了文化藩篱之时，它变得越来越无法被驾驭，以东巴跳为代表的传统文化符号必然会被技术垄断。并且技术一方面在不断侵蚀东巴跳文化符号神圣的价值内涵，另一方面，又在构建有技术效率、精确的价值观体系，从本质上颠覆以东巴跳为代表的传统文化符号权威性。最后，技术将颠覆我们曾经具有的传统信仰，文化生活所有的形式都将屈服于技术的权威。

以东巴跳为代表的传统文化符号在传统社会具有神圣的宗教价值取向。格罗塞将人类的目的分为外在目的和自有目的两种，外在目的需要借助一定的手段才能实现，而自有目的只需要通过自身的活动即可实现。纳西族东巴跳是纳西族族群取悦神灵、斥责鬼神的身体行为实践，借助于纳西人自身的身体操演实现了对神灵和鬼魅的情感表达，在这一过程中，身体操演是表达纳西人内心情感的重要方式与手段，所以，东巴跳操演过程本身就是一种目的，身体的实践并非要表达身体以外的目的，这恰恰是为了表现自身。再反观当下技术构建的东巴跳文化符号形态，通过华丽的舞台背景、闪耀的灯光，甚至通过智能化的演出进行表达，它所要表达的不再是自身的情感，而是要表达一种外在目的，这种外在目的是对成功演出的诉求、对经济利益的追求，那种曾经在情感冲动驱使下形成的东巴跳文化符号已经被技术构建的东巴跳所替代。

我们在传统社会中很难发现传统的东巴跳文化符号形态中的技术痕迹，因为这些传统文化凸显的是其身体操演形成的一种神圣感，技术工具仅仅是辅助形成这种神圣感。当人们开始追求独特的表演效果时，技术构建出现萌芽。在长期的东巴跳文化符号实践中，人们积累了丰富的经验与技巧，从而形成相关的理论知识，而积累的技巧成为技术化的实践。当东巴跳文化符号遭遇旅游业时，其实用化、效用化和功利化便尾随而至，东巴跳文化符号的实用功能开始凸显。当东巴跳文化符号被纳入实用、功利的范畴时，传统文化的技术构建与运作便不可避免地发生了，因为在技术化框架下东巴跳文化符号的重构有助于其实用功能的发挥。从东巴跳文化展演及文化包装，我们不难发现，东巴跳的技术构建是基于提升其表演效果及表演效率的。在内驱外推的机制下，一方面，东巴跳表演者通过技术手段提升演出效果；另一方面，技术研发者试图将自己的技术应用到实践中从而实现新价值。在东巴跳文化符号技术化进程中，实践操演者与技术使用者开始互动与协同，他们共同推进了东巴跳文化符号的技术构建。

东巴跳的技术化构建与运作必然导致传统文化符号的技术化，我们不否认在此过程中有积极的因素：首先，新技术应用催生了传统文化的新样式，拓展了技术的领域；其次，技术的广泛运用确实提升了传统文化符号的表现力，并且改变了其传播与观赏方式，现代信息技术有力地推动了传统文化的传播。例如，纳西文化体验中心运用"科技+文化"的展示手段，将场馆建设为纳西序曲、纳西史诗《创世纪》、百米纳西风情数字长卷、VR 纳西奇幻之旅、表演和学习互动馆、纳西原创艺术品六个部分，以生动形象的方式让人民深刻地体验纳西文化，增强人民的文化体验感，加深了人们对纳西文化的了解，并实现了纳西文化的传播和传承（见图6-1）。

图6-1　纳西文化体验中心

　　然而，东巴跳技术构建的消极作用更应该引起人们的关注。东巴跳文化符号的技术化发展必然带来技术精神对传统文化灵魂的侵袭，技术必然也会对传统文化符号活动进行干涉与调整。在东巴跳文化符号技术构建过程中，人们不再把技术当成服务于传统仪式、服务于神圣展演的手段，而是将技术实体化当作目的，过去神圣的身体操演成为从属于技术的附属物。技术手段在东巴跳文化符号中广泛运用并成为传统文化的主宰，它正在扼杀东巴跳文化符号所展现出的传统宇宙观与价值观。在技术化时代，东巴跳文化符号已经失去了作为神话或仪式的力量，也失去了不可复制的、特有的族群文化特性，东巴跳文化符号的精神与灵魂正在逐渐消弭。当下，文化商品在数量上如同技术产品一样剧增，传统文化在技术干预下成为"平均大众"共享的大众文化。但是，这些文化商品失去了"质量"的保障，因为它的内在根基在技术构建进程中已经逐步萎缩。

三、技术扩张与东巴跳文化符号的祛魅

　　在全球化进程驱动下，技术开始渗透到世界各个角落，并且俨然成为一个庞大的体系，深刻地影响着传统文化生活。技术的扩张首先体现在新技术不断派生并渗透到各个领域；其次体现在技术之间综合集成进程加快，技术体系外延开始横向拓展。东巴跳作为纳西族生活方式与社会现实的存在，其展现出纳西人慑服于自然力"万物有灵"的自然崇拜，又强调纳西人自我意识形态的祖先崇拜，还呈现着纳西人原始而朴素的宇宙观和价值观。这是纳西人长期创造和构建的文化产物，也是纳西族族群社会历史文化的积淀，它闪烁着纳西人的智慧与理想，展现着多重的文化价值。纳西族的《神路图》从表面上看是

各种奇禽异兽、荒诞的鬼神形象、夸张的舞蹈动作，这从技术上分析是行不通的。它隐含了丰富的东巴传统文化寓意，《神路图》把世界分成鬼、神、人三界，东巴为死者指明了通往神界的路，将死者灵魂从鬼界中超度解脱出来，在人界转生为人，或者送往神灵之地。《神路图》表现出了纳西人对死亡的深刻理解，并且表达了纳西人古朴的宇宙空间观，也是纳西人精神文化生活的重要展现。

传统的东巴跳展演实现了与诸神的沟通、与鬼魅的对决，东巴跳行为文化展现着纳西人神圣的宇宙观与价值观，神圣的身体行为维系了族群共同的信仰。然而，技术与科学的垄断使东巴跳文化符号失去了神圣感，科学理性使人们发现了事物的内在规律，当人们越来越深入地探索世界的奥秘，并运用科学知识熟练解释事物及现象的时候，东巴跳所承载的神圣世界也不再神秘。一切神灵、魔鬼都被逐出了客观的自然界，被逐出了纳西人的精神世界，进而动摇了纳西族东巴文化及原始宗教的根基，导致东巴跳文化符号的社会影响力逐渐下降。过去，在纳西人眼中，自然界是神圣的，是有生命的有机体，他们试图认识自然，与自然和谐相处，但是从未想过要改造自然，而现在对他们来说是不可想象的，自然已经失去了神秘性。

技术的发展改变了人们对事物及其运动规律的传统认识，并且导致了传统文化形态消弭。例如，过去纳西人生病被认为人的灵魂被"术"捉拿而引起的，东巴跳结合东巴草药能够让病痊愈，这是纳西人的生活习俗，但是现代医术的发展使巫医逐渐消亡；又如，纳西人推演天文与历法时一般采用青蛙八卦图作为主要的占卜工具，而现代天文技术及历法的发展使传统占星术等几乎绝迹。技术的快速发展创造出了人类活动的新方式，但是，效率的提升也导致了诸多传统技艺文化形态的消亡。例如，过去一些东巴画卷的制作需要耗费人们很大的时间和精力，而使用现代化的技术制作东巴画卷，不费吹灰之力；电脑图像技术的发展使东巴文字撰写不需要耗费太多的时间。现代技术的快速发展正在使传统文化日渐式微与消弭。

传统社会中纳西人敬畏自然，崇拜自然，东巴跳仪式中祭风仪式、祭署仪式都是纳西人崇拜与敬畏自然的实践展现。现代技术的发展则驱逐了自然界中诸神，自然界成为被技术奴役的对象，神圣在技术干预下日渐走下神坛，沦落为世俗，世界也被物质化和世俗化。在现代技术王国里，一个日益规整化、抽象化、理性化的宇宙出现了，代替了纳西人传统的宇宙观。过去，东巴跳展现出与宗教仪式相关的内容都可以以超自然的、不可见的事物为基础，而现在，我们的全部文化每时都在力争看见不可看见的，随时随地都在祛除那些超自然的神秘事物。

抛开东巴跳文化符号这一狭小的视野，我们从更为宽泛的视角审视技术发展对传统文化符号事项的影响。在现代技术视野中，诸多传统文化符号所具有的"神秘性"都是不真实和不可靠的，也是不经济和低效率的，传统文化与现代技术的价值观念有时是相冲突的，因而，传统文化符号也成为现代技术改造和"祛魅"的对象。通过技术的干预和融入，传统文化符号中那些神话、仪式、宗教等神秘的面纱被剥离和清除，那些原生态诗意的内容被消解，神秘的世界、非理性的灵异遭到排斥和反对。当以技术手段剥离附着于传统文化符号之上的那层"魅力"外衣时，被"祛魅"的身体实践成为一种纯客观的、理性化的文化表演和文化产品。

随着技术主导地位确立，以求真和求效为核心的价值观念逐渐深入人心，占据了社会文化生活的统治地位，并且人们开始以此价值观念衡量一切，过去传统社会那些神圣而又深刻的价值观念遭到消解和排斥，技术出现了文化僭越行为。当下，在纳西社会技术对文化的僭越行为较为常见，并且经常以替代性的文化形态争夺文化主导权和话语权。例如，东巴跳文化符号中，有各种神灵及鬼魅，但是技术要求祛除鬼魅，呈现真理，并且对以东巴跳文化符号为代表的仪式内容横加指责，认为这是虚假的和非理性的。追求真理是技术的价值取向，在技术化视野中，审视东巴跳文化及其他传统文化符号形式都显得经不起推敲和荒诞可笑，因为在技术视野中，理性代替了信仰，工具理性代替了价值理性，无神论代替了有神论，科学上的"真"代替了宗教上的"神"。

第三节　消费影响下的纳西族东巴跳文化符号

经济的快速发展提升了人们的物质生活水平，而随着物质生活水平的提升，人们也逐渐开始告别了过去那种朴素的生活观念，消费主义作为消费社会的必然意识形态，在社会中慢慢滋生并展开，过去那种传统思想及仪式形态被冲破，取而代之的是一种物质上的消费倾向。东巴跳文化符号作为纳西族的族群精神财富与族群标识的重要体现，在消费潮流中，不可避免地成为被消费的对象。类似于东巴跳这些稀缺传统文化，为消费市场提供了一种具有"异质性外壳"的文化产品，它以一种视觉冲击的"仿像"或者以一种带有纪念性"怀旧"呈现在消费场域中，所有这一切都是为了促使人们消费和购买。消费影响下纳西族东巴跳逐渐成为一个抽象的符号，它越是竭尽全力展示符号的多样化，越面临着被同质化和消弭的风险。

一、消费时代的到来

随着全球化的扩张，世界范围内的经济交流越来越密切，经济交流的密切必然促使贸易壁垒被打破，国与国之间的经济界限逐渐模糊，并且越来越趋向于相互依存。全球化进程将世界关联成为一个整体，这种影响已经扩展至政治、经济、文化、教育等各个领域。全球化对文化和社会的挑战引起了文化认同的动摇，资本掌控者利用资本向人们传播消费意识形态，最终，在世界范围内将人改造成消费的主体，一旦人们变成了消费的主体，他们就会无意识地进入消费的意识形态，进而失去原有的文化身份和认同①。

今天，大量的信息促使人们渴望得到他们并不真正需要的东西，鼓励人们去购买自己不需要的东西。消费社会里所追求的理想状态就是什么都可以买卖，奉行的是尽可能地去消费，千方百计地让消费者消费，并尽可能地为此创造消费条件，以此满足他们的需求。如今，这种意识形态已经渗透到社会的各个层面，并对社会进行着重塑。当下，针对物品"它有什么用"和"它可以卖出去吗"这两个完全不同的问题，第一个问题对应的是使用价值特性，第二个问题对应的是交换价值本质，在消费社会，人们很少关注商品的使用价值特性，而是越来越关注商品的交换价值，因为人们搞不清楚自己消费的真正需求是什么，越来越被商品的外观所吸引，不加节制地追求着具有诱惑外观的商品，并沉溺于商品制造的幻想中。

商品制造者为了获取更大利润，他们不仅制造消费品，也制造欲望，通过欲望驱使人们不断地进行购买，最终实现资本的变现。因此，商品的制造不再是为了使用价值而设计，而是从消费者对商品的满意度、乐趣和渴望设计和制造产品，以此诱惑人们去购买，去幻想。通过购买商品，消费者获得了新奇与美好的体验。然而，在欲望的驱使下，人们消费得越多，就越感到空虚，越空虚，就越想以消费来填补空虚，人的消费陷入一个怪圈。由于商品制造者对于金钱和资本变现的追逐是无止境的，他们的利益在不断实现交换价值，所以，他们在不断地制造着欲望：不断更新商品的外观与包装，不断对商品进行更新换代，并且，还会不断通过广告等媒介向人们灌输"旧的商品已经过时，新的产品代表着更有趣、更时尚"思想，这些消费压力使人们进行再消费。

借用鲍德里亚符号消费来解释当下的消费问题：消费社会中的商品俨然成

---

① 冯民生. 全球化与民族艺术特色 [J]. 云南艺术学院学报，2016（2）：47-54.

为一种符号,是一种意义的指涉,所以,人们消费的不再是物品本身,而是消费一种意义。新的消费关系已经区别于传统意义上的消费,人们的消费已经脱离了真实,它建立在一种非真实的基础上,交换与消费对象不再是物品的使用价值,商品消费品的意义和其附属的符号价值。在鲍德里亚看来,消费社会是一个丰盛的符号社会,商品代表的不再是其本身,商品背后承载着一系列符号体系。诚然,在消费社会中物品存在其客观功能,具有实用价值和交换价值上的不可替代性,但是,在内涵领域却是一个虚拟的、可以被任意替换的符号。当物品"彻底地与某种明确的需求和功能失去了联系",消费对象不再具体,消费行为即变成了"表面上以物品和享受为轴心和导向的,实际上指向的是其他完全不同的目标,即对欲望进行曲折隐喻式表达的目标,通过区别符号来生产价值社会编码的目标"①。

当下,大众媒体对消费品符号化意义的虚伪构建使之成为消费领域操控消费者的重要途径。生产者通过对商品进行包装和广告,将表象的魅力最大化,最终使商品尽可能地对人们的愿望和渴望产生逼人的效果,今天我们看到诸多的品牌概念早已跨越简单的使用价值门槛,品牌所倡导的理念已经成为一种品牌符号价值意义,人们消费的不再是物品本身,更多的是要获得一种由品牌符号所倡导的身份象征地位。在消费过程中,消费者貌似可以自由选择商品,但是,消费社会中人的消费不再是自主的,消费者需要什么不再由消费者自己来决定,而是由他者决定。生产者通过大众传媒不断蛊惑人们的欲望,消费成为受操控的行为,人们所拥有的自由选择权实际上是"虚假的",消费成为人们异化生活中的一种替代性满足。

二、消费影响下的东巴跳文化符号

(一) 消费制造的异质性传统文化欲望

东巴跳传统文化符号作为纳西族族群精神财富与族群标识的重要体现,在文化商品化、旅游业快速发展潮流中,不可避免地成为被消费的对象。类似于东巴跳这些稀缺传统文化符号,为消费市场提供了一种具有"异质性外壳"的文化产品。经过生产的传统文化产品提升了消费者的消费欲望,激活了人们娱乐、文化熏陶、求新求异等动机,并能吸引和诱惑人们进入一个虚幻情景之中,以一种亲身体验式的"异域旅游",或者以一种视觉冲击的"仿像",或者以一种带有纪念性"怀旧",呈现在消费场域中,所有这一切都是为了促使

---

① 让·波德里亚. 消费社会 [M]. 刘成富,全志钢,译. 南京:南京大学出版社,2000.

人们消费、购买。今天，展现在我们面前的传统文化已被符号模拟的超现实所吞噬，其目的性已经消失，并且不再有意识形态，只有仿像。

纳西族少数民族地区受现代消费观念的影响，着力打造的文化旅游、民俗节庆等使人们的消费机会大大增加，与此同时，电视广播的着力宣传、互联网及移动终端的大力转载也在很大程度上刺激了更多的群体消费。在这过程中，文化旅游部门的推波助澜不可缺少，他们在这一消费过程中竭力营造一种欢快、新奇、美好的氛围和体验，希望以此能够使消费者的欲望得以满足。当然，在这场欲望满足的消费中，其成果大部分是较为显著的，我们以下两条新闻便可以窥到其中的一角：

新闻一：

2012 "十一" 旅游黄金周已落下帷幕，中秋国庆双节期间，玉水寨旅游风景区游客如织，到处是欢乐祥和的景象。共接待游客五万七千多人次，接待与收入又创历史新高。综述这次旅游黄金周接待情况，玉水寨获得如此优绩的原因主要体现以下几个方面：①丽江市政府、旅游局等相关部门的重视和支持，使丽江的名片在全国乃至全世界都广为熟知；②玉水寨景区积极响应旅游标准化，做好旅游标准化服务；③为了迎接这次黄金周，玉水寨景区门票价格下调了30%，吸引了更多的游客前来游玩；④十一黄金周期间免收自驾车的过路费，让许多的人可以带着家人自驾游玩，增加了旅途的乐趣。

资料来源：http://www.yushuizhai.com/news/? 1_1515. html。

新闻二：

近日，丽江旅游发展委员会公布了2016年丽江市旅游接待情况，数据显示，2016年丽江共接待海内外游客3 519.91万人次，其中国内游客3 404.1万人次，约占96.7%。旅游总收入合计608.76亿元人民币。

经过20多年的发展，丽江市游客接待量从1995年的84.5万人次增加到2016年的3 519.91万人次，约增长了40.6倍，旅游业总收入从1995年的3.3亿元增加到2016年的608.76亿元，约增长了183.5倍。数据还显示，以旅游为主的第三产业对丽江经济增长的贡献率超过70%。

……

丽江市旅游的旺季在6月至9月，平均每天要接待12万人，2016年春节期间，丽江市共接待海内外游客39.86万人次，旅游社会综合收入为4.24亿元，平均每天接待5.7万人，人均消费1 063元。

资料来源：http://www.chinairn.com/hyzx/20170126/114901669. shtml。

在消费社会中，大众群体对"他者"文化的消费不会得到终极的满足，因为这是一场没有尽头的"狩猎",还没来得急品味一场丰盛的传统文化消费盛宴,另一场更为丰富的文化消费盛宴已经准备好了。于是,人们不断地奔波,追逐更为丰富的文化产品,以此满足自己的欲望,人们消费得越多,就越想消费。再者,不得不提及的是,我们现在很多观看到的,抑或是体验到的东巴跳文化符号,都是在工业化背景下提供的"使用价值最小化,并经过对商品的包装和广告宣传,呈现出最大化的表象魅力,进而以最佳的效果满足人们的愿望和渴望"。所以,对于文化产品提供者而言,为了达到这种效果并获取相应的利益,他们就必须将传统的、乡土的文化进行包装、设计、改造,推陈出新,以满足人们的需求。

(二) 符号化的东巴跳文化

大规模的生产为我们提供了"不断增长的物","物的包围"为我们今天表意消费提供了前提。传统社会中的纳西族东巴跳是一种以"娱神""记忆""认同"为主题的仪式性身体行为文化建构,传统社会空间的东巴跳操演是一种满足纳西人基本精神文化生活消费需求的行为,它实现着族群自我精神世界的满足,这也是实现传统文化基本使用价值的具体展现。这种使用价值存在增值空间,其符号特性融入文本之中,符号是精神传导的媒介。但是,随着消费时代的到来,东巴跳文化符号面临着不断转换为文化商品以满足人们对"物"的需求。于是,原本属于"娱神""记忆""认同"的传统成为"纯粹商品"的消费,生产者以符号构建起一个虚拟的图像世界,制造仿像符号商品的象征价值。人们在这种价值中获得视听冲击、消费快感及虚幻体验。对东巴跳文化符号的过度消费必然导致其世俗化倾向,正如鲍德里亚所言"再也没有那种独特的、象征着与文化对立的本原存在了,有的只是模拟范例,一种对被用于流通的自然符号的消费"①。

当前,东巴跳文化符号中,传统意义上形而上的隐喻和表达的符号被形而下的消费符号所替代,消费符号的形成终结了传统意义上东巴跳文化符号的内涵表述,那些深刻的意义被消解,消费社会中的东巴跳文化符号象征着文化意义背景下的社会价值与地位,它们来自广泛的"社会秩序",消费品中的相似和差异符码被用来表示社会归属②。这种消费符号成为一种可以被置换和购买的文化商品,在购买和置换过程中东巴跳实际上已经被符号化。仅仅借助于符号之间的关系,消费社会的物品获得了新的"真实"意义,这种新的"真实"

① 让·波德里亚. 消费社会 [M]. 刘成富,全志钢,译. 南京:南京大学出版社,2000.
② 克里斯·巴克. 文化研究:理论与实践 [M]. 孔敏,译. 北京:北京大学出版社,2013.

意义致使被消费的文化符号是悬浮和不稳定的，被赋予的"意义"可能是暂时的、流变的，所以在购买与消费过程中符号在不断再生产它自身的新"意义"，"意义"越多，面临着的符号的同质化问题越多。"流行以前的一切艺术都是建立在某种'深刻'世界观基础上的，而流行，则希望自己与符号的这种内在秩序同质：与它们的工业性和系列性生产同质，因而与周围一切人造事物的特点同质，与广延上的完备性同质，同时与这一新的事物秩序的文化修养抽象作用同质"①。纳西族东巴跳文化符号成为一种商品标识，在消费社会中逐渐成为一个抽象的符号，越是竭尽全力展示符号的多样化，越容易面临被同质化和消弭的风险。

三、消费化形成的世俗文化

经济的快速发展在很大程度上提升了纳西族人的物质生活水平，而随着物质生活水平的提升，人们也逐渐开始告别了过去那种朴素的生活观念，消费主义作为消费社会的必然意识形态，在纳西社会中慢慢滋生并展开，过去那种传统思想及仪式形态被冲破，取而代之的是一种物质上的消费倾向，纳西族传统文化进入一个世俗化时代。从社会发展进程上看，世俗化是一种不可阻挡的历史趋势。但是，从消费文化角度讲，这种趋势应当引起关注，特别是随着经济的快速发展，随着纳西社会人们生活水平的改善与提升，消费主义的意识形态及物质和享乐主义充斥于传统文化发展进程中，影响了传统文化的发展进程。

以纳西族东巴跳文化符号为代表的传统文化逐渐向世俗文化方向转变，首先，是形而上的充满神圣与认同的理想主义和未来主义被一种形而下的实用理性原则和现实主义所代替。东巴跳文化符号中那种曾经对神灵崇敬、对自然敬畏的信仰，因为得不到兑现和得不到承诺而被逐渐忽视，曾经作为东巴跳文化符号中内核性的神圣感体验，如今被压缩到了很小的生存角落，并不断地被消费文化所蚕食。经济的巨大发展、社会的长足进步和物质生活水平的极大提升，激活了人们长期以来压抑的欲望，实现自我的愉悦超越了实现自我的理想，过去那种享乐的罪恶感已经随着当前限制的解除而消失，新消费主义获得的娱乐成为正当选择并被广泛传播，获得神圣的精神的渴望在逐渐褪去，取而代之的是对物质上的满足感和消费感的上升。当下，以东巴跳为代表的传统文化符号在消费主义干预下登上表演舞台，过去东巴跳那种传统的神圣感和神秘感被排挤到了边缘。

---

① 让·波德里亚. 消费社会 [M]. 刘成富，全志钢，译. 南京：南京大学出版社，2000.

世俗化的过程表现为文化和宗教的逐渐分化。纳西族东巴跳文化符号的世俗化包含了一个转向市场、转向交换、转向商品的过程。这个过程是经济活动对纳西族传统文化施加压力和影响所致。当经济活动的游戏规则逐渐转化为纳西族传统文化或其他文化运作规则时，这不但会改变传统文化的生产，而且也会影响文化消费行为。被制作的东巴跳文化符号产品作为一般商品，需要商品消费行为，而消费又必须经过市场上的商品交换，于是，交换逻辑也就变成了东巴跳文化符号产品的基本逻辑。在这里，东巴跳文化符号产品的生产者对东巴跳文化符号进行投资，进而生产相应的文化产品。例如，无论是玉水寨还是东巴宫，其公司运营商是东巴跳文化符号产品的生产者，为了生产出此文化产品，他们进行了相应的投资。消费者则成为这些东巴跳文化符号产品的使用者，以购买门票来换取此次文化产品的体验。当东巴跳文化符号产品被定义为一般商品，并通过相应文化旅游公司来运作时，这对传统东巴跳文化符号来说，不论是行为上还是观念上，带来的变化都是深刻的。可以想象，当一项神圣的身体行为操演成为大众关注的文化表演时，无论是作为表演者还是作为观者，得到的都不是"真实"的东巴跳，而是一种世俗的、消费的和享乐的文化表演。

　　消费使东巴跳神圣文化与世俗文化之间的界限消失。诚然，东巴跳文化符号来源于纳西人生产生活实践，但是，它来源于生活又高于生活，其展现出的深刻内涵不同于生活本身。而随着东巴跳文化符号产品形成，那种曾经具有的神圣光环逐渐隐去。为了追求有序，东巴跳的编排打破了曾经具有的程序；为了追求美感，灯光将身体行为暴露得一览无余；为了追求时代性，东巴跳表演中融入现代舞蹈因素；为了更"接地气"，东巴跳风格趋向流行性。过去那种身体操演的神圣感消弭，与世俗化的界限已经被打破。今天，我们在旅游中经常能看到类似于东巴跳文化符号商品的身影，并且种类繁多，让人眼花缭乱，人们自觉或者不自觉地成为这些文化商品的消费者，并且传递着世俗的生活观念和方式，以此消解着传统文化本应具有的神圣感。

　　消费化的世俗东巴跳文化符号的意义越来越平庸浅薄。类似于经济学意义上的通货膨胀，当纸币的发行超出了商品流通所需的金属货币量时，通货膨胀就出现，进而造成纸币的贬值。实际上，当下文化产品也是如此，当制造的类似于东巴跳文化符号产品的数量增多，产品就会贬值，最终造成意义平庸，因为，这些繁多的文化产品已经失去了其原本的含义，蜕变成了带有虚假色彩的"伪传统"。

　　审视当下的东巴跳文化符号发展，不难发现，一种功利主义思潮正在蔓延，以东巴跳文化符号产品为工具追求物质主义、感官满足和享乐主义的行为正在上演。追求商业价值成为东巴跳世俗文化商品的目标，这种商业价值的追求又必然使文化的天平倒向物质诱惑，最终被压抑人的精神。这在一定程度上体现了当前传统文化的变换轨迹，并且特别反映在人们对"异文化"的偏好和窥视欲望。以东巴跳文化符号外壳制造成的商业的、媚俗的、世俗的文化产品在当下成了大众消费社会较受欢迎的娱乐消遣内容，它加快了消费主义和享乐主义观念在大众中的传播力度。当前，被包装的东巴跳文化符号产品越来越与大众传媒密切结合在一起，它打破了东巴跳文化仪式所具有的神秘感，消解了传统不可复制的"意象"，传统成为一种文化产品并被大批量复制，大规模占领市场进而征服受众，这必然造成传统特有的内涵消失，并形成一种世俗的大众文化。

第四节　媒介影响下的纳西族东巴跳文化符号

人类文化的发展史在某种意义上就是传播交流方式变化的历史，新媒介的涌现使文化越来越趋向于媒介化发展。纳西族东巴跳文化符号的媒介化致使东巴跳的交流和接受形式发生了改变，甚至还造成了东巴跳传统文化符号表意模式发生改变，过去那种口传身授的东巴跳文化符号传承与表现方式消弭，取而代之的是以数字形式的信息流。媒介使人们不再与物理时空紧密相连，传统文化原有的身份变得越来越模糊，东巴跳的双向互动也在媒介影响下成为单向的传输，人们对东巴跳的体验也不再是建立在直接经验之上，而是建立在媒介化的间接经验之上。

一、传统文化的媒介化

传统社会时期，传统文化的交流与传播主要是以口传身授为主要方式；后来，印刷技术的出现使文化交流能够依托印刷品进行传播交流；20世纪直至今天，电子媒体、数字及互联网等媒介的出现使文化传播方式出现了重大的变化，两地间隔几千里甚至几万里都可以实现即时传输。审视此历史进程的演进，人类文化的发展史在某种意义上就是传播交流方式变化的历史，新媒介的涌现使文化越来越趋向于媒介化发展。文化媒介化是当下传统文化发展的一个趋势，它扩展了传统文化的传播空间，改变了传统文化生成、交流和接受的形式，甚至改变了传统文化的意义构成方式。无数的新技术运用于传统文化生产流通中，致使人与人之间的沟通交流不再是面对面的互动，而是面对一种传递符号文化的媒介，最终导致面对文化就是面对媒介，身处文化之中就是身处媒介之中①。当下，媒介作为一种技术逻辑和力量，正在无情地塑造着人们的文化习惯。在加剧的媒介化进程中，不是媒介在适应人的发展，而是人在不断地适应媒介，人正在从互动的面对面交流走向单向的与媒介交流②。

以东巴跳为代表的传统文化是特定环境中的身体操演话语，它是一种超越抽象语言的"元语言身体实践"，呈现着特定的纳西社会总体性之中人与自然、人与神灵、人与人沟通交流的关系，还表征着纳西社会观念价值的生产和理解方式。历史证明，人类社会的演变总是与人们交流方式发展联系在一起的，把握纳西社会交流方式的转变，就能够理解纳西社会传统文化的变化。

以口传身授为重要媒介的纳西族东巴跳文化符号交流包括六个基本要素（见图 6-2）：文化信息发送者、文化信息接收者、环境、信息、接触、符号。东巴跳文化符号的操演者扮演着文化信息发送者的角色，它发送信息给接收者，信息从发送者到接收者的过程必须经过二者之间的某种接触，如声音或视觉等。最后，由于东巴跳文化符号是纳西族族群共同的文化记忆，作为主体的纳西人都能够对自己的文化标识达成一致的理解，这种理解都是基于特定的环境，在共同的生产生活框架内形成的。

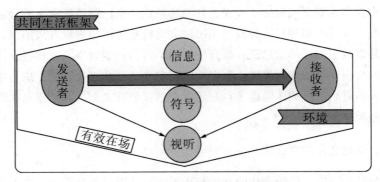

图 6-2　东巴跳文化符号交流基本要素

但是，在计算机及互联网传播媒介干预下，以口传身授为重要媒介的纳西族东巴跳文化符号交流模式被打破，现代化媒介成为"人的感官延伸"，它可以使人们超越自己感官的限制去接触世界，一个面对计算机及互联网的主体正

---

① 杜金莹. 90 年代以来媒介文化中的偶像探析［D］. 哈尔滨：黑龙江大学，2008.

② 原平方，刘笑盈. 微博化情境下政府新闻发布的要素及变化［J］. 中国记者，2012（4）：66-67.

在形成，并且主体所面对的客体具有海量的数据库，具有智能的信息服务，过去传统文化那种口传身授式的传统交往方式消弭了，取而代之的是以数字符号形成的信息流，传统社会那种具象的身体操演在计算机中成为一串串信息流，人与人之间的那种传统的交流也变为人与机器的交流。

综上所述，人们由面对面交流走向面对媒介的单向交流，这是传统文化传播交流的一个重大分野。第一阶段为面对面的交流，即主体对主体的直接互动和沟通，这是以传统社会中口头交流、身体操演的交流方式为基本形态的，在这个过程中身体动作、声音转瞬即逝，不能被固定下来，这种传统的互动交流模式决定了主体必须"在场"，即吉登斯所言的"本地生活的有效在场"。例如，纳西族东巴跳的展演中，交流的主体必须都在同一场域中，无论是作为主体的东巴还是作为客体的"诸神""鬼魅"，都在同一仪式场域中。这种有效的"在场"能营造出一种"神圣感"，能营造出"集体欢腾"的效果，如果任何一方"不在场"，那么这种交流便无法实施，最终也会成为无效的主体。这种传统的"在场"交流中，信息的发送者和信息的接收者是简单直接地通过特定的舞蹈动作，诸如手臂摇鼓、脚踩地等身体行为符号实现连接，并且这些行为符号不能脱离主体而存在，这也是主体"有效在场"的限制。

第二阶段为面对媒体的交流，这与第一阶段面对面交流有很大区别。在此阶段，主体面对的是某种可以脱离于主体而存在的媒体，这就意味着"在场的接触"可能被"不在场的信号"所替代，所传递的信息也会随之发生变化，更重要的是发送者和接收者已经被隔离开来，这种交流不再局限于"在场的有效交流"，而是变成一种不在场的一串串信息流应答，甚至作为接收者的人也不再是共同生活框架下的群体，任何能够操作计算机并接入互联网的人都可能成为接收者（见图6-3）。

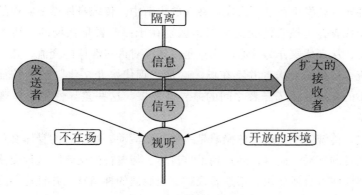

图 6-3　面对媒体的交流

二、现代媒介构建着传统

在旅游业带动下，电视、互联网等现代媒介在丽江及其周边纳西族居住区"遍地开花"。1988 年丽江电视台成立，并在 20 世纪 90 年代初建立了有线电视传播网络。1999 年国际东巴文化艺术节召开前夕，云南省广播电视光缆丽江段正式开通，从此，丽江市有线电视网实现了全国联网。在这里有一个鲜明的例子可以证明纳西族地区电视的普及：云南宁蒗县的落水村地处泸沽湖畔，在旅游业的带动下村里有了电，有了电视，甚至还有网吧，距离此地十多千米的里格村，虽然经济状况稍微落后，即便如此，村里也有了电视机，并且能够观看全国的电视节目。据悉，截止到 2000 年，纳西族地区村村通广播覆盖率已接近 90%，电视人口覆盖率达到 90% 以上。

当前，电视、互联网等现代媒介已成为纳西人闲暇时间中较为重要的文化消费工具。并且现代媒介在不断构建着纳西人的自我认同，人们从现代媒介中得到了闲聊的谈资，从现代媒介中了解到别人的生活和外面的世界。通过电视媒介，纳西人不断地接收着大量充满刺激的图像，并且纳西人传统的生活也转换成为图像。人们坐在屏幕前，可以不需要付出太多的代价就能观看外面发生的一切，并且，看电视、网上冲浪不需要在特定的地理位置，不需要本人"有效在场"，就能感受到强烈的视听刺激。例如，我们通过电视或互联网观看一场即时直播的传统文化表演，人们能够在图像流中感受到表演带来的愉悦之情，并且这种体验使得人们的自我认同不再与物理时空紧密联系，原有的自我和身份变得越来越模糊，越来越不必要。

传统社会中，纳西人以东巴跳身体操演实现着人与自然的交流，以及人与人之间的交流。当前，过去的交流方式正在让位于主体面对媒介的新话语方式。这种转变就发生在纳西人实实在在的生活中。传统身体操演实现的交流和当下以现代媒介为核心的交流最根本区别在于：前者是在场的、活生生的交流，相反，从现代媒介为核心的交流是主体面对许多客体的交流，是一种人与物的交流，信息的发送者并不在场，这是"现代媒介文化"的新特征。以上这些本质的差别导致了二者之间的差异性发展，这些差异性主要体现在以下方面：

首先，传统的东巴跳身体操演是一种互动活动，操演者的身体实践不但实现了与观者的互动，而且，还达到了与自然、与鬼神的交流，这种交流又反过来对身体操演者有所作用，塑造着仪式空间展演的神圣感，并且这种反应是当下的、同时的。在现代媒介交流情境中，这种互动的双向关系被一种单向的非互动关系所替代，有时即便是有反馈，也是一种延迟性的反馈，与在场的身体操演相比，与当下的、同时性的反应截然不同。并且由于这种交流具有单向性，作为接收者的角色是不可转换的，他们总是被动地接收信息。在交流中观众实际上成为一个"沉默的人"，这是现代媒介交流性质所决定的游戏规则。

其次，传统的东巴跳身体操演中，交流的过程充满了情感与神圣感，并且交流是通过直接接触的方式处理，角色的对称性保证了交流互动得以实施。对于现代媒介接收者而言，其仅仅是一个接收型的角色，有时对于信息很难产生共鸣，即便是对现代媒介内容厌恶至极，也不会对单向传播过程造成什么影响，这是传播的一种极不对称关系，即便是有时有互动，这也不是直接的在场互动，而是一种不在场的虚假互动、一种有距离的互动，这种互动游离于共同物质空间共享性之外，这种互动不会对现代媒介中的人物或时间发生任何影响。并且，通过媒介传播所确立的观众和表演者的关系，带有很大的遮蔽性，这鲜明地体现在媒介改变人们对世界的看法上。

最后，传统的东巴跳身体操演是主体间的对话过程，主体在情境中以直接经验形式获得信息，这一过程实现了传统文化的口传身授。当电视、互联网成为传媒手段时，纳西人直接的经验传递被一种中介或媒介化的间接经验所替代，那些传统文化不再是建立在直接经验之上，而是建立在媒介化的间接经验之上，是经媒介获得的"二手货"。

现代媒介以其特有的方式构建着传统。当现场直播的摄像机镜头聚焦于纳西族东巴跳文化符号时，给荧幕旁观者留下的是一个特色的民族盛大场景，在这盛大场景背后，却有一片广大的空白地带未被提及。例如，在电视聚焦之前真实而朴素的生产生活，在聚焦之时的包装设计和预演，在聚焦之后回归平静祥和生活的场景，这些都始终没有呈现在电视荧屏之上。这种特有的传媒创造了一种现实的表征，并促使荧幕前的观者形成了高度的一致感，他们对电视中演出的传统文化毫不怀疑，并认为电视图像就是对现实东巴跳文化符号的呈现和反映，这在很大程度上造成传统被改写和虚构，集体记忆被逐渐歪曲和重构，从某种意义上说，现代媒介不仅表征了现实，还在重构着传统。

今天，现代媒介已经普及到了纳西族人民的生活之中，并且为纳西人提供着无所不包的节目信息，不同时间、不同类型、不同内容的节目编织成了一个紧密的媒介网络，不断地将人们悬置在这个对现实重构和虚拟化的网络世界之中。纳西族族群社会所形成的传统文化内容连同纳西人的生活，都在模拟和重构中被卷入现代媒介图像流动之中，并且以图像信息建构着一个超现实的世界。

三、媒介传播影响的反思

当下，我们的生活受到日益媒介化的文化的影响，而当我们面对大众媒介所形构的文化时，又不可避免地面临着两难的困境：首先，在与传统社会的文化传播交流比较中，自然形成了一种对媒介传播的负面效应的批判意识；其次，媒介化的发展又是一种势不可挡的趋势，文化的媒介化也是一个历史发展过程。从理想的角度讲，我们对媒介化传播进行批判，从而开始反思，去其糟粕取其精华，进而促进传统文化的发展，但这是一项艰巨的任务。

当前，批判理论学派始终是大众传播领域中最有影响的学派之一，而对媒介化传播的批判也有助于对自身进行反思。首先，批判的前提是知晓媒介传播要素和特征。汤普森将媒介化传播基本要素分为技术媒介（固定信息、复制、参与）、体制机构（选择传播渠道、限制手段的机制）和时空远距离化（共在的语境、有效性的扩展）。媒介化传播的基本特征包含体制化的符号产品生产和流通、生产和接受的断裂、时间和空间有效性的扩展、符号形式的公共流通①。从以下几方面对媒介化传播进行反思：①媒介化传播的过程中充斥了大量复制的文化；②媒介化传播打破了传统生活的连贯性；③媒介化传播塑造了巨大的产业和市场；④传播造成了主体间性的变形。

第一，媒介化传播的过程中充斥了大量复制的文化。媒介化的大众传播过程实际上就是大规模传播的过程，所以需要大批量的文化产品生产作为保障，这样才能尽可能向更多的受众传递大量信息。这一复制的过程不仅仅是具体产品的复制，在复制的过程中还包含了思想、生活方式。既然什么都可以复制，那么在文化传播过程中必然会削弱文化间的差异，制造一种同质化的文化形态，最终造成大多数人共享同一种文化产品。本雅明精确地预示了"机械复制时代"的到来，在机械复制时代，传统文化那种独特的内涵被消解了，当把东巴跳文化符号带到千家万户，把外部的文化带到纳西人面前时，既给这些受众带去了享受文化的机会和权利，又不可避免地把这些相同的文化思想和意识形态强加给受众。我们得到了很多，同时也失去了很多。

第二，媒介化传播打破了传统生活的连贯性。东巴跳等诸多传统文化符号的"在场有效性"展现的是传统文化的线性逻辑，并带有族群的情感和性格，传统生活的连续性和具象性使人们能够思考其中蕴含的哲理，生产中展现的传统文化连接了过去、现在和将来，它们是在相应的背景中产生、发展并被理解

---

① 罗金辉. 消费主义文化语境下的中国电视传媒 [D]. 武汉：华中科技大学，2006.

的，具有历史连续性的抽象性思维。而媒介化传播所形成的图像流则是非连续性的，画面的切换让人产生难以兼容的情感，与传统文化相关的所有进程都被加快了，快的仿佛难以被确定是否还是它自身，时间被割裂，线性逻辑被打破，背景被剥离，一切都是以当下为中心。传统文化节目之所以存在，不是因为现实需要，而是因为媒介传播需要素材，电视中流动的多元的、破碎的、中断的图像构造了现代社会可感知的碎片文化。

第三，媒介化传播塑造了巨大的产业和市场。媒介化传播发展了一整套复杂的体制，这在经济学方面的意义是非常巨大的，之所以出现大批量的复制文化，是因为市场化和商品化进程加快，在市场化和商品化进程中大量复制的文化产品转变成市场价值。由于媒介化传播过程中受众是存在差异性的，为了满足"平均大众"的"口味"，其传播的商品必然要让尽可能多的受众接受。随着媒介化传播的加强，其具有从消费市场的诱导转向生产传播型诱导的趋向，即不是受众对生产和传播提出要求和限制，而是受众依从传播者的趣味。

第四，传播造成了主体间性的变形。在面对面的传播中，在场的有效性决定了主体必须面对面地互动，从而形成交流，这是哈贝马斯所言的"纯粹的主体间性"。由于媒介化传播是依赖于某种中介性事物进行展开，所以传播者和接收者可以不在同一时空中，这是大众传播超越时空的有效性扩展。作为中介的媒介技术进步和发展导致一种不在场的交流出现了，这就形成了交流者之间的断裂，导致一种间接而有距离的"准主体空间"出现了。随着媒介化传播的深入，对东巴跳文化符号以及纳西社会生活和传统文化的影响是深刻的，在某种程度上讲，媒介化传播是造成纳西社会生活发生变化的一个直接原因。

第七章　重构的思考：纳西族东巴跳文化符号发展的思考

第一节　传统与现代

　　关于纳西族东巴跳文化符号的重构，我们须重新审视传统与现代问题。现代来源于传统，以东巴跳文化符号为代表的传统文化包含了现代性的因子，当前诸多传统文化并非不适应现代发展，而是它们还没来得及走向现代发展就被现代湮没；现代并不必然造成传统的大量流失，也并非消除民族个性的同化，现代也并不意味着拒斥传统。东巴跳文化符号在重构过程中，应树立多元现代化发展的理念，以纳西族族群作为传统文化的主体，以适应当下环境、解决文化传承发展为目标，通过不同文化间的互动交流，借鉴多元文化和形式多样的现代文化，实现东巴跳文化符号的多元现代化发展。在东巴跳文化符号重构的过程中，我们还要设计东巴跳文化符号自我现代化发展思路，在此过程中培育和完善传统文化创新机制，建构文化自主学习机制，完善文化传播机制，以此促进东巴跳文化符号的自我现代化发展。

一、传统与现代的重新审视

　　纳西社会的传统文化是纳西人在生存与发展历史进程中所形成的适应性创造与积累，并由此形成了历史演进中特有的社会文化体系。东巴跳文化符号作为纳西族传统文化的重要积淀，是人们在既定自然社会环境和认知水平下，进行的身体行为文化实践，这种身体的实践一方面是纳西人生活的需要，另一方面也是纳西人精神的寄托，它既含有合理的判断与正确的选择，又具有非理性的认识，由此形成了愚昧与文明的多元复合体。例如，祭风仪式中，东巴跳操演能够给逝者家庭以安慰，使家庭成员认为逝者回到祖先居住的地方，从而得到祖先的庇护。又如，纳西人认为疾病是人的灵魂被"术"捉拿而引起，通过跳东巴神舞驱鬼镇鬼，能让"术"放了病人的灵魂。由此可见，纳西人的传统既蕴含了朴素的人生观和价值观，又掺杂了一些消极的内容。同时，纳西人的传统还是一个多变体，东巴跳文化符号经历历史涤荡，保存着过去，记录着当下，承载着未来。其发展进程并不是一成不变的。作为一种传承，东巴跳体现了纳西人生活符号意义的象征体系，其解释和运作最终取决于纳西人的认知发展状况及价值观念。以东巴跳为代表的传统是纳西人自身的认知行为体系，对于纳西人之外的人来说，传统相对于现代不是积极因素就是消极因素。对于传统或传统生活方式中内容要素好与坏、先进与落后的区分，只有秉持这种文化和生活方式的民族在做出价值判断和行为选择之后才有现实意义。所以说，他者对纳西传统文化的评判是被强加的。

现代化是工业革命以来人类社会发生的深刻变革，它是以工业化、信息化社会结构为基础的社会价值体系。现代人将物质性、城市化、标准化、市场化等作为衡量和判断现代生活方式的价值标准，这固然揭示了现代人类生活方式进步的本质。但是，这种源于西方现代工业社会的价值体系并非唯一的标准。因为，人们在接受一种文化现象的时候，总是要根据自己的经验来重新理解这种文化的意义，所以说，对于现代化而言，纳西人要根据自己传统文化所赋予的价值观去解读与阐释。不同的民族、不同的族群有不同的文化价值体系。例如，对现代化的解读上，西方人过于强调其工具理性，而我们认为还应包含人文情感因素，甚至不同的民族间，由于历史和文化背景不同，所对应的解释也会不一样。所以，对于现代化而言，只有经过不同民族的文化演绎，才能获得真实的内涵，进而获得实际的价值与意义。

在解读、评判乃至运行传统与现代化上所具有的相对性时，两者之间的相互关系在不同社会实践中往往具有不同的演绎和表现，这并非一成不变的。传统与现代在当下可能面临着以下的趋势：首先，传统与现代之间异质文化的接触引起原有文化模式产生一定变化；其次，在生活方式现代化转型中，二者能够和谐相处进而形成良性互动；最后，传统在现代化进程中被消弭，或者现代化在传统环境中步履维艰。所以说，在谈及全球化、提及纳西族生活方式现代化过程中，我们要以辩证的思维从民族文化视角去审视。

二、传统与现代之间的互动

费孝通先生认为，无论是"戊戌"的维新变法、"五四"的新文化运动，还是解放后的历次政治运动，都是在破旧立新的口号下，把"传统"和"现代化"对立起来，把中国的文化传统当作"现代化"的敌人①。历史经验告诉我们，在过去人们很容易将"传统"与"现代"对峙起来，从客观角度讲，"传统"与"现代"存在的冲突不容回避，但是，也不能过于凸显"冲突"的存在，以至于造成激进的二元对立。实际上，现代是从传统文化中衍生出来的，以东巴跳文化符号为代表的传统文化中包含了现代性的因子，当下，以纳西族为代表的少数民族地区并非不适应现代的发展，而是由于其发展缓慢，还没有来得及走向现代化发展进程，就被淹没在高速发展浪潮中。特别是在全球化、商业化进程中，纳西族地区传统文化面对着人口流动、观光旅游、文化产业等，以东巴跳文化符号为代表的传统文化消弭，文化同质化趋势严重。但是，现代化有可能导致传统文化消失，并不等于传统必然会大量流失，现代化不是消除民族个性的"同化"，不能把现代化进程中传统文化的迅速萎缩、大量流失的问题全归结为现代化和全球化本身，而是需要将现代化与现代化模式区分开。

今天，我们所面对的全球化依然是在西方文化主导下的旧有现代化方式中推进，这种旧有的现代化不仅造成了社会的贫富分化，而且产生了民族文化冲突、环境污染、道德败坏等一系列社会问题，严重恶化了民族传统文化的生存环境，并且大大加剧了现代化和全球化更新速度，使得人类传统文化出现不应有的大量流失问题。所以，当前诸多学者不断呼吁应该改革旧有的现代化模式，实行可持续发展模式，重视人类多样性保护和发展。因此，现代化导致传统消弭与现代化发展中传统消失状况不应直接画等号。

现代化并不意味着拒斥传统，因为传统中包含了现代因子，传统的流失与变迁在很多时候也不意味着传统的消失，而只是表现为表层内容的消弭、形式的改变，其深层的东西得到保留和沉淀。传统的流失与变迁有时也表现为一段时间内的消弭，而消弭并不意味着传统被终结，它只是暂时隐匿在"地平线"下。在当下，东巴跳文化符号受到视觉文化、消费文化、等因素影响，但是，东巴跳内核性的内容依然能存活下来，所以，当人们开始反思传统的重要性之时，当人们逐渐重视传统的价值之时，传统文化也会顺其自然地回归。

实际上，现代对传统构成威胁的同时，也在不断实现着传统的复兴。纳西族东巴跳文化符号只有走向现代化，才能得以保存和传承。传统是流动着的文化，东巴跳文化符号在现代化进程中实现着吐故纳新，从现实生活中汲取"养分"，在现代化进程中激活其现代因子进而获得新的发展。同时，依靠现

---

① 费孝通. 文化与文化自觉 [M]. 北京：群言出版社，2016.

代性内容渗透，传统抛弃了不合时宜的无用内容，保存了适宜性的内容，实现了传统的更新与发展。我们所提及的保存东巴跳文化符号实际并不是一成不变地保存其原貌，将其变成凝固的"博物馆"，而是要使其成为"活着"的、符合当下的传统。否则，东巴跳文化符号可能会成为腐化的内容，最终会逐渐衰亡。

再者，传统的现代化发展必须立足于传统实际，这样才能真正地实现传统的发展。东巴跳传统文化符号的现代化过程是在保持东巴跳文化符号内核不变的情况下，对原有文化因子及相关文化符号进行重新组合的过程，并不是抛弃原有的文化内核重新"制造"，不是从传统文化生活中剥离出来的展演，更不是离开纳西人的传统文化生活而存在的仿像；否则，传统的现代化就会变得空洞无物。实际上，诸多的传统东巴文化中不乏有利于现代化的因素。例如：东巴文化中的祭署就蕴含了现代可持续发展的观念。更为重要的是现代化价值评判体系与传统文化有依存关系，它根本无法脱离传统所提供的价值基础，因为生活方式现代化乃至社会现代化的行为与模式，不仅取决于经济发展水平，还取决于包括传统在内的社会文化因素。

现代化对纳西族东巴跳文化符号的影响应具有两面性，一方面，现代化使东巴跳文化符号"脱胎换骨"时也使其得到了"新生"；另一方面，东巴跳文化符号逐渐没落和消弭，文化逐渐趋同化和单一化时，也在复兴，从而促使文化发展。传统文化需要现代化，现代化同样需要传统文化，二者相互矛盾，也相互适应、相互促进、相互发展①。

三、多元现代化发展的思考

全球化发展背景下，传统文化的现代化建构成为重要的发展趋势，纳西族东巴跳文化符号的发展必然会卷入这一发展进程中。当然，当下纳西族东巴跳文化符号的现代化发展还是被动的，无论是开放的还是被迫的，传统与现代的文化接触、碰撞、交流是必然的。一方面，这使纳西族东巴跳文化符号的传承与发展不再可能独立于全球化发展趋势之外；另一方面，这也为传统文化的现代化发展提供了前所未有的机遇和条件。当下，现代化发展已经渗透到纳西人生产生活的各个方面，现代化的发展选择已经不可逆转。现代化对于纳西民族文化来说，是一场在全球化进程中必然要发生的变革。并且，在全球化生存环

① 鲁彩荣. "三个代表"思想与少数民族地区的发展 [J]. 中南民族大学学报（人文社会科学版），2003（S2）：45-47.

境下，以纳西族东巴跳文化符号为代表的传统文化都已经被卷入"发展"的浪潮中，为了适应"现代"生存需要，这些传统文化都必须做出"现代化"的发展选择。

每一种文化，无论其历史和现状是怎样的，都必须要走向现代，并且都要对构建一个什么样的现代体系做出选择。全球化最核心的特征就是国家、地区、民族之间的联系和交往更加密切，因此，纳西族东巴跳文化符号在当下不可能自我封闭，它应该将世界作为建构自我现代化体系的背景；否则，东巴跳文化符号既无必要也不可能实现现代化转化。全球化进程的加快要求东巴跳文化符号适应现代社会环境，要求其完成现代性的转换并实现文化的传承。当前，多元文化的碰撞既是一种挑战，又是一种机遇，它为纳西族东巴跳文化符号的现代化发展提供了重要的资源，首先，各种现代文化的出现能够在一定程度上引导纳西族对传统文化的现代化发展做出选择；其次，全球化为纳西族族群文化现代化选择与构建提供了多种参照和选择，尤其是在多元文化碰撞交流中，能够给纳西族传统文化的现代性构建提供有效的资源和借鉴。

多元现代化所描述的人类未来文化图景，既不同于将文化差别绝对化的"特殊主义"，也不同于将文化共性绝对化的"普遍主义"；既不是人类文化的"多种分立"，也不是人类文化的"同质化"，这是一种既具有一定普世性，又保留多元文化特质的人类文化状态，体现了普遍性与特殊性、共性与个性的辩证统一①。这一图景的含义是：以具体历史实践中人自身的发展为核心，以适应现代环境、解决人类现代生存问题为目标，通过不同文化间平等交往、互动和学习借鉴，发展具有价值多元化和形式多样性的现代文化。多元现代化发展思路为纳西族东巴跳文化符号的现代化发展提供了恰当的路径：东巴跳文化符号的现代化发展应坚守自身传统的合理内核，又可不断融合外来文化的现代性文化精髓，进而形成有效的、普遍与特殊相统一的自我发展模式，理想的前景是：它既不盲目趋同所谓的先进文化，也不保守地维护落后的传统文化。

多元现代化发展思路的构想，有助于我们理解全球化时代人类整体经验与各种本土化知识之间错综复杂的关系，进而在发展中自觉构建它们的有机统一体系。只有将"本土生活方式"与"时代精神"有机结合起来，一个社会和文化的现代性方案才是切实可行和积极有效的，只有将其根植于本土文化传统的社会现代化和文化现代性进程中，才能实现可持续发展。全球化进程中，我

---

① 戴庆中. 全球化语境下少数民族的生存智慧与文化突围 [J]. 贵州社会科学，2008（2）: 24-30.

们看到东巴跳文化符号与现代化发展存在一些紧张关系，人们始终将保存传统文化与发展传统文化作为两个对立面，保存则意味着落后，发展则意味着消亡，二者的选择使人们较为纠结。多元现代化的发展构想，在一定程度上提供了一种能够消除或者缓解这种纠结的路径，因为多元现代化的发展打破了原有的发展与保存、传统与现代的二元对立的定势，为东巴跳文化符号乃至其他传统文化符号的传承发展提供了一种可持续发展的思路，它能够实现人们两种诉求的有机统一。

按照多元现代化发展的思路，纳西族族群可以对现代化要求做出积极的回应，唤起对本土和本民族文化的自觉和自主改造，致力于构建一种意义系统和生存模式，并实现本土传统与时代发展要求的有机结合，将本土社会的现代化目标与文化的现代性目标统一起来。无论如何，我们都应该看到这种可能性的存在，尽管当下纳西族东巴跳文化符号与现代化发展出现了一些冲突与矛盾，但是问题也有相反的一面，那就是二者之间也存在某种条件下的融合。关键就是需要创造一定的条件，促进本土文化自觉和融合机制的形成与完善。

四、传统文化的自我现代化发展

全球化发展浪潮中，纳西族东巴跳文化符号如何走向自己的现代化，如何实现自我的发展？这些是必然要回答的问题。对于纳西族东巴跳文化符号自我现代化的发展，我们需要充分利用有利的条件，并避免不利条件或转换不利条件为有利条件，实现传统文化的自我现代化发展。具体的发展路径可概括如下：

第一，需培育和完善传统文化创新机制。创新是纳西族东巴跳传统文化符号发展的基本途径，如果创新机制不健全或不完善，那么传统文化就不会有未来。纳西族族群是东巴跳传统文化符号的主体，传统文化创新机制形成的基础是纳西人的创造力发挥，而建立创新机制目的是激励和保护纳西人的创造力。因此若要培育和完善纳西族东巴跳传统文化符号的创新机制，最根本的是激发传统文化主体的创新意识，使其创新素质和能力得到发挥，在深入挖掘自身传统文化的过程中创新发展路径，培育和完善传统文化的创新机制。面对全球化的生存挑战，纳西族族群很难用过往的经验或传统文化模式来应对当下的发展，提高与拓展传统文化主体的新素质与新能力成为亟待解决的问题。关于创新素质及创新能力的提升方面，可积极地创造条件，实现文化主体与外部世界交流，从而使其在原基础上实现发展能力的提升，更确切地说，这种能力提升是基于自我文化传统。最后，创新需要良好的制度和人文环境，我们需要尊重和保护纳西族族群自主选择、自主发展权利，为其创造一个自信和可被信任的环境，在相互理解、平等对话中让纳西人建立起文化认同和文化自信，实现创造力的充分发挥。

第二，需构建一种文化自主学习机制。文化自主学习机制的构建是纳西族东巴跳传统文化符号发展的关键。在全球化进程中为什么有的区域的传统文化在竞争中消弭或被边缘化，有的却更具竞争力？其中文化学习型机制有着重要的作用。对于文化学习机制构建，首先，是要学习自己族群内的东巴跳传统文化符号发展历史，将传统文化创新根植于族群文化的深厚积累之中，根植于世代相传的历史文化土壤中，这种发展创新才是自我的，才会有生命力。对纳西族族群来说，过去积累的身体行为经验和知识，已经成为他们的文化记忆和隐性知识，文化学习机制的作用就是对这些记忆和知识进行激发与学习，学习的内容离不开对乡土的、传统的文化底蕴和内涵的深入挖掘。在历史积淀中为创新寻找根基和资源，以传统作为根基的传统文化发展，更容易得到族群成员的认同，也更容易促使传统文化可持续发展。其次，学习的对象不仅仅是对自身传统文化的挖掘，也包括对异文化的理解、选择与吸收，学习型文化机制构建必须善于吸收多元文化成果。最后，文化学习机制构建中，人文环境的建构是关键，在全球化进程中虽然许多技术、商品可以被买卖和转移，但是人文环境这一隐性知识无法被转移，这是纳西族地区的重要社会资本，是地域文化赖以发展的特色资源，通过学习和传递，这些知识可以成为当地群体的记忆和资产，也是保持自己文化竞争力，在全球文化构建中保持自我并得以立足的根本。

第三，需培育和完善文化传播机制。在纳西族地区对外开放的大环境下，我们需要培养和完善文化传播机制，无论是在纳西族地区内还是区域外，传统文化要保持与异文化间的接触与交流。今天看来，再回到拒绝交流、故步自封的状态是不可能的，从积极的方面看，开放与交流不仅可以促进文化传播，还是实现文化传播最基本和最重要的途径之一，传播在一定意义上是实现纳西族东巴跳传统文化符号自我保持和发展的重要机制。从纳西族族群迁徙历史看，人群流动也是文化传播的重要方式之一，我们可充分利用现代社会生活流动性特征，促进纳西族族群与外部世界进行接触，无论是外部人群流动至纳西族地区还是内部族群流动至区域外，通过这种双向的流动，文化可以实现双向传播。最后，各种传播媒介在文化传播中亦扮演着重要的角色，它们打破了时间与空间限制，形成了远距离的传播效应。远距离的传播对东巴跳等传统文化而言，既是挑战也是机遇，它在很大程度上促进了传统文化的远距离传播。

第二节　主位与客位的确定

当下，本应作为客体的传统文化投资者却反客为主，将东巴跳文化符号打造成一种"文化商品"，而本应作为主体的传统文化却安于现状。所以，对"谁是东巴跳文化符号主人"的诘问既有必要，也很重要。在东巴跳文化符号重构过程中，确定谁是主位与谁是客位尤为重要，因为这直接决定着东巴跳文化符号的传承与发展。我们可以在主客位关系的换位思考中，使主体和客体在争论与对立中找到合适的协商基础，通过矛盾分析与转换实现主客位的双赢。同时，应在外部制度创新过程中，主体应自强自立，以达到主体与客体力量的均衡，这是实现东巴跳文化符号可持续发展的重要条件。

一、谁是东巴跳文化符号的主人

东巴跳文化符号是纳西族族群传统生活的积淀，是族群的价值取向和文化记忆，也是族群为了满足自身生活需要而采取的身体实践操演。在既定客观条件所规定的范围内，作为生活主体的纳西人以自己特有的文化创造解释和实践着自己特殊的生活方式，以自己具象的身体实践演绎着族群原始的宇宙观、朴素的价值观，并根据自己对自然、诸神、鬼魅的理解表达实现着自己的愿景，所以说纳西人是东巴跳文化符号的主人，这是毋庸置疑的。

但是，东巴跳文化符号并不是作为一个孤立的文化内容而与社会生活体系隔离开的，东巴跳文化符号发展与传承不能撇开自身所处的自然和社会环境，它具有"私人"自然属性的同时也反映着社会关系。在传统社会发展历程中，纳西人是以群体生活为主，任何人的生活行为、动机和要求都不能离开作为社会群体成员的角色定位，也不能离开既定的生活背景。任何社会活动都是通过个人生活活动实现的，甚至社会结构也是在个人生活过程中产生的。任何文化形态无论是家庭的、宗族的、民族的还是阶层的，都是在与其他人、其他族群、其他社会相互影响、相互作用过程中，创造、选择和融合发展的。当今全球化过程中，随着全球一体化进程的加快，现代化浪潮已经影响到每一个角落，人们在衣食住行等各个方面相互影响，传统文化也必然会越来越社会化、世界化，纯粹的民族性传统文化已经越来越少。

东巴跳文化符号具有"私人"、社会双重属性，在现代成为纳西人主体与外来客体高度融合的文化集聚物。在社会发展中，由于外部环境不断变化和其他因素的干预，"谁是东巴跳文化符号的主人"所指涉的主体与客体的关系往往会产生一系列问题。例如，在由传统向现代化发展进程中，变革的内容和方式、变革的衡量标准和目标取向等问题上，到底是持有东巴跳文化符号主体来决定，还是由力主现代文化的客体来决定？当主客体选择不一致时，我们根据什么原则来调和二者之间的矛盾，客体如何采用恰当的方式来支持与协助主体发展，这些都是亟待解决的重要问题。

新中国成立以来，纳西族在民族平等、团结、互助的国家政策背景下取得了长足的发展，纳西族人民生活水平和生活条件有了很大的改善。但是，我们也不能忽视这期间存在的客观问题：一些地方管理部门从经济利益出发，将东巴跳等传统文化符号作为一种文化资源进行包装利用，片面地根据经济增长需求布局传统文化产业，在传统文化发展过程中强行推进文化产业化发展模式和"一刀切"的政策。作为客体的文化投资者单纯地将东巴跳等传统文化符号看作一种"文化商品"，将传统文化包装成可以买卖的商品。所以，一些地方在发展民族文化旅游过程中，抓住外来游客对"异文化"的猎奇心理，经常以违背传统文化主体的意愿为代价，将传统文化随意"裁剪""拼凑"，甚至，一些传统文化展演直接将主体排除在外，雇佣专门的演艺公司进行商业性演出。另外，对于作为主体的纳西人而言也有安于现状的心态，他们习惯于国家主导的投资与支援，习惯于将本民族发展的希望寄托于外部的扶持，找不到传统文化传承与发展的有效途径。事实上，以上这两种假设情况都损害了纳西人的根本利益，伤害了纳西传统文化的自尊，影响了纳西族地区传统文化的发展。

二、主客位关系的换位思考

作为东巴跳操演主体的纳西人是东巴跳文化符号形成和变迁的内因，并在文化变迁中起着决定性的作用，能够决定东巴跳文化符号的走向、变迁进程和内容取舍等。关于纳西传统文化的变革和发展，最终起决定作用的应该是作为主体的纳西人，他们需要依靠自己的力量去推进传统文化的改革。当前，推进东巴跳文化符号的现代化实质上是推进东巴跳文化符号主体的现代化，只有作为主体的纳西族群众自觉参与到传统文化的变革中，充分发挥纳西人的积极性和创造性，才能不断推进东巴跳传统文化符号的现代化发展。而要推进纳西族群众的现代化，我们充分调动和发挥主体的能动性：首先，要使纳西人的认知模式与当下接轨，应使其认识到现代来源于传统，现代化发展应该是多元的，自己族群的传统文化应该实现自我现代化发展，而不是被动地去接受旧有的现代化。其次，纳西族的主体地位确定决定了在传统文化改革发展过程中必须尊重纳西人的生产、生活、习俗等。我们要以发展纳西族地区现代化内生力为核心，尽可能提升纳西人生活水平，优先满足纳西人实际生活需求，进而使纳西人更好地传承自身的文化传统。而对外部客体而言，不管其有多大的能力，不管其有多大的推动力，都应该尊重主体的选择，并成为协助主体的力量，在作为主体的纳西人的有效实践过程中发挥作用。外来的力量再大，也不能包办纳西人的传统文化发展和传统生活。

由于作为主体的纳西人和作为客体的外部力量具有不同的文化背景，处于不同的地位，他们持有不同的认知体系和价值评判标准，这就决定了他们往往从不同的视角去认识和关注传统文化及其变迁，以不同的态度来对待传统和现代化发展。作为主体的纳西人和作为客体的外部力量所持有的利益指向也有着很大的区别：客体外部力量自认为是现代化发展的代表，所以客体更侧重于从现代化发展要求对传统文化进行再造，更多的是基于经济利益获取的角度进行考量，而作为主体的纳西人比较注重传统文化对现实生活的维持作用，将传统文化在现实社会中的内在价值看作辨别该传统文化事项坚持和保存的主要标志。当下，受到客体外部力量影响，主体的利益指向发生了深刻的变化：他们更看重于传统文化对眼前现实生活的实效性，并且传统文化对改善生活有"即刻的成效"。例如：一些专家和游客在看到纳西族东巴跳等传统文化符号受旅游开发和文化产业化影响，担心传统会消失和习俗会泯灭，希望纳西人创造的传统文化习俗能被保持与继承。然而，一些纳西民众却不这么看，他们基于现实生活需要，认为固然需要保存传统文化，但是发展也是硬道理，以自己的文化获取经济利益是自己的权利。

主客体从不同的视角去认识和关注传统文化及其变迁，以不同的态度来对待传统和现代化发展的差异性和对立性，往往导致"公说公有理，婆说婆有理"，正是这种观念，致使双方在传统文化发展问题上都有自己的理解、意见与选择，这种情况在东巴跳文化符号发展中是客观存在的。为了应对这种情况，我们必须学会从不同的角度去认识和解决问题，这是维持生活秩序的基本要求。传统文化变迁的过程本身就是一种文化适应的过程，不同文化模式在相互接触、碰撞过程中必然会抛弃一些旧有文化因子，同时吸收新的文化因子，进而形成新的文化模式，这本身就意味着基于不同文化背景的人在生活实践中不停地对自己以及外来文化风俗、文化信仰等进行再解释，对生活目标和价值、行为与规范进行再取向。这种再解释与再取向的过程就是突破原有认知体系和价值评判体系，转换视角和重新认识的过程，这个过程即换位思考的过程。

面对当下主客体对东巴跳文化符号认识和关注造成的传统和现代化发展的差异性和对立性，换位思考确实是一种解决问题的重要逻辑思维，通过换位思考，主体和客体在争论与对立中找到合适的协商基础，通过矛盾分析与转换达成主客体的双赢。对于纳西族东巴跳文化符号而言，这是在社会文化传播方面的重要机遇，纳西人要在交流学习中实现吐故纳新，进而促进纳西族传统东巴跳文化符号发展；而现代化也因为换位思考促成了传统与现代生活的结合。对主体和客体进行换位思考，不至于造成现代文化对传统文化的纯粹取代或一种文化模式对另一种文化模式的简单更替。以传统行为准则为文化基础的主体，如果仅从自身出发，以自己的认知体系为唯一标准，完全按照陈旧的思维去理解现代，那么，纳西人及其传统文化则会在现代化实践中迷失方向。对于客体而言，如果自命不凡地将自己看成先进与文明的代言人，忽视了纳西族传统文化的生成背景及根基，武断地将所谓的"先进文化"强加给在本地生活的纳西民众，这种行为不会给纳西人带来所谓的"福音"，也不会给自己带来所谓的"好处"。

三、制度创新与自强自立

过去的历史经验告诉我们：作为主体的纳西人曾经忽视了自身的决定作用，习惯于外部的调拨与支援，致使其对外交流出现了文化自卑问题；作为客体的外部力量曾经过度干涉地方传统文化，习惯于将自己标榜为先进的代表，致使纳西族传统文化式微。这不得不使我们反思：需要建立与纳西社会传统文化相适应的制度保障机制，确保纳西传统文化能够在当下可持续发展；同时，也须努力提升纳西人自强自立的素质和能力，因为作为传统文化拥有者的纳西人是主体。

建立与纳西社会传统文化相适应的制度保障机制，能够为纳西族群众发挥主体作用提供特殊保障。制度保障的建立既是客观要求，也是当下纳西族传统文化的特殊调控手段。当前，纳西族地区经济发展水平相对较低，自我发展能力有限，受外部强势文化影响，传统文化在发展过程中处于被动地位，在对外文化交流中处于弱势地位，纳西人在行使主体的权利、发挥主体作用方面存在较大的困难和阻力。所以，纳西人要在文化交流与传承中发挥主人翁作用，维护自身的利益方面，需要有相应的外在制度保障。当前，国家层面也较为重视传统文化的保护与传承。2017 年 1 月，中共中央办公厅、国务院办公厅专门印发了《关于实施中华优秀传统文化传承发展工程的意见》，其中专门强调了"须加大对重要文化和自然遗产、国家非物质文化遗产等资源的保护与支持力度；制定非物质文化遗产保护专项规划；加大优秀传统文化法律法规施行力度；制定完善的地方性法规和政府规章"等相关内容。

首先，纳西族传统文化制度保障的实施，应尊重纳西族传统文化，充分考虑到纳西民众的实际情况和文化心理状况。尊重纳西人的文化风俗和价值取向，尊重纳西人的生产生活习惯，在实践中尽可能地包含和体现纳西族文化精神，充分发挥当地群众在移风易俗等方面的主体作用。不能主观地认为外来力量就是"先进的文化"，不能用所谓的"先进文化"来代替地方性传统文化。例如，东巴跳文化符号是纳西人世代传承的身体行为文化，祭祀仪式中的东巴跳展现着纳西人对"万物有灵"的理解，我们应该尊重这些传统的文化信仰和文化习俗。

其次，纳西族传统文化制度保障的制定应广泛征求纳西族群众的意见，并吸收纳西族人士参与决策，充分听取当地群众的特殊要求。应让广大的纳西族群众在传统文化保障制度实施过程中受益最大，将政策制定的着眼点放在不断提升纳西族传统文化的繁荣发展上来。在政策制定中关系到局部利益和现实利益时应该适当向纳西族地区倾斜，在系列纷争问题上应做出让步。应建立传统文化保护与传承专项机制，落实文化发展战略中的传统文化保障机制，切实保障纳西族地区依法享有的传统文化发展政策落到实处；在宏观调控制度中应实行分类指导原则，克服"一刀切"的做法。

最后，在建立与纳西社会传统文化相适应的制度保障机制的同时，必须努力提升纳西族民众自强自立的素质和能力。在东巴跳文化符号现代化发展进程中，保障纳西族群众的主体地位，是实现传统文化可持续发展的重要条件。如果纳西民众缺乏强烈的民族传统文化发展意识，没有自强自立的能力，就很难发挥主体的作用，所制定的一切制度文化都不过是一纸空文。要改变当前纳西族民众在当前主客位关系中的"弱势"地位，使主客位关系正常化，须提高其自我发展的素质和能力，克服"等、靠、要"的思想，要正确认识民族意识对族群发展繁荣的积极推动，要正确认识传统文化对族群文化标识的重要意义，强化民族自主自立、奋发图强的民族精神，激发传统文化的生机与活力，增强文化自觉与自信，构建纳西族传统文化传承发展体系。

第三节　视觉文化的超越

我们身处于各种文化图像生产、流通与消费环境中，并被虚拟化的视觉环境包围。当我们越来越多地接触到这些"图像"，并进一步回味之时，就会体验到视觉文化的"淡然无味"，同质化的图像削弱了人们的视觉兴趣，导致了人们的视觉疲惫，并表现出"神经餍足"现象。而如何规避这些被策划或被制造的"仿像"，如何实现视觉文化的超越，成为人们关注的焦点。我们要回到人与自然和谐相处的形象世界中去，摆脱人为符号的侵袭，实现"本地生活有效在场"，实现视觉与对象的自然结合，这也成为东巴跳文化符号重构与发展的重要方向，这是主体与对象的默契、视觉与精神的协调。

一、视觉文化与视觉自然

心理学上有一个"感觉剥夺"的经典实验，当一个人被剥夺了与世界的感官联系时，他的真实感和现实感便随着感觉的剥夺而消失，进而导致他不安与焦虑，使其生存受到威胁。与"感觉剥夺"相反的状态是格式塔心理学家苛勒提出的"神经餍足"现象，即过度刺激将引起神经系统的功能紊乱和焦虑，侧重于指沉溺于感官世界，因过度放纵而产生刺激过度。以上两种状态都属于非正常的状态，人类所需的状态是介于二者之间的状态。

视觉在感官中占据着较为重要的地位，视觉需求的历史在某种程度上讲也是文化生产的历史。在纳西传统文化中，人们对具象的身体有着较为深刻的视觉理解，而象形文字——东巴文的发明更是纳西人视觉理解的文化呈现。但是，纳西人对笔直的线条和规整的形状的理解不同于现代人，因为在纳西传统文化中，自然形态的事物占据着重要地位，而自然事物的线条和形态并没有规整的直角、三角、直线等理想的几何形态。但对于现代人则恰恰相反，各种人为的设计和结构对现代人而言是司空见惯的，他们对规整的线条与形状是敏感的①。

我们对传统与现代群体的视觉问题较为关注，最主要的目的是理解传统社会的视觉到现代社会的视觉的变迁过程。首先，人类文化的发展是一个不断变

---

①　周宪. 反抗人为的视觉暴力：关于一个视觉文化悖论的思考［J］. 文艺研究，2000（5）：14-20.

化的漫长历史过程。在此过程中，人们的视觉对象由过去传统"在场"的"实在之物"，逐渐演变为"脱域"的"图像之物"，视觉对象变得越来越丰富和复杂，在这个过程中人们的视觉观念也随之发生了较大转变。例如，在过去人们要对"在场"的"实在之物"——东巴跳仪式中身体行为操演进行视觉解码并转换，进而理解其深刻的内涵，而对于现在"脱域"的"图像之物"——东巴跳影像，我们只需要感受即刻的图像冲击，而图像背后的意义逐渐消失殆尽。

其次，人类视觉文化的历史有一个从自然形态到人为形态转变的历程。这具体地体现在我们的视觉图像从自然物到人为设计的符号转变中①。东巴跳文化符号曾是一种具有自然形态的"意象"，舞者以具象的手臂动作、腿部动作和头部动作展现着深刻的内涵。而以图片、视频等形式呈现的东巴跳形态则是一种人为制造的"信息流"，是一种可以被复制的视觉文化，它借助于强大的技术逻辑和标准化生产建构，实现了"仿像"的文化生产。意象的东巴跳视觉表象呈现的是乡土文明，它是以纳西族族群关系为纽带的，而仿像的东巴跳视觉表象则呈现的是都市文明，它是以资本为主导的。鲍德里亚曾指出"我们越来越生存于一个人为符号的虚拟世界里，符号也已经失去了实在本来所具有的模仿和再现关系"②。东巴跳文化符号借助于大众媒介实现了跨越时空地域的传播，但是，这些自然的符号逐渐失去了其本质的内容，都市化的人为符号填充了人们对传统的需求，我们的视觉环境越来越人为化，我们的生活环境越来越人为化。

现代人的视觉需求越来越高，因为现代化进程中生产者制造的视觉对象种类越来越多，数量越来越多，这必然使人们的视觉经验越来越复杂与敏锐。于是，人们也不再满足于曾经那些单纯的、自然形态的视觉形象，现代化的视觉文化制造的复杂视觉冲击满足了人们的视觉需求。巨大的视觉冲击和丰富的视觉联想制造的视觉效果，将场景与状态表现得淋漓极致，画面在各种技术的烘托下显得越来越逼真，并制造了一种超现实的视觉文化体验，这些都是传统文化表现难以达到的。

至此，我们可以得出一个结论，视觉文化的历史也是一个视觉自然衰落而视觉文化取而代之的历史进程。当下一个崭新的视觉文化时代已经到来，我们身处于各种文化图像生产、流通与消费之环境中，人们已经被虚拟化的视觉环

---

① 周宪. 反抗人为的视觉暴力：关于一个视觉文化悖论的思考 [J]. 文艺研究, 2000 (5)：14-20.

② 让·波德里亚. 消费社会 [M]. 刘成富，全志钢，译. 南京：南京大学出版社, 2000.

境所包围，并且，人的视觉习性和经验模式也越来越技术化和程式化。作为纳西族重要文化标识的东巴跳文化符号在当下也必然面临了视觉文化的转向问题，东巴跳视觉文化的形成导致传统的身体操演越来越具有自指性、形式性、可复制性等特征，视觉文化在慢慢地蚕食着传统文化并导致传统逐渐消解。

二、视觉文化与视觉自然之间的张力

随着现代都市化、媒介化、影像化文化的快速发展，以东巴跳为代表的传统文化被高度人为地符号化，并成为一系列普遍的文化景观。当视觉文化成为传统文化发展中的主导力量时，带来了一个令人困惑的矛盾现象。例如，东巴跳等传统文化符号越来越多地成为视觉文化图像时，造成了越来越多的仿像生产、传播与消费，当下，人们不得不面对的是种类繁多、数量巨大的视觉文化现实。也就是说越来越多的人为视觉文化符号充斥在我们日常生活之中，以至于我们很难摆脱视觉文化符号。

诸多纳西族传统文化事项的视觉化生产与消费特征越来越明显，打着东巴文化旗号的种种视觉形象不断地被制造与更新，但是，即便是数量再大、种类再多的形象也不过是人为刻意制造的"仿像"，当人们越来越多地接触这些仿像并去"回味"之时，才会觉得视觉文化"淡然无味"。因为作为仿像的传统文化只不过是一种失去文化内核、失去文化灵魂的"商品"。当下，很多游客认为很多少数民族村寨、少数民族工艺品等都越来越千篇一律，越来越同质化，这在很大程度上是因为过度的视觉文化生产与消费在满足视觉欲望的同时，也削弱了人们的视觉兴趣和新鲜感，进而造成人们的视觉疲惫，并造成了一种新的视觉匮乏或缺失①。

关于以上所展现出的悖论，我们可以从两个层面分析看待。首先，视觉文化消费者在大量甚至过量地消费种种以传统文化为名制造的文化产品时，过度的视觉图像刺激必然导致人产生焦虑与不安的情绪，从而产生"神经餍足"现象。其次，由于当代视觉文化形象高度同质化，越来越多的消费者对于产品形象感到视觉疲劳与心态厌倦，这种视觉疲劳与心态厌倦也促使了人们对真实东巴跳文化符号的追求，人们开始渴望传统文化回归自然，渴望能够再现意象的身体操演。于是，焦虑的都市人开始探寻曾经那片"纯净"的净土，开始逃离喧嚣的城市，回归自然，东巴跳等传统文化符号那种原生态的身体表述也

---

① 张为. 消费社会语境下视觉文化的体验与超越 [J]. 江西社会科学，2013，33（9）：235-238.

成为人们内心所追求的视觉自然。

传统社会是人与乡土和谐相处、充满自然活力的乡野社会，传统的东巴跳文化符号是宗教仪式中重要的身体实践，是纳西社会重要的文化记忆，是纳西人重要的文化认同。而城市化的开启使人们逐渐脱离了乡野大地，工业化与现代化进程加快了人造世界的形成。当下，东巴跳文化符号俨然成为一种图像，成为一种文化消费品。城市化进程的加快使纳西人越来越集中到城市，纳西人脱离了他们曾经生活的乡土，技术的工具理性越来越多地渗透到纳西社会的各个领域，媒介文化在不断蚕食着东巴跳等传统文化符号的内涵。市场化及商业化的发展给纳西人带来了物质上和精神上的商品，但是，纳西人也逐渐失去了最为珍贵的身体文化记忆与文化认同。在文化工业运行背景下，大批量的文化产品被生产，以满足大批量的"平均大众"，最终成为消费社会的消费品。综合以上可以看出，纳西族的东巴跳文化符号正在成为一种大众文化、媒介文化和消费文化，三者合力构成了当下东巴跳视觉文化符号的基本属性。

大众文化、媒介文化和消费文化必然要求其所塑造的视觉文化具有形象化的存在，而这种形象化的存在又是一种符号化的图像；反之，形象化的生产和消费又反过来强化和维系着社会与文化的内在要求①。二者的关系导致了视觉文化与视觉自然之间的关系变得紧张，首先，视觉自然是人本质的体现，它展现了一种富含深刻内涵的意象，而视觉文化代表的是一个与意象相反的仿像，视觉文化的出现深刻地改变了人的视觉自然，致使人的视觉范围与限度、强度和效果都有了很大的改变；其次，高度的城市化和工业化进程使我们的视觉越来越倾向于人工化制造的图像，而那些传统的意象正在慢慢远离我们的视觉范围，剩下的都是到处可见的高楼大厦、流动的图像，视觉自然在当下受到了严重的压抑。

当下，一方面，人们需要面对海量的同质化视觉文化形象；另一方面，传统文化显得越来越难以寻觅，而其异化态的大众文化、媒介文化和消费文化随处可见。于是，人们为了逃避这些被策划的形象世界、被仿像的符号，必然会选择回到人与自然和谐相处的形象世界中去，摆脱人为符号和侵袭②。这种情况在现实世界中并不是不存在，人们渴望回归田园生活的心态就是最好的例证。

---

① 周宪. 反抗人为的视觉暴力：关于一个视觉文化悖论的思考 [J]. 文艺研究，2000（5）：14-20.

② 郝冰，李启. 图像时代的视觉饱和化反思 [J]. 哈尔滨工业大学学报（社会科学版），2009，11（6）：64-68.

三、回归自然的文化视觉

以上揭示了视觉文化与视觉自然的紧张关系，随着视觉文化的进一步发展，这种紧张关系还会被加强。当下，重归视觉自然蕴含着两方面的含义：

首先，回归人的视觉主体性自然。今天，我们看到附着于传统文化之上的视觉技术已经远远超出了人的肉眼所及的范围，生产者运用各种技术手段可以将东巴跳等传统文化符号包装成一台绚丽的表演，制作成一次逼真的情境体验等。其中所运用的灯光、舞台、电脑、网络等手段成为人们肉眼视觉延伸的辅助工具，这些手段越来越多的人渴望回归视觉自然，极大地提升了人们的视觉能力和视觉范围，当我们借助于现代工具实现了视觉拓展时，我们的视觉也不自觉地被工具化了。虽然说这种视觉文化的发展具有一定的积极意义，但是，其消极意义显得更为突出。在人与各种视觉文化及其技术手段的复杂关系中，作为主体的人越来越被手段所奴役，当人们越来越多地依靠视觉技术了解传统文化、把握传统生活时，人的肉眼在视觉自然中的作用就会被降低。特别是一些传统文化的虚拟体验，如纳西传统文化体验中的东巴跳文化符号、纳西文化神话等，在虚拟现实的视觉环境中，主体将更加容易地被视觉技术及其意识形态所制约。

其次，重归视觉自然也代表了人们开始摆脱文化工业中制造的仿像，更趋向于"本地生活在场"中真实的、自然的文化传统。近年来，人们越来越多地在闲暇时间逃离充斥仿像的都市，向往于乡土传统文化体验。这也从侧面反映出视觉文化越来越表现出其文化内涵缺失的一面，也说明了视觉主体开始追求富含意蕴的视觉符号，开始回归视觉自然。当下，人造的都市化环境有一种将人和文化区分开的趋势，因为，都市空间具有明确的功能和界限划分，并且视觉文化自身也带有明显的排他性和限制性。而传统的乡土生活却为人们提供了一片自由的空间、一种不受限制的视觉可能，这是文化工业制造的视觉文化所不能达到的超越和解放。

在诸多纳西族仪式中，我们通过视觉亲近能感受到东巴跳身体操演所承载的神圣，能够理解纳西古老族群的价值体系和宇宙认知，能够知晓纳西万物有灵的意义和祖先崇拜的习俗。这些都是在电视图像、舞台展演、文化产品等视觉文化中无法获得的，只有感受"本土生活有效在场"的身体操演，我们才能实现视觉与对象的自然结合，才能感受到高度的自由存在感，这也是一种主体与对象的默契，是一种视觉与精神的协调。静观乡土性仪式场景中的东巴跳身体操演，具有一种精神层次上的体验，因为仪式场景中身体行为所带来的视觉感受是一种"意象",这与人为制造的"仿像"所带来的视觉刺激截然不同。

　　现代都市中,高度人为性的视觉内容越来越多,并充斥于社会生活中的各个角落,我们被包围在一个刻意追求视觉效果的符号世界里,这在很大程度上隔绝了人与自然的深层联系。重归视觉自然成为一种深刻的内心需求,再现传统文化的深刻内涵成为一种愿望。意义"贬值"的图像符号造成了视觉疲劳,我们的视觉与心理都需要一种蕴含深刻内涵的传统文化符号来弥补,以缓解视觉疲劳和内心的焦虑。从这个意义上讲,以东巴跳为代表的传统文化意象符号的回归成为一种趋势。传统的回归不是空间的转换,也不是视觉对象的代替,而是一种对视觉自然的渴望、一种让身心回归自然的选择。这种回归视觉自然的冲动有其深刻的社会、文化和心理背景,它表明当下的文化视觉生态存在明显的局限性,它揭露了隐含在视觉文化繁荣背后的视觉危机。

参考文献

著作类：

[1] 刘泽渊，陈悦，侯海燕. 科学知识图谱方法与应用 [M]. 北京：人民出版社，2008.

[2] 瑟夫·洛克. 中国西南古纳西王国 [M]. 刘宗岳，译. 昆明：云南美术出版社，1999.

[3] 申明淑. 中国纳西族东巴舞谱研究：兼论巫与舞、舞蹈与舞谱 [M]. 北京：学苑出版社，2007.

[4] 郭大烈，何志武. 纳西族史 [M]. 昆明：云南大学出版社，2015.

[5] 管仲. 纳西族 [M]. 乌鲁木齐：新疆美术摄影出版社，2009.

[6] 任乃强. 羌族渊源探索 [M]. 重庆：重庆出版社，1984.

[7] 方国瑜. 纳西象形文字谱 [M]. 昆明：云南民族出版社，1981.

[8] 范晔. 后汉书 [M]. 北京：中华书局，2012.

[9] 杨福泉. 玉龙彩云：纳西族 [M]. 上海：上海文化出版社，2017.

[10] 国家民族事务委员会经济发展司，国家统计局国民经济综合统计司. 中国民族统计年鉴2017 [M]. 北京：中国统计出版社，2018.

[11] 许嘉璐. 二十四史全译　明史 [M]. 上海：汉语大词典出版社，2004.

[12] 徐晴，杨林军. 纳西族东巴画概论 [M]. 昆明：云南人民出版社，2014.

[13] 徐霞客. 徐霞客游记 [M]. 北京：线装书局，2015.

[14] 杨德鋆，和发源，和彩云. 纳西族古代舞蹈和舞谱 [M]. 北京：文化艺术出版社，1990.

[15] 普列汉诺夫. 论艺术 [M]. 曹葆华，译. 北京：生活·读书·新知三联书店，1973.

[16] 何云峰. 纳西族音乐史 [M]. 北京：中央音乐学院出版社，2004.

［17］中国科学院民族研究所调查组，云南省民族研究所.云南纳西族社会历史调查［M］.昆明：云南民族研究所，1963：43.

［18］冯天瑜，何晓明，周积明.中华文化史［M］.上海：上海人民出版社，2015.

［19］鲍江.象征的来历：叶青村纳西族东巴教仪式研究［M］.北京：民族出版社，2008.

［20］冯莉.东巴舞蹈传人：习阿牛 阿明东奇［M］.北京：民族出版社，2007.

［21］弗洛伊德.图腾与禁忌［M］.车文博，译.北京：九州出版社，2014.

［22］宗晓莲.旅游开发与文化变迁［M］.北京：中国旅游出版社，2006.

［23］莫里斯·哈布瓦赫.论集体记忆［M］.毕然，郭金华，译.上海：上海人民出版社，2002.

［24］保罗·康纳顿.社会如何记忆［M］.纳日碧力戈，译.上海：上海人民出版社，2000.

［25］爱弥儿·涂尔干.宗教生活的基本形式［M］.渠东，汲喆，译.北京：商务印书馆，2011.

［26］高峰.纳西族三大祭祀：祭风［M］.昆明：云南民族出版社，2001.

［27］彭兆荣.人类学仪式的理论与实践［M］.北京：民族出版社，2010.

［28］木丽春.东巴文化解密［M］.昆明：云南人民出版社，2005.

［29］杜赞奇.文化、权利与国家：1900—1942年的华北农村［M］.王福明，译.南京：江苏人民出版社，1995.

［30］杨福泉.当代云南纳西族简史［M］.昆明：云南人民出版社，2012.

［31］安东尼·吉登斯.现代性的后果［M］.田禾，译.北京：译林出版社，2011：15.

［32］周晓红.传统与变迁［M］.北京：生活·读书·新知三联书店，1998.

［33］雷德菲尔德.农民社会与文化：人类学对文明的一种诠释［M］.王莹，译.北京：中国社会科学出版社，2013.

［34］尼尔·波兹曼. 技术垄断：文化向技术投降［M］. 何道宽，译. 北京：北京大学出版社，2007.

［35］让·波德里亚. 消费社会［M］. 刘成富，全志钢，译. 南京：南京大学出版社，2000.

［36］克里斯·巴克. 文化研究：理论与实践［M］. 孔敏，译. 北京：北京大学出版社，2013.

［37］费孝通. 文化与文化自觉［M］. 北京：群言出版社，2016.

［38］杨德鋆. 纳西族古代舞蹈和舞谱［M］. 北京：文化艺术出版社，1990.

期刊论文类：

［1］张泽洪. 近代以来的西南少数民族宗教研究［J］. 西藏民族学院学报（哲学社科版），2004，25（1）：33-38.

［2］杨福泉. 西方纳西东巴文化研究述评［J］. 云南社会科学，1991（4）：55-61.

［3］木仕华. 纳西东巴文化研究国际化综述［J］. 中央民族大学学报（社会科学版），1999（2）：65-70.

［4］习建勋. 当代国内外纳西族东巴舞研究述评［J］. 北京舞蹈学院学报，2017（2）：82-87.

［5］胡阳全. 近十余年纳西族研究综述［J］. 云南民族大学学报，2005，22（6）.

［6］徐亦亭. 永宁纳西族摩梭人的婚姻家庭和发展趋势［J］. 云南民族学院学报，2003（4）：144-146.

［7］傅懋勣. 永宁纳西族的母系家庭和亲属称谓［J］. 民族研究，1980（3）：19-32.

［8］余嘉华. 明代木氏土司对东巴教的认同和影响［J］. 云南师范大学学报，2000（5）：36-40.

［9］杨福泉. 略论东巴教与纳西族民俗之间的关系［J］. 民族研究，1996（4）：54-61.

［10］李国文. 纳西族东巴经"五行"记录概述［J］. 云南社会科学，2007（2）：104-108.

［11］田玲玲. 纳西东巴经神名用字研究［D］. 重庆：西南大学，2015.

［12］杨福泉. 明代丽江版《大藏经》［N］. 云南日报，2006-02-09（9）.

［13］杨启昌. 东巴教及象形文字的产生年代问题［J］. 云南社会科学，

1994（1）：70-73.

　　［14］白小丽. 纳西东巴文文字单位与语言单位对应关系演变研究［D］. 上海：华东师范大学，2013.

　　［15］许瑞娟. 摩梭母系文化词群研究［D］. 昆明：云南大学，2013.

　　［16］和力民. 试论东巴文化的传承［J］. 云南社会科学，2004（1）：83-87.

　　［17］余海波. 明代纳西族木氏土司与道教、佛教［J］. 云南师范大学学报（哲学社会科学版），1995（4）：56-60.

　　［18］周文英，柯柄刚. 道教在丽江的传播与丽江社会文化之关系考察［J］. 杭州师范大学学报（社会科学版），2009，31（1）：117-120.

　　［19］和继全. 民族传统文化的课堂传承模式［J］. 教育学术月刊，2012（5）：14-16.

　　［20］颜霁琪，刘卫平. 浅论《神路图》的审美意识及其与苯教的联系［J］. 民族艺术研究，2008（1）：10-14.

　　［21］胡迪雅. 文化濒危与教育：东巴文化传承变迁的教育学分析［J］. 民族教育研究，2013（5）：58-62.

　　［22］宗晓莲. 旅游开发背景下东巴文化的新际遇［J］. 中央民族大学学报（哲学社会科学版），2004（6）：73-80.

　　［23］赵红梅. 论纳西东巴文化的历史际遇：旅游情境下的"文化自觉"反思［J］. 旅游学刊，2010（7）：12-18.

　　［24］和丽春. 东巴舞谱舞蹈审美形态初探［J］. 文山学院学报，2013（4）：21-25.

　　［25］贾安林. 东巴舞蹈文化研究［J］. 北京舞蹈学院学报，2008（2）：87-90.

　　［26］和丽春. 东巴舞谱舞蹈审美形态初探［J］. 文山学院学报，2013（4）：21-25.

　　［27］张绣亮. 纳西族东巴跳的体育价值［J］. 体育文化导刊，2015（2）：95-98.

　　［28］李大平. 纳西族东巴跳的传统文化特征研究［J］. 体育与科学，2013（5）：95-98.

　　［29］杜长亮. 东巴跳源考与属性辨析［J］. 体育文化导刊，2008（5）：123-125.

　　［30］吴宝兰. 东巴舞谱的形成及其演变初探［J］. 民族艺术研究，1990

(4)：41-48.

[31] 彭蔚. 东巴舞蹈及东巴舞谱 [J]. 怀化学院学报，2006 (12)：117-118.

[32] 李绍明. 康南石板墓族属初探：兼论纳西族的族源 [J]. 思想战线，1981 (6)：66-72.

[33] 黄承宗. 泸沽湖畔出土文物调查记 [J]. 考古，1983 (10)：952-954.

[34] 霍阿俊，马宝珍. 从"符号"上把关：从符号学角度看科技编辑的把关作用 [J]. 编辑学刊，2005 (4)：71-74.

[35] 马银行. 清代士人视野下的丽江纳西族葬俗变迁研究 [J]. 大理学院学报，2015，14 (5)：24-30.

[36] 和丽东. 论丽江纳西族丧葬方式的变迁 [J]. 云南师范大学学报（哲学社会科学版），2007 (5)：73-77.

[37] 赵炎秋. 理解与把握世界中的图像与语言 [J]. 中国中外文艺理论学会年刊，2008：192-193.

[38] 费孝通. 从反思到文化自觉和交流 [J]. 读书，1998 (11)：3-7.

[39] 韩英姬. 市场经济下朝鲜族戏剧运作 [J]. 大舞台，2011 (12)：20-21.

[40] 彭兆荣. 遗产政治学：现代语境中的表述与被表述关系 [J]. 云南民族大学学报（哲学社会科学版），2008 (2)：5-14.

[41] 陈蓦. 探寻丽江古城文化生命力 [D]. 昆明：云南艺术学院，2012.

[42] 杨娟. 村落生活中文化空间的建构和发展 [D]. 昆明：云南大学，2009.

[43] 洪念德. 论大众文化的消费及其规范与引导 [D]. 金华：浙江师范大学，2006.

[44] 张洪雷. 论经济文化的发展趋势及其影响 [D]. 南宁：广西大学，2005.

[45] 杜金莹. 90年代以来媒介文化中的偶像探析 [D]. 哈尔滨：黑龙江大学，2008.

[46] 罗金辉. 消费主义文化语境下的中国电视传媒 [D]. 武汉：华中科技大学，2006.

[47] 冯民生. 全球化与民族艺术特色 [J]. 云南艺术学院学报，2016 (2)：47-54.

[48] 鲁彩荣. "三个代表"思想与少数民族地区的发展 [J]. 中南民族大学学报（人文社科版），2003 (S2)：45-47.

［49］原平方，刘笑盈.微博化情境下政府新闻发布的要素及变化［J］.中国记者，2012（4）：66-67.

［50］戴庆中.全球化语境下少数民族的生存智慧与文化突围［J］.贵州社会科学，2008（2）：24-30.

［51］周宪.反抗人为的视觉暴力：关于一个视觉文化悖论的思考［J］.文艺研究，2000（5）：14-20.

［52］张为.消费社会语境下视觉文化的体验与超越［J］.江西社会科学，2013，33（9）：235-238.

［53］郝冰，李启.图像时代的视觉饱和化反思［J］.哈尔滨工业大学学报（社会科学版），2009，11（6）：64-68.

［54］郭淑娟.约哈里"窗口理论"在跨文化传播中的运用［J］.新闻爱好者，2010（8）：13-14.

［55］游斌.互鉴通合，推动我国宗教中国化（上）［N］.中国民族报，2019-06-11（6）.

［56］力行.礼与中国人的传统习俗［N］.光明日报，2015-02-04（14）.

其他类：

［1］保护非物质文化遗产公约［EB/OL］.（2003-10-17）［2020-12-30］.https：//www.un.org/zh/documents/treaty/files/ich.shtml.

［2］中华人民共和国非物质文化遗产法［EB/OL］.（2019-06-05）［2020-12-30］.http：//www.yanhe.gov.cn/zwgk/xxgkml/jcgk/ggwhty/whtyzc/201906/t20190605_21883658.html.

［3］中共中央办公厅，国务院办公厅.关于实施中华优秀传统文化传承发展工程的意见［EB/OL］.（2017-01-25）［2020-12-30］.http：//www.gov.cn/gongbao/content/2017/content_5171322.htm.

［4］国家体育总局，国家民委.《关于进一步加强少数民族传统体育工作的指导意见》的通知［EB/OL］.（2018-01-19）［2020-12-30］.https：//www.neac.gov.cn/seac/xxgk/201801/1072663.shtml.

［5］李汐.我们需要仪式感么［EB/OL］.（2016-08-29）［2020-12-30］.https：//www.chinesefolklore.org.cn/web/index.php？NewsID=14710.

［6］伍皓，等.神秘的纳西东巴文化在商业浪潮中艰难传承［EB/OL］.（2005-10-12）［2020-12-30］.http：//news.sohu.com/20051012/n227181923.shtml.

［7］丽江市非遗中心.丽江市非遗中心邀请省级专家进行项目申报指导

[EB/OL].（2016-09-19）[2020-12-30].http://www.lijiang.cn/hjxw/social/201609/7539.shtml.

[8] 法制晚报.2016年丽江市旅游接待情况公布[EB/OL].（2017-01-26）[2020-12-30].http://www.chinairn.com/hyzx/20170126/114901669.shtml.

[9] 论读图时代文学经典的命运[EB/OL].（2018-05-01）[2020-12-30].http://www.doc88.com/p-5837837363621.html.

[10] 文化全球化及其民族基础[EB/OL].（2012-02-17）[2020-12-30].http://www.doc88.com/p-816688380586.html.

[11] 江晓原.文化向技术投降的时代[EB/OL].（2019-05-13）[2020-12-30].https://book.douban.com/review/10178271/.

[12] 高校影视艺术学教案、讲义[EB/OL].（2018-02-04）[2020-12-30].http://www.doc88.com/p-4075668636084.html.

[13] 文化与现代化[EB/OL].（2015-02-21）[2020-12-30].http://www.doc88.com/p-0099211511051.html.

[14] 书籍装帧-浅谈书籍中的文字版式设计[EB/OL].（2018-01-27）[2020-12-30].https://max.book118.com/html/2018/0126/150725173.shtm.